はじめての人にもわかる

不動産登記簿の読み方・調べ方

不動産鑑定士　黒沢 泰 著

ビジネス教育出版社

はしがき

金融機関等において審査や融資の実務に携わる方々にとっては、不動産の登記簿（登記事項証明書）や図面（公図、建物図面等）の読み方に関する知識は不可欠のものといえます。それは、審査や融資の際、担保とする不動産がどこに所在し、土地や建物の規模がどれだけかということだけでなく、誰が所有し、その所有者による使用収益を制限する他人の権利が付いていないかどうかを確認することが極めて重要となるからです。たとえば、その土地や建物に賃借権が付いていれば、所有者は自ら使用することができません。

また、不動産の所有者による使用収益には影響を与えないものの、土地や建物に抵当権や根抵当権が設定されている場合は、将来、その所有者が債務を弁済できなくなったときには競売が実行される可能性が潜んでいます。

このような知識は、民法や不動産登記法等の法律の解説書を読むことによって一通りのものが身につけられると考えられますが、実務に携わる際には、実際に登記簿（登記事項証明書）や図面等をもとに、それを読みこなしていく力が要求されます。

本書は、このようなニーズに応えるべく、「不動産登記簿・図面を読みこなすための基礎知識」を、初学者を意識しながら実践的に解説したものです。

この分野の解説書は、きわめて専門的なものから初学者向けのものまで数多くのものが刊行されていますが、本書で特に意識して執筆した点は以下のとおりです。

1．不動産登記簿や図面の性格や基本的な仕組みを解説し、それが実際にどのように具体的な記載に結びついていくのかを多くの資料をもとに取り上げた。

2．初学者が最初に迷うこととして、登記事項証明書や図面等を入手する際に、事前にどのような資料を用意しておくべきかがあげられるが、必要な資料とその入手方法を解説した。

3．登記事項証明書の記載例とその読み方については、表題部、権利部(甲区)、権利部（乙区）ごとに、それぞれ【基礎編】と【実践編】とに分けて具体的に記載し、特に【実践編】については実務経験を一定期間積んだ方々のニーズにも十分応えられる内容とした。

4．区分建物の登記事項証明書は構成が煩雑で理解しづらいが、担保の対象物件として多く登場してくることから、これを分かりやすく実例に即して解説した。

　また、普段見かけない登記簿（登記事項証明書）についても取り上げ、さらに、汚染物質を使用した履歴の有無を調査するにあたり、閉鎖登記簿謄本や旧土地台帳の入手の方法を解説するほか、工場財団の登記簿や財団目録の解説についても一章を設けた。

5．法務局備付けの図面の読み方に関しても、【基本編】および【ケーススタディ】に分けて、実践的かつ応用が利くように配慮した。

6．不動産登記に相続は付きものであることから、相続にかかわる登記事項に関して、かなりの頁数を費やして執筆した。

7．ここ最近、所有者不明土地問題が多くの関心を呼び、これに関連して不動産登記制度をはじめさまざまな変化が現れているが、本書執筆時点での動向を可能な限り取り上げた（たとえば、相続登記および住所等変更登記の申請の義務化、相続土地国庫帰属制度の創設、改正民法による具体的相続分の取扱いと遺産分割等）。

以上のように、本書は現時点での不動産登記制度に基づく実際の登記関連の知識を体系的に取り上げるとともに、その最新動向にも言及しています。今後の動向や制度（書式等も含めて）の変更については、その都度フォローのうえ、多くの方々にご活用いただけるようアップデートを図っていきたいと願っています。

最後に、本書の執筆にあたってビジネス教育出版社の竹林啓司氏に大変お世話になったことをお礼申し上げます。

2024年２月吉日

黒沢　泰

■目　次

第1章　不動産登記簿と図面

第2章　登記事項証明書（登記簿謄本）および図面を入手するまで

第3章　登記事項証明書の表題部の読み方

第4章　登記事項証明書の権利部（甲区）欄の読み方

第5章　登記事項証明書の権利部（乙区）欄の読み方

第6章　区分建物の登記事項証明書の読み方

第7章 特殊な登記事項証明書

第8章 相続による各種の登記

第9章　閉鎖登記簿および土地台帳の記載事項の調査 ——土壌汚染物質の調査等との関連

第10章　法務局備付けの図面の読み方と留意点

第11章　工場財団の登記簿と財団目録

第12章　所有者不明土地と不動産登記の新たな動向

凡　例

不動産登記法	→	法
不動産登記令	→	令
不動産登記規則	→	則
不動産登記事務取扱手続準則	→	不登準則

第1章
不動産登記簿と図面

1 「不動産登記に公信力はない」ということの意味

不動産の取引や融資等にあたっては、物件の把握の手段として登記簿についての全般的な知識が求められます。

たとえば、対象物件の所在や地目、地積等は、登記簿のどこに記載されているのか（登記簿の表題部）、所有者は誰で、いつどのような原因で、誰から取得したのか（権利部の甲区欄）、所有権以外の権利が付いているかどうか、付いているとすればどのような権利か（権利部の乙区欄）等をはじめ、登記簿からはさまざまな情報を得ることができます。

ところで、しばしば、「不動産登記には推定力はあるが、公信力はない」といわれます。これはどのようなことを意味するのでしょうか。

まず、不動産登記の推定力についてですが、登記が行われている場合には、その権利関係は一応真実と推定されるということを意味します。

たとえば、所有権に関する登記がなされている場合には、その名義人が対象不動産の所有者とみなされるのが通常です。

しかし、すべてのケースでこのことが当てはまるとは限りません。それは、わが国の民法が、（仮に登記の内容が真実の権利関係と異なっていた結果）その内容を信頼して取引を行った人が損害を被ったとしても、その人は目的とする権利を取得できないという考え方を採用しているからです。「登記には**公信力**がない」といわれるのは、このことです。民法がこのような考え方を採用しているのは、真実の権利者を保護するためです。

これらのことを踏まえた場合、登記があればすべて万能だというわけにはいきませんが、（登記手続にはかなりの厳密さが要求されていることから）登記がなされていれば、不動産取引においても登記名義人を真実の所有者として扱っているのがむしろ一般的です。

2 不動産登記の対抗力

登記は、第三者に自分の権利を主張（＝対抗）するための手段として極めて重要です。すなわち、ある人が売買等により所有権等の権利を取得したとしても、登記をその人の名義にしておかなければ、取得の事実を取引当事者以外の第三者に主張することができないからです。その意味で、登記には**対抗力**がある（裏返せば、自分の権利を第三者に主張するためには登記が必要である）といわれます。

たとえ話をすれば、Aさんが建物を建築しようとして土地を購入したが、所有権移転登記をする前に売主がBさんに同じ土地を二重に売却し、Bさんが先に登記を済ませてしまえば、Aさんはいくら自分が先に買ったといっても、Bさんに対して自分が所有者だと主張できなくなる、ということです。

ちなみに、不動産の売買契約により売主から買主に所有権が移転した場合、その旨の登記をしなくても買主は売主に対して、自分が所有者であることを主張できます（売買契約により買い取っているわけですから当然のことです）。しかし、売主以外の人（＝第三者）に対してはこのような主張ができません。公（おおやけ）の帳簿である登記簿に記載がなければ、売主以外の人はその買主が実際の所有者であることを把握できないからです。

民法第177条（不動産に関する物権の変動の対抗要件）

不動産に関する物権の得喪（とくそう）及び変更は、不動産登記法（平成16年法律第123号）その他の登記に関する法律の定めるところに従いその登記をしなければ、第三者に対抗することができない。

なお、登記がなければ自分の権利を対抗することができない第三者とは、必ずしも当事者以外のすべての者を指すわけではなく、次に該当する場合は「第三者」に当たらないと解されています。

⑴　不法に占拠している者

⑵　当該不動産に関して何らの実質的な権利を有しない者

⑶　背信的悪意者

また、法5条では、詐欺または強迫によって登記の申請を妨げた第三者や他人のために登記申請義務を負う第三者も、登記がないことを主張できないとしています。

不動産登記法では、所有権をはじめとする10個の権利の保存・設定等について登記することができるとされています（法3条、［資料1－1］）。

これ以外に、売買契約と同時に買戻しの特約を設定したときにされる「買戻特約

［資料1－1］登記できる権利、できない権利

<table>
<tr><td rowspan="11">登記できる権利</td><td>所有権</td><td>特定の物を直接的・全面的に支配し、自由にその所有物の使用・収益および処分をすることができる権利（物権。民法206条）。</td></tr>
<tr><td>地上権</td><td>他人の土地において工作物または竹木を所有するため、その土地を使用する権利（同法265条）であるが、賃借権とは異なり、物権としての性格を有する強い権利。なお、地上権のなかには、区分地上権といって、工作物を所有するため地下または空間につき、上下の範囲を定めて地上権の目的とすることができるものもある（同法269条の2）。</td></tr>
<tr><td>永小作権（えいこさくけん）</td><td>小作料を支払って他人の土地で耕作または牧畜をする権利（同法270条）。</td></tr>
<tr><td>地役権（ちえきけん）</td><td>他人の土地（承役地（しょうえきち））を自分の土地（要役地（ようえきち））の便益に供する権利（同法280条）。</td></tr>
<tr><td>先取特権（さきどりとっけん）</td><td>特定の債権を有する者が、債務者の財産から、他の債権者に先立って自分の債権の弁済を受ける権利（同法303条）。ただし、実務で登場することは少ない。</td></tr>
<tr><td>質権</td><td>債権者が担保として債務者（または第三者）から受け取った物を占有し、かつ、その物について他の債権者に先立って自分の債権の弁済を受ける権利（同法342条）。ただし、実務では抵当権が主に利用され、質権が実務に登場することは少ないといえる。</td></tr>
<tr><td>抵当権
（根抵当権）</td><td>抵当権者は、債務者（または第三者）が占有を移転せずに債務の担保に供した不動産について、他の債権者に先立って自分の債権の弁済を受ける権利（同法369条1項）。質権との大きな違いは、債務者が占有を移転しないところにある。</td></tr>
<tr><td>賃借権</td><td>当事者の一方がある物の使用および収益を相手方にさせることを約し、相手方がこれに対してその賃料を支払うこと、引渡しを受けた物を契約が終了したときに返還することを約することによって、その効力を生ずる権利（同法601条）。地上権と異なり債権であるが、不動産に関して設定される権利は賃借権のケースが大半。</td></tr>
<tr><td>配偶者居住権</td><td>被相続人の配偶者が、被相続人の所有する建物に相続開始時に居住していた場合、その建物の全部について無償で使用および収益ができる権利（同法1028条）。</td></tr>
<tr><td>採石権</td><td>他人の土地において岩石および砂利を採取する権利（採石法4条）。</td></tr>
<tr><td colspan="2"></td></tr>
<tr><td rowspan="4">登記できない権利</td><td>占有権</td><td>特定の物を事実上支配（占有）することを権利の内容とする権利（物権）。占有権は、自己のためにする意思をもって物を所持することによって取得する（民法180条）。</td></tr>
<tr><td>入会権</td><td>山林原野で雑草、薪炭用雑木等を採草することなど、これを共同して収益することができる権利（民法263条、294条）。</td></tr>
<tr><td>留置権</td><td>他人の物の占有者が、その物に関して生じた債権の弁済を受けるまで、そのものを留置することを内容とする権利（民法295条）。</td></tr>
<tr><td>使用貸借権</td><td>当事者の一方が無償で使用・収益をした後に返還することを約して相手方から目的物を受け取る（要物・無償・片務契約）ことを内容とする権利（債権。民法593条）。</td></tr>
</table>

の登記」があります（p.126参照）。買戻特約の登記は、売買による所有権移転登記申請と同時にする必要があります（大判明治33.10.5）。

ここで留意しなければならないことがあります。それは、なかには登記をしなけ

れば物権変動そのものが生じない（すなわち、登記をすることが物権変動の効力を生じさせるための要件）とされているものがある、ということです。

これらのなかには、抵当権の順位の変更（民法374条）、共同根抵当権の設定（同法398条の16）、共同根抵当権の変更（同法398条の17第１項）等があります。それぞれの内容についてはここでは触れませんが、条文を紹介しておきますので一通り目を通しておいてください。

民法第374条（抵当権の順位の変更）

1　抵当権の順位は、各抵当権者の合意によって変更することができる。ただし、利害関係を有する者があるときは、その承諾を得なければならない。

2　前項の規定による順位の変更は、その登記をしなければ、その効力を生じない。

第398条の16（共同根抵当）

第392条（筆者注：共同抵当における代価の配当）及び第393条（筆者注：共同抵当における代位の付記登記）の規定は、根抵当権については、その設定と同時に同一の債権の担保として数個の不動産につき根抵当権が設定された旨の登記をした場合に限り、適用する。

第398条の17（共同根抵当の変更等）

1　前条の登記がされている根抵当権の担保すべき債権の範囲、債務者若しくは極度額の変更又はその譲渡若しくは一部譲渡は、その根抵当権が設定されているすべての不動産について登記をしなければ、その効力を生じない。

（第２項省略）

3　不動産登記簿の基本的な仕組み

不動産登記といっても、これにはいくつかの種類があり、それぞれの目的に応じて登記簿上の記載箇所や記載内容は異なってきます。そのため、登記簿は、不動産の物理的概要を示すための**表題部**（土地や建物の表示欄）と**権利部**（権利の変動を記録するための欄）の２つに分かれています。さらに、権利の変動のうち、所有権に関する事項については権利部の**甲区**欄に、所有権以外の権利に関する事項については権利部の**乙区**欄に記載することになっています。

したがって、表題部に土地建物の所在等の登記がなされたが、権利部の甲区欄に自分名義の登記がなされていなければ、自分の権利を他人に主張する手段となり得ないことは明らかです（しかし、権利に関する登記を行うためには、当然のことながらその前提として表題登記を済ませておく必要があります)。このような関係を整理したものが［資料1−2］です。

［資料1−2］不動産登記簿の基本的な仕組み

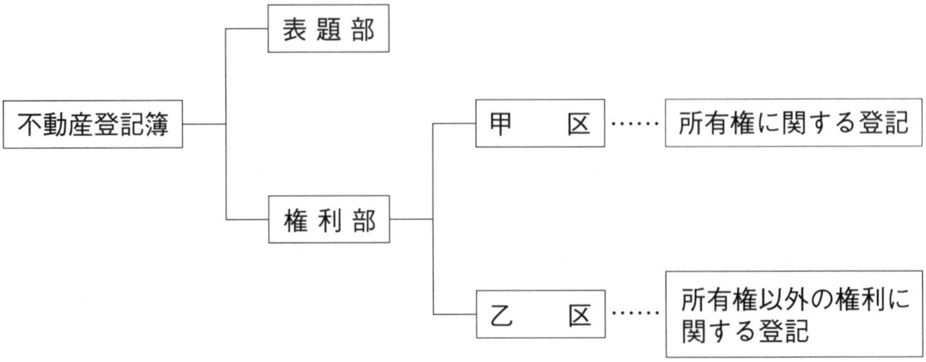

4 登記済証に代わる登記識別情報の通知制度

現行の不動産登記法の下では、登記が終了した時点で従来の登記済証の交付に代えて登記識別情報が権利者に通知されています。以下、これらの関係について述べておきます。

(1) 登記済証の廃止と登記識別情報通知制度の創設

平成16年6月の法改正以前においては、登記が終了した時点で法務局から申請者に対して「登記済証」という形式の書類が発行されてきました(「権利証」とも呼ばれていました)。しかし、すでにこの制度は廃止されています。

登記済証は、たとえば売買による所有権移転登記が完了した後に、登記申請書に添付されていた登記原因証書(または申請書の副本)に「登記済」の印が押され申請者に交付されてきたものです。そして、これを所持する人が所有者(権利者)であることの証しであるという意味で、権利証と呼ばれてきた経緯があります。

従来、登記済証を紛失したからといって、決して買主名義に所有権移転登記ができないというわけではありませんでしたが､不動産の所有者がこれを紛失した場合、他人に悪用される危険性を含んでいたことから、重要書類として扱われてきたわけです。

登記事務にコンピュータが導入されている現在では、登記済証の交付に替えて、「**登記識別情報**」という記号（「ＡからＺ」および「０から９」までの英数文字の組み合わせで構成されている、暗号に類似した12桁の記号です）を法務局から登記名義人（買主等）宛に通知する方法が採用されています。

［資料１－３］登記識別情報通知

登記識別情報通知

次の登記の登記識別情報について、下記のとおり通知します。

【不動産】
大阪市中央区上町一丁目４番８の土地

【不動産番号】
１２０００００９９５９５
【受付年月日・受付番号（又は順位番号）】
平成２７年１月１５日受付　第７３号
【登記の目的】
所有権移転
【登記名義人】
大阪市中央区上町一丁目１００番地
法務花子

（以下余白）

見　本

＊下線のあるものは抹消事項であることを示す。

平成２７年１月１６日
大阪法務局
登記官　　大　阪　登　記　官　一　郎　みほん 電子公印

記
登　記　識　別　情　報

４	４	Ａ	Ｔ	３	Ｗ	Ｐ	３	７	Ｘ	Ｃ	Ｎ

この線で折り込まれ、フチが糊付けされる

（出所）　法務局ホームページ

（２）登記識別情報通知のイメージ

参考までに、登記識別情報通知の例を［資料1－3］に示します。ただし、これは、書面申請した場合に法務局から通知される登記識別情報通知（登記識別情報を記載した部分が隠れるように下部を織り込んで縁を糊付けする方法）の例です。

これに対して、現在、登記申請にあたっては、書面による申請のほかにオンラインによる申請も認められています（法18条）。オンライン申請を行った場合には、申請人または代理人がインターネットで画面からダウンロードして登記識別情報を読み取ることとなります。

（３）登記済証の取扱い

現在、新たな登記済証の交付が廃止されているとはいっても、登記識別情報通知制度が導入される以前に土地や建物を取得し、登記済証を保管している人が今後土

［資料１－４］登記済証（権利証）のイメージ

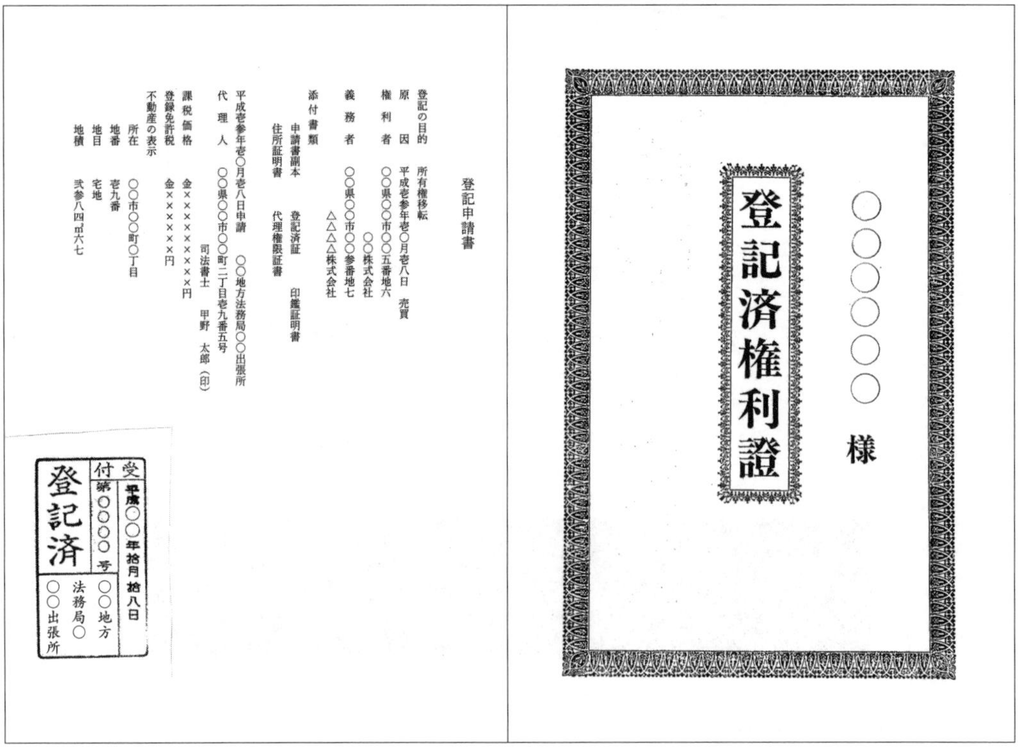

○○○○○○
様

登記済権利證

登記申請書

登記の目的　所有権移転
原　因　平成壱参年壱〇月壱八日　売買
権利者　〇〇県〇〇市〇〇五番地六
〇〇株式会社
義務者　〇〇県〇〇市〇〇参番地七
△△△株式会社
添付書類
申請書副本　登記済証　印鑑証明書
住所証明書　代理権限証書
平成壱参年壱〇月壱八日申請　〇〇地方法務局〇〇出張所
代理人　〇〇県〇〇市〇〇町二丁目壱九番五号
司法書士　甲野　太郎（印）
課税価格　金××××××××円
登録免許税　金××××××円
不動産の表示
所在　〇〇市〇〇町〇丁目
地番　壱九番
地目　宅地
地積　弐参八四㎡六七

受付
平成〇〇年拾月拾八日
第〇〇〇〇号
登記済
〇〇地方法務局〇〇〇出張所

地建物を売却して買主名義に所有権移転登記をする場合には、登記済証の添付が必要となる点に留意が必要です。すなわち、平成16年６月に不動産登記法が改正されたといっても、法務局に登記されているすべての土地建物について、改めて登記識別情報通知が発行されているわけではないということです。

その意味で、たとえば、新たに所有権移転登記を行うまでは従来から所持している登記済証は引続き有効であり、移転登記を行った時点ではじめて申請人（買主）宛に登記識別情報が通知され、以降の登記手続に登記識別情報が必要となるという仕組みです。

参考までに、従来の登記済証のイメージを［資料１−４］に掲げておきます。

5　不動産登記の申請と登記原因証明情報

（1）登記原因証明情報とは

登記原因証明情報とは、たとえば、売買の場合には売買契約書はもちろんのこと、登記にかかる権利変動を記載した書面のことを指します。実際の登記申請にあたっては、売買契約書が作成されていても、これを直接添付せずに、［資料１−５］のような書面を別途作成のうえ、これを添付しているケースがほとんどです。

抵当権設定の場合の登記原因証明情報としては、契約内容（当事者、対象物件、債権額等がわかるもの）を記載した金銭消費貸借兼抵当権設定契約書等がこれに該当します（抵当権および根抵当権の登記については、第５章で取り上げます）。

なお、根抵当権設定の場合には、契約の内容（債権の範囲、極度額、当事者、対象物件等がわかるもの）を記載した根抵当権設定契約書等が登記原因証明情報となります。

抵当権や根抵当権の設定に関しても、売買と同様に、登記申請時に（根）抵当権設定契約書そのものを直接添付せず、別途登記原因証明情報を作成のうえ、これを添付しているケースが多いものと思われます。

登記原因の例としては、売買契約に基づく所有権の移転の登記であれば、契約の当事者、売買の年月日、目的不動産および売買契約をしたこと、所有権移転時期、代金の支払いと所有権の移転等がこれに該当します。

［資料１－５］登記原因証明情報の記載例
売主（登記義務者）が登記の申請を買主（登記権利者）に委任した場合

１　当事者及び不動産
（１）当事者　　　　権利者（甲）法　務　太　郎
　　　　　　　　　　義務者（乙）甲　野　花　子
（２）不動産の表示
所　　在　○○市○○町一丁目
地　　番　２３番
地　　目　宅　地
地　　積　１２３．４５平方メートル

所　　在　○○市○○町一丁目２３番地
家屋番号　２３番
種　　類　居　宅
構　　造　木造かわらぶき２階建
床 面 積　１階４３．００平方メートル
　　　　　２階２１．３４平方メートル

２　登記の原因となる事実又は法律行為
（１）甲と乙は、令和○年６月３０日、上記不動産の表示に記載した不動産の売買契約を締結した。
（２）売買契約には、所有権の移転の時期について、甲が売買代金を支払い、乙がこれを受領した時に所有権が移転する旨の特約が付されている。
（３）令和○年７月１日、甲は売買代金を支払い、乙はこれを受領した。
（４）よって、上記不動産の表示に記載した不動産の所有権は、同日、乙から甲に移転した。

令和○年７月１日　○○法務局○○出張所

上記の登記原因のとおり相違ありません。

（買主）　　住所　○○市○○町二丁目１２番地
　　　　　　　　　甲　法　務　太　郎　　印
（売主）　　住所　○○郡○○町○○３４番地
　　　　　　　　　乙　甲　野　花　子　　印

（出所）法務局ホームページ

（２）申請書副本による登記申請制度の廃止

平成16年６月の不動産登記法改正前においては、権利に関する登記を申請する場合には登記原因証書（売買契約書、売渡証書等）を添付書類として提出することが原則とされていましたが、事情によりこれを提出することができない場合には登記申請書の副本で代用することも認められていました。そのため、実際には売買契約書が作成されていても登記申請上は申請書副本を添付していたケースがむしろ多かったと思われます。

しかし、現在は申請書副本による登記申請制度は廃止されており、登記原因証明情報の提出が求められています。

6　法務局備付けの図面とは

法務局備付けの図面については、第10章で具体例とその読み方について取り上げるため、ここでは全体の概略のみ述べておきます。

■土　地

1公　図

公図とは俗称であり、正確には明治の地租改正時に作成された地図をそのまま引き継いだ旧土地台帳附属地図が現在の公図の大半を占めています。法務局に精度の高い地図が備え付けられるまでの間は、公図は「地図に準ずる図面」として位置付けられています（法14条４項参照）。

［資料１－６］公図のイメージ図

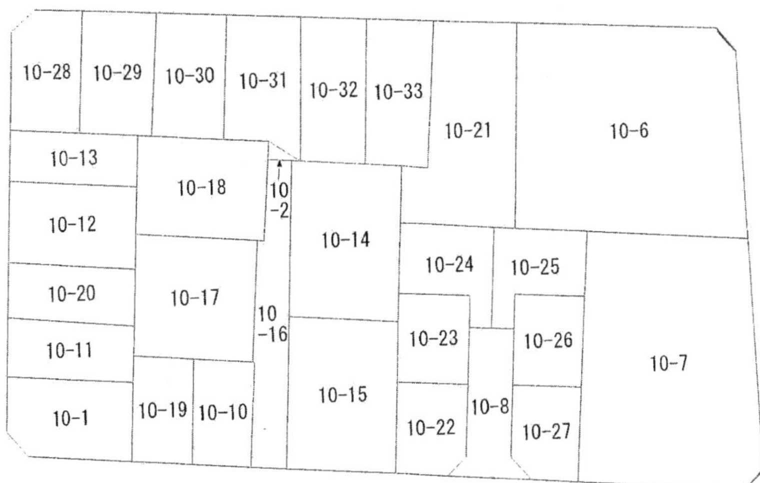

❷法14条地図

法14条地図とは、法務局に備え付けられている精度の高い図面のことを指しています（「法14条地図」と呼ばれるゆえんは、法14条２項が「各土地の区画を明確にし」と規定しており、精度の高い地図の作成を求めているからです）。

［資料１－７］法14条地図のイメージ図

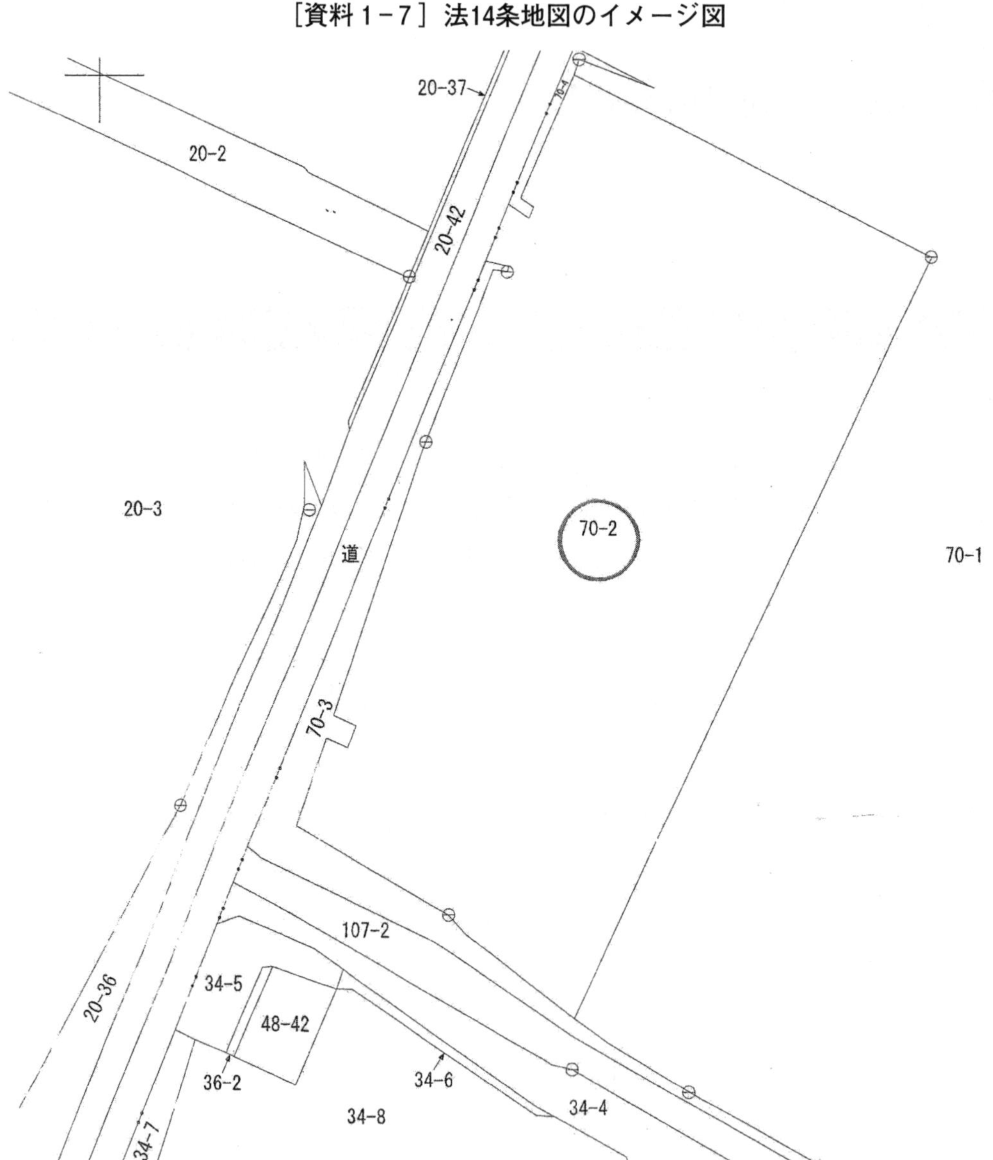

❸土地所在図

土地所在図は1筆の土地の所在を表示した図面ですが、作成されていない場合も珍しくありません。

❹地積測量図

地積測量図は分筆登記（一筆の土地を複数の筆に分けるための登記）等の際に法務局への提出が求められる図面です。この図面のなかには、土地の形状はもちろんのこと、境界標識や地積およびその求積方法をも明らかにすることが必要とされています。

［資料1－8］ 地積測量図のイメージ図

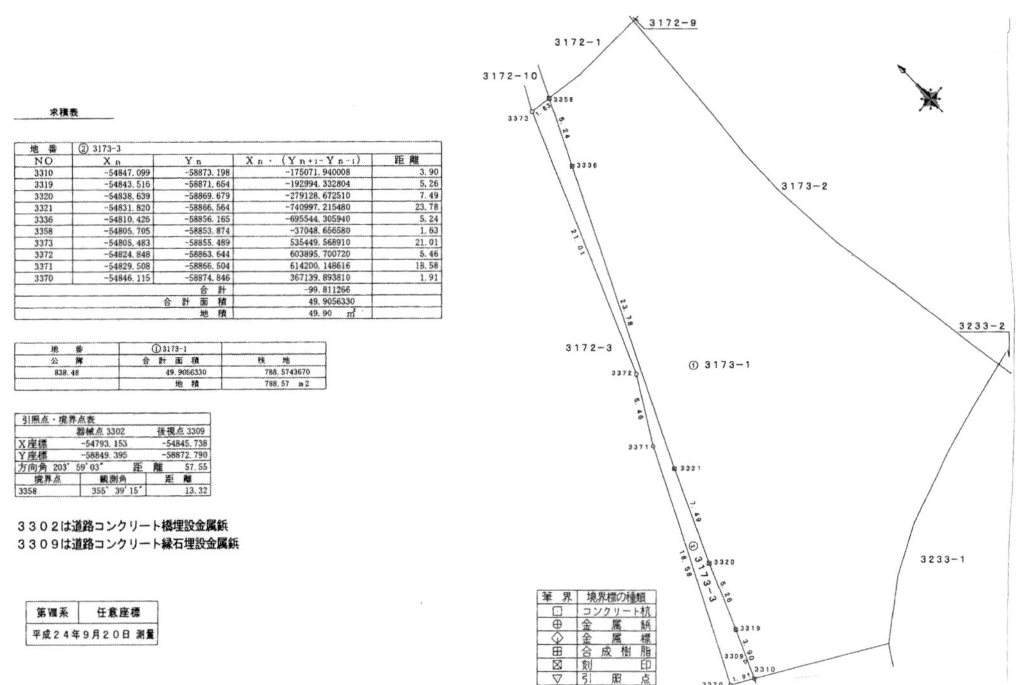

求積表

地番	② 3173-3			
NO	Xn	Yn	Xn・（Yn+1－Yn-1）	距離
3310	-54847.099	-58873.198	-175071.940008	3.90
3319	-54843.516	-58871.654	-192994.332804	5.26
3320	-54838.639	-58869.679	-279128.672510	7.49
3321	-54831.820	-58866.564	-740997.215480	23.78
3336	-54810.426	-58856.165	-695544.305940	5.24
3358	-54805.705	-58853.874	-37048.656580	1.63
3373	-54805.483	-58855.489	535449.568910	21.01
3372	-54824.848	-58863.644	603895.700720	5.46
3371	-54829.508	-58866.504	614200.148616	18.58
3370	-54846.115	-58874.846	367139.893810	1.91
		合計	-99.811266	
		合計面積	49.9056330	
		地積	49.90　㎡	

地番	①3173-1	
公簿	合計面積	残地
838.48	49.9056330	788.5743670
	地積	788.57　m2

引照点・境界点表		
	器械点 3302	後視点 3309
X座標	-54793.153	-54845.738
Y座標	-58849.395	-58872.790
方向角 203° 59′03″	距離	57.55
境界点	観測角	距離
3358	355° 39′15″	13.32

３３０２は道路コンクリート橋埋設金属鋲
３３０９は道路コンクリート縁石埋設金属鋲

第Ⅷ系	任意座標
平成２４年９月２０日 測量	

筆界	境界標の種類
□	コンクリート杭
⊕	金属鋲
◇	金属標
田	合成樹脂
☒	刻印
▽	引照点

（注）　作成者、申請人、縮尺は省略。

❺地役権図面

前述したように、地役権（ちえきけん）とは、ある土地の便益（利用価値の増進）のために他人の土地を利用する権利をいいます。

なお、地役権の設定により便益が向上する土地を要役地（ようえきち）、利用が制限される土地を承役地（しょうえきち）と呼んでいますが、地役権図面は、地役権設定の範囲が承役地の一部である場合においてのみ作成されます（詳細は第10章を参照）。

■建　物

❶建物所在図

建物所在図は下記❷の建物図面で代替がきくことから、作成されていない場合も珍しくありません。

❷建物図面・各階平面図

現在、法務局に備え付けられている建物図面・各階平面図は、建物の新築時に表題登記をする際に作成されたものがほとんどです。

建物図面は一個の建物の位置を表わし、各階平面図は建物の各階ごとの形状を明らかにする図面です。

［資料1－9］建物図面・各階平面図のイメージ図

各　階　平　面　図

建　物　図　面
各　階　平　面　図

家屋番号	７１番１
建物の所在	△△区○○○丁目７１番地１、７１番地１３

1階、2階
（各階同型）

求　積　表

2.730 × 5.460 =14.905800
3.185 × 2.730 = 8.695050
5.915 × 2.730 =16.147950

合　計 39.748800
床面積 39.74 ㎡

（注）　作成者、申請人、縮尺は省略。

7 筆界特定制度

（1）筆界とは

筆界（ひっかい）ということばは、公法上の境界を指して使用されています。すなわち、筆界とは、不動産登記法の次の条文からも明らかなとおり、ある一筆の土地と、これに隣接する他の土地とを区分して特定するための境を意味し、一筆ごとの区画は法務局（国）の図面に表示されていることから、筆界と呼ぶ場合には公法上の境界を指すこととなります。そのイメージを示したものが［資料1－10］です。

不動産登記法第123条（定義）

この章において、次の各号に掲げる用語の意義は、それぞれ当該各号に定めるところによる。

一　筆界　表題登記がある一筆の土地（以下単に「一筆の土地」という。）とこれに隣接する他の土地（表題登記がない土地を含む。以下同じ。）との間において、当該一筆の土地が登記された時にその境を構成するものとされた二以上の点及びこれらを結ぶ直線をいう。

二　筆界特定　一筆の土地及びこれに隣接する他の土地について、この章の定めるところにより、筆界の現地における位置を特定すること（その位置を特定することができないときは、その位置の範囲を特定すること）をいう。

（第3号～第5号省略）

［資料1－10］筆界のイメージ図

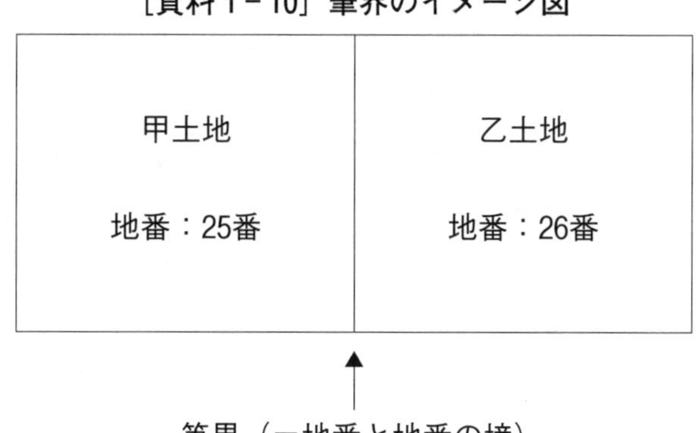

（2）筆界と境界の違い

筆界ということばの意味は上記のとおりですが、これに対し、境界ということばは、往々にして混同され使用されている傾向にあります。それは、境界と呼ぶ場合、本来は上記のとおり公法上の境界を指すのですが、多くのケースにおいて私法上の境界（＝所有権の境）を指すものと理解されてきたからです。

ちなみに、公法上の境界と所有権の境とは多くの場合一致しているはずですが、なかには一致していないケースもあります（長期間にわたる隣接者の占有により時効が完成し、所有権の境が移動してしまっているような場合がこれに該当します（［資料1－11］参照）。

［資料1－11］境界と所有権の境が違っている場合

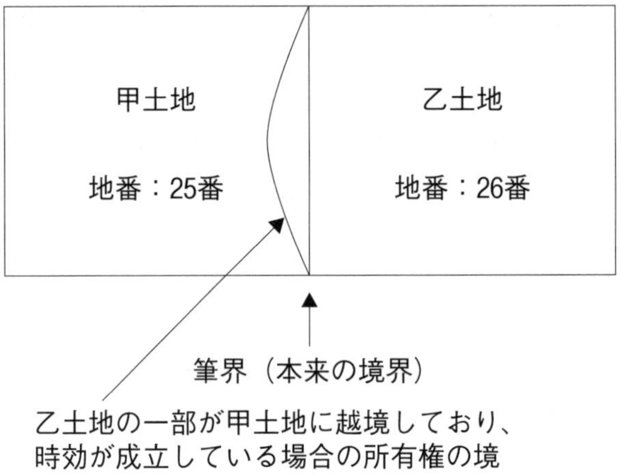

それだけでなく、所有権の境は隣接者間の合意により、公法上の境界とは区別して定められているのが一般的な傾向です。

しかし、あくまでも公法上の境界とは、もともと決まった位置に定まっており、固定して動かないものである点に注意が必要です。すでに述べたとおり、不動産登記法であえて境界ということばを使用せず、筆界ということばを使用しているのは、上記のような混同を避けるためです。

（3）筆界特定制度とは

筆界特定制度とは、登記官のなかから法務局または地方法務局の長が指定した筆界特定登記官が、筆界調査委員（弁護士、土地家屋調査士等）の意見を踏まえ、筆界を特定する制度です。筆界特定とは、新たに筆界を決めることではなく、実地調査や測量を含むさまざまな調査を行ったうえ、もともとあった筆界を筆界特定登記官が明らかにすることです。

従来、筆界について争いが生じた場合には、境界確定訴訟により解決するしか方法がありませんでしたが、それには時間と費用を要する等の問題が指摘されていました。

筆界特定制度は、このような問題点を少しでも解消することを目的としています。この制度の下においては、土地の所有権登記名義人等から筆界特定の申請があった場合、境界問題に関し専門的知識を有する筆界調査委員が調査を行って筆界特定登記官に意見を提出し、筆界特定登記官はこれを参考に筆界を特定するという仕組みがとられています（[資料１−12] 参照)。筆界特定制度を活用することによって、公的な判断として筆界を明らかにできるため、隣人同士で裁判をしなくても、筆界をめぐる問題の解決を図ることができます。

また、筆界の特定は土地の所有権登記名義人等の当事者からの申請がなければ、筆界特定登記官が職権で行うことはできない仕組みとなっています。

なお、ここで留意すべき点は、筆界特定制度は、土地の所有権がどこまであるのかを特定するものではないということです。申請人が筆界特定の申請をした場合で

[資料１−12] 筆界特定制度

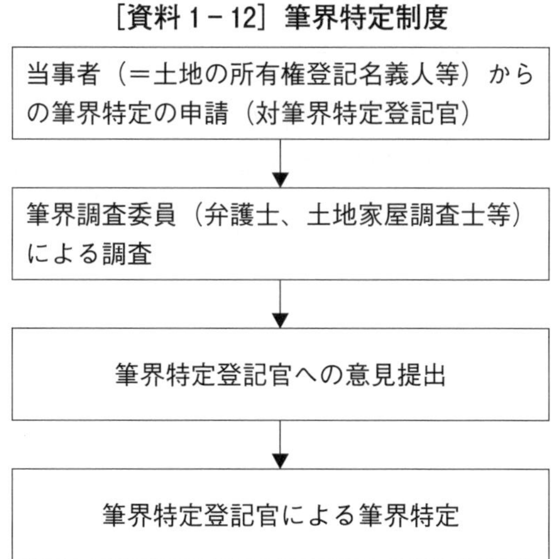

も、その内容が所有権の境界の特定を目的としている場合には、当該申請は却下されます（筆界調査委員は、事実の調査にあたっては、筆界特定が対象土地の所有権の境界の特定を目的とするものでないことに留意すべきこととされています)。なお、筆界特定の結果に納得することができないときは、後から裁判で争うこともできます。

不動産登記法第132条（申請の却下）

1　筆界特定登記官は、次に掲げる場合には、理由を付した決定で、筆界特定の申請を却下しなければならない。ただし、当該申請の不備が補正することができるものである場合において、筆界特定登記官が定めた相当の期間内に、筆界特定の申請人がこれを補正したときは、この限りでない。

（第１号～第４号省略）

五　申請が対象土地の所有権の境界の特定その他筆界特定以外の事項を目的とするものと認められるとき。

（第２項省略）

筆界特定の申請にあたっては、法務局に対する手数料のほかに、測量費用が発生します。対象地および隣接地の規模により費用は異なってきます。法務局のホームページでは、その計算方法をシミュレーションの形式で案内していますので参照ください。

また、筆界特定が行われた土地に関しては、その土地を管轄する法務局に筆界特定書が保管され（法145条)、誰でも手数料を納付してその写しの交付を請求できることになっています（法149条)。

筆界特定がなされた土地の登記簿にはその旨の記載が行われます。第３章に掲げるように、登記事項証明書の表題部に「筆界特定」という欄が設けられているのはこのためです。

8　登記申請の基礎知識

（1）登記の申請者

1原則：当事者による共同申請

所有権の移転をはじめとして、権利に関する登記の申請は原則として登記権利者と登記義務者が共同してこれを行う必要があります。その理由ですが、不動産の権利に関する登記をする場合、登記官は登記申請の内容が適正なものかどうかにつき、申請のあった情報（添付情報を含みます）のみに基づいて判断することとされており（＝形式的審査)、権利の有無を実質的に調査することまではできないからです。

そのため、当事者である登記権利者と登記義務者とが共同で登記の申請をすることによって、その登記の申請が真実であることを担保し、虚偽の登記がされるのを防止することが狙いとされています。

ここで、**登記権利者**とは、登記をすることによって直接利益を受ける者を指し、**登記義務者**とは、登記をすることによって直接不利益を受ける者を指します。たとえば、土地の売買の場合であれば、買主は売主から所有権移転登記を受けて登記簿上の名義人となる利益を得るため、登記権利者となります。他方、売主は買主のために所有権移転登記を行い登記簿上の名義人でなくなるという不利益を受けるため、登記義務者となります。

このような関係は、売主は買主のために登記に協力する義務を負い、買主は売主に対し買主のためにする登記に協力するよう請求する権利を有しているという考え方に基づいています。

ちなみに、売買のケースを含めて共同申請を行う場合の登記権利者および登記義務者の関係を整理したものが［資料1－13］です。このなかには、後半の章で説明する登記内容も含まれているため、ここではそれぞれの登記内容に関する権利者および義務者の関係のみ目を通していただければ構いません。

［資料１－13］ 登記権利者と登記義務者

登記の種類	登記権利者	登記義務者
売買による所有権移転	買　主	売　主
（根）抵当権設定	（根）抵当権者	（根）抵当権設定者 （不動産の所有者）
根抵当権変更（極度額、債権の範囲、債務者）	根抵当権者	根抵当権設定者
（根）抵当権抹消	（根）抵当権設定者	（根）抵当権者
遺贈による所有権移転(注1)	受遺者	相続人全員または遺言執行者
根抵当権の元本の確定(注2)	根抵当権設定者	根抵当権者

（注１） 遺贈とは、遺言により無償で譲り渡すことを指す。遺贈を受ける者（受遺者）としては相続人もその対象に含まれるが、この方法が選択されるケースとしては、遺言者が相続人以外の第三者に財産を譲り渡す場合が多い。

なお、遺贈と一般的な意味で使用されている贈与とは、無償である点では同じだが、次のような違いがある。

・遺贈……遺言者の一方的な意思表示により、遺言者の死亡によって効力を生じる。

・贈与……贈与者と受贈者双方の意思表示により、贈与の成立時点から効力を生じる。

遺贈は、遺言者の一方的な意思表示によるとはいっても、遺贈者が死亡し、遺贈による所有権移転登記を行う際には、受遺者が単独で申請することはできず、遺言者の相続人全員または遺言執行者との共同申請が原則とされている（遺言執行者とは、相続が遺言どおり実行されるように必要な手続きを行う者を指す）。

しかし、この方法では手間がかかり、速やかな遺言の実現の妨げとなっていた傾向があることから、令和３年４月28日に公布された「民法等の一部を改正する法律」（令和５年４月１日施行）により、受贈者が相続人である場合に限り単独申請ができることとされた（改正法63条３項）。そのため、受贈者が相続人以外の場合は、従来どおり相続人全員または遺言執行者との共同申請が必要である点に留意が必要である。

（注２） 根抵当権は、一般の抵当権（特定の融資債権だけを担保するもの）とは異なり、極度額の範囲内で不特定の債権を担保するものである。すなわち、一度根抵当権を設定しておけば、融資の都度、担保の対象物件に抵当権を設定する必要はないため、事業資金の融資を繰り返す必要がある取引先等に利用されている。

ところで、根抵当権は一般の抵当権とは異なり、その設定の段階では根抵当権が担保する元本債権は確定していない。しかし、一定の事由が発生した場合（たとえば、確定期日の到来など）に元本が確定し、確定後の取引により生じた債権はその根抵当権では担保されなくなる。このようなことから、根抵当権の元本確定の登記は、根抵当権設定者を登記権利者（設定者に有利となるため）、根抵当権者を登記義務者とする共同申請で行うことが原則とされている。

ただし、根抵当権者が元本確定請求をした場合その他一定の事由に該当する場合には、根抵当権者が単独で元本確定登記を申請することができる（法93条）。

❷例外：単独申請が認められる場合

例外的に単独申請が認められる場合の例としては、次のような登記があります。

- 表題登記（所有者単独）
- 登記名義人表示変更登記、更正登記（所有者単独）
- 所有権保存登記（所有者単独）
- 相続による所有権移転登記（登記権利者単独）
- 合併による所有権移転登記（登記権利者単独）
- 判決による登記（登記権利者単独）
- 仮登記（登記権利者単独）

このような場合に単独申請が認められるのは、登記の原因となる行為が自分一人の範囲で完結するためです。

❸全員を申請人とする合同申請が行われる場合

たとえば、（根）抵当権の順位変更登記のように、（根）抵当権者全員の申請によって行われるものがあります（これを行うには、各（根）抵当権者の合意と利害関係人の承諾が必要となります）。

❹代理人による申請の場合

登記の申請は、これを必要とする本人が自ら行うことができるのはもちろんですが、登記の内容によっては専門的な知識を必要とすることが多く、しかも、日常業務において頻繁に申請の必要が生ずる場合には、代理人（司法書士等）に依頼するケースのほうがむしろ通常と思われます（登記申請にあたっては必ずしも本人が行う必要はなく、代理人による申請も認められていますが、その場合には代理人に対する委任状を申請情報に添付することとなります。

なお、これらは混同しやすいのですが、所有権移転や抵当権設定等の権利に関する登記の代理申請を行っているのは司法書士、建物の新築時の登記や土地の分合筆等の表題登記の代理申請を行っているのは土地家屋調査士です（建物を新築した場合には、所有者は１か月以内に建物の表題登記を申請しなければなりませんが、その申請は土地家屋調査士の扱う領域とされています）。なかには一人で２つの資格を保有している人もいますが、どちらか一方の業務を行っている人のほうがむしろ多いと思われます。そのため、代理を依頼する場合には、それが権利に関する登記であるのか、表題登記に関するものであるかを区別しておく必要があります。本書で取り上げている登記簿および図面の読み方を心得ておけば、これらの区別に関しても容易に見当をつけることができます。

5登記官による本人確認制度

次項でも述べますが、従来はすべての登記申請について法務局への出頭を求め、その際には本人からの申請であることを法務局にて確認していました。しかし、平成16年の不動産登記法改正時に、申請手続の利便性の向上のためこのような出頭主義が廃止されました。

ただし、登記の正確性を確保するため、本人以外の者から申請していると疑うに足りる相当な理由がある場合には、同年の改正時に登記官による本人確認制度が定められました。

上記の場合に限り、登記官が申請者本人であることを確認するために出頭を求め、事情を聞くほか、本人であることの証明書等の提示を求めることができるとされています。これが登記官による本人確認制度です。

不動産登記法第24条（登記官による本人確認）

1　登記官は、登記の申請があった場合において、申請人となるべき者以外の者が申請していると疑うに足りる相当な理由があると認めるときは、次条の規定により当該申請を却下すべき場合を除き、申請人又はその代表者若しくは代理人に対し、出頭を求め、質問をし、又は文書の提示その他必要な情報の提供を求める方法により、当該申請人の申請の権限の有無を調査しなければならない。

2　登記官は、前項に規定する申請人又はその代表者若しくは代理人が遠隔の地に居住しているとき、その他相当と認めるときは、他の登記所の登記官に同項の調査を嘱託することができる。

（２）登記申請の方法

現在、登記の申請方法として、書面申請（書面で作成した申請書を法務局の窓口に提出する方法。郵送も含む）と電子申請（登記申請に必要な情報を、電子情報処理組織を使用して作成し法務局に送信する方法で、オンライン申請と呼ばれるもの）の方法が認められています（［資料１－14］参照）。

［資料１－14］登記申請の方法

登記申請の方法
- 書面を持参して提出する方法（出頭による申請）
- 郵送による方法
- オンライン申請による方法

平成16年に不動産登記法が改正される以前は、申請者が書面を作成して法務局に出向き、これを窓口に提出するという方法（いわゆる出頭主義）のみが申請方法として採用されていました。しかし、改正後は出頭主義が廃止されています。その理由は、オンライン申請が認められ、在宅のまま、あるいは事務所にいながら申請手続を行うことが可能となったこととの整合性を保つためです。その意味で郵送による申請も併せて認められています。

ただし、ここで留意すべきことは、出頭主義が廃止されているからといって、出頭による申請が受け付けられないわけではないという点です。それは出頭義務という制度が廃止されているということであり、書面を持参して申請する従来からの方法も依然として併存しているからです。

上記のとおり、現在では郵送やオンラインによる申請も認められているため、同一の不動産について２つ以上の申請がなされて、その前後が明らかでない場合が問題となります。このようなケースを想定し、不動産登記法ではどちらの申請が先になされたのか不明な場合には同時に申請されたものとみなし、これらの申請が両立し得ない場合（たとえば、甲が乙と丙に同じ物件を売却した等）には双方の申請を却下すべきものとしています（法25条13号、令20条６号）。

不動産登記法第25条（申請の却下）

登記官は、次に掲げる場合には、理由を付した決定で、登記の申請を却下しなければならない。ただし、当該申請の不備が補正することができるものである場合において、登記官が定めた相当の期間内に、申請人がこれを補正したときは、この限りでない。

（第１号～第12号省略）

十三　前各号に掲げる場合のほか、登記すべきものでないときとして政令で定めるとき。

不動産登記令第20条（登記すべきものでないとき）

法第25条第13号の政令で定める登記すべきものでないときは、次のとおりとする。

（第１号～第５号省略）

六　同一の不動産に関し同時に二以上の申請がされた場合（法第19条第２項の規定に

より同時にされたものとみなされるときを含む。）において、申請に係る登記の目的である権利が相互に矛盾するとき。

以上、登記申請の方法について概略を述べてきましたが、ここでは不動産の売買を例として、書面申請の方法により申請者が法務局に必要書類を提出してから登記が完了するまでの流れを［資料1－15］に掲げておきます（オンラインによる登記申請を行う場合の流れや手続については法務局ホームページを参照ください）。

［資料1－15］登記手続の流れ

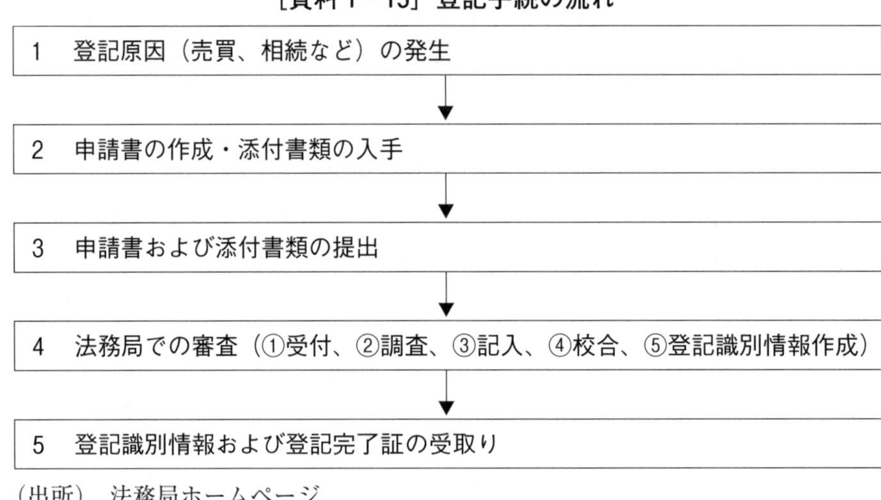

（出所）　法務局ホームページ

なお、この流れの各段階につき、要点をまとめれば次のとおりです。

❶登記原因の発生

売主（甲）と買主（乙）との間で不動産の売買が行われました。これに基づき、乙は甲とともに所有権移転登記の申請をすることとなります。

❷申請書の作成と添付書類の入手

登記申請をするためには、必要な事項を記載した申請書とその添付書類を法務局に提出する必要があります。登記申請書は自分で作成して法務局に提出することができますし、司法書士に依頼することもできます（この方法がむしろ多いと思われますが）。

売買による所有権移転登記の申請書には、登記原因証明情報（売買契約書。契約書がない場合には、契約の当事者、日時、対象物件のほか、売買契約の存在と当該売買契約に基づき所有権が移転したことを売主が確認した書面）、売主の印鑑証明書（作成から３か月以内のもの）と登記識別情報または登記済証（権利証）、買主の住民票の写しなどを添付する必要があります。

なお、印鑑証明書は、その登記の申請が売主の真意によるものであって、虚偽の申請ではないことを証明するために添付することとされています。そして、添付する印鑑証明書は、自然人であれば住所地の市区町村長が証明したもの、法人であれば法務局の登記官が証明したものとなります。参考までに、［資料１－16］に法人の場合の印鑑証明書のイメージを掲げておきます。

また、印鑑証明書の印は、売買の当事者（本人）が申請する場合は申請人の住所・氏名を記載した下に押印し、代理人が申請する場合は委任状に押印することとなります。

3申請書および添付書類の提出

申請書を添付書類と併せて管轄法務局の登記申請窓口に提出します。法務局にはそれぞれ管轄区域があるため、対象不動産をどこの法務局が管轄しているのかにつき事前の確認が必要です。

なお、登記申請がなされている土地や建物については、その処理が完了するまでの期間は登記事項証明書の交付が受けられなくなる点に留意が必要です。

4法務局での審査

⑴　受　付

申請書に受付年月日、受付番号が記載され、または申請の受付年月日および受付番号が記載された書面が貼り付けられます。

⑵　調　査

登記申請のあった土地または建物の申請内容が法律に適合しているか、登記記録の事項と一致するか、添付書類に漏れがないかどうか等の審査が行われます。

なお、申請書に不備があれば、申請者はそれを訂正（＝補正）する必要があります（申請書に大きな不備がある場合には、登記手続自体ができないことがあります）。

⑶　記　入

申請内容に不備がないことが確認された場合は、申請内容に従って登記記録等に必要な事項が記入されます。

⑷　校　合

⑴から⑶までの処理が問題なく行われたかどうかを含め、申請どおりに登記がで

［資料１－16］印鑑証明書のイメージ

印鑑証明書

実印

会社法人等番号　○○○○－○○－○○○○○○

商　　　号　株式会社○○○○

本　　　店　東京都○○区○○町丁目○番○号

代表取締役　○　○　○　○

昭和　○年　○月　○日生

これは提出されている印鑑の写しに相違ないことを証明する。
（東京法務局徳出張所管轄）
令和　○年　○月　○日
東京法務局徳出張所
登記官　　○　○　○　○

整理番号　M

きるかどうかについて登記官による再度のチェックが行われます。正しく処理されたことが確認されれば、登記識別番号が登記記録に記録され登記が完了します。

⑸　**登記識別情報の作成**

法務局で登記識別情報および登記完了証を作成のうえ、申請人に交付する準備が進められます（この段階で登記手続は完了します）。

5登記識別情報および登記完了証の受領

登記が完了すれば、法務局から登記識別情報通知（登記識別情報を記載した書面）および登記完了証（申請された登記が完了したことを通知する書面）が交付されます。

ただし、登記完了証はあくまでも登記が完了したことの通知であって、登記識別情報通知とは異なる点に留意が必要です。

登記識別情報通知の例についてはすでに取り上げましたので（［資料１−３］参照）、ここでは登記完了証の書式を［資料１−17］に掲げておきます。

（３）登記申請書の様式と記載例

ここでは、売買による所有権移転登記を例に、司法書士に申請手続を委任した場合の登記申請書の様式を取り上げます。［資料１−18］はその様式です。

なお、登記申請は、たとえば売買であれば登記権利者（買主）が登記義務者（売主）から登記申請を委任され、自ら申請人となって行うこともできます。また、登記原因が異なれば申請書の記載内容や添付情報の範囲も異なってきます。そのため、個々のケースについての詳細は法務局のホームページを参照いただくこととし、以下、申請書のイメージの把握に主眼を置きます。

また、売買、相続などによる所有権の移転登記、所有権の保存登記、根抵当権の設定登記、配偶者居住権の設定の登記などの申請をする場合は、法律で定められた登録免許税を納付する必要があります（巻末資料参照）。

登録免許税を納付する場合には、原則として現金を国（税務署等）に納付し、その領収証書を登記の申請書に貼り付けて提出します。しかし、登録免許税の額が３万円以下である場合などには、収入印紙を申請書に貼り付けて提出することによって納付することができるものとされています。

ちなみに、司法書士に代理申請を依頼する場合の委任状の例も［資料１−19］に掲げておきます。

［資料 1－17］登記完了証の書式（則181条 2 項・別記第 6 号様式）

（電子申請の場合）

登記完了証（電子申請）

次の登記申請に基づく登記が完了したことを通知します。

申請受付年月日		
申請受付番号		
登記の年月日		
不動産		
申請情報		

（注）1　「登記の年月日」欄は、表示に関する登記が完了した場合に記録されます。
　2　「不動産」欄に表示されている不動産のうち、下線のあるものは、登記記録が閉鎖されたことを示すものです。
　3　「申請情報」欄に表示されている内容は、申請人又はその代理人から提供を受けた申請情報を編集したものです。最終的な登記の内容は登記事項証明書等により確認してください。
　4　この登記完了証は、登記識別情報を通知するものではありません。

以上

年　月　日
法務局　　出張所
登記官

（書面申請の場合）

登記完了証（書面申請）

次の登記申請に基づく登記が完了したことを通知します。

申請受付年月日		
申請受付番号		
登記の目的		
登記の年月日		
不動産		

（注）1　「登記の目的」欄に表示されている内容は、「不動産」欄の最初に表示されている不動産に記録された登記の目的です（権利に関する登記の場合に限ります。）。
　2　「登記の年月日」欄は、表示に関する登記が完了した場合に記録されます。
　3　「不動産」欄に表示されている不動産のうち、下線のあるものは、登記記録が閉鎖されたことを示すものです。
　4　この登記完了証は、登記識別情報を通知するものではありません。

以上

年　月　日
法務局　　出張所
登記官　　　　職　印

［資料１－18］登記申請書の例

登　記　申　請　書

登記の目的　　所有権移転

原　　　因　　令和○年○月○日売買

権　利　者　　○○市○○町○丁目○○番地
　　　　　　　　　甲野　太郎

義　務　者　　△△市△△町△丁目△△番地
　　　　　　　　　乙山　次郎

登記識別情報（又は登記済証）を提供することができない理由
　□不通知　□失効　□失念　□管理支障　□取引円滑障害　□その他（　　　　）
□登記識別情報の通知を希望しません。

添付情報
　　登記原因証明情報　　登記識別情報　　印鑑証明書
　　住所証明書　　　　　代理権限証書

令和○年○月○日申請　○○　法務局○○出張所

代理人　　□□市□□町□丁目□□番地
　　　　　　　　丙山　三郎　　印
　　　　　　　連絡先の電話番号００—００００—００００

課税価格　土地　金○，○○○万円
　　　　　建物　金○○○万円
合計　金○，○○○万円

登録免許税　土地　金○○万○，○○○円
　　　　　　建物　金○○万円
　　　　　　合計　金○○万○，○○○円

不動産の表示
　不動産番号　　１２３４５６７８９０１２３
　所　　　在　　○○市○○町○丁目
　地　　　番　　○○番
　地　　　目　　宅地
　地　　　積　　○○○・○○平方メートル

　不動産番号　　０９８７６５４３２１０１２
　所　　　在　　○○市○○町○丁目○○番地
　家屋番号　　○○番
　種　　　類　　居宅
　構　　　造　　木造かわらぶき２階建
　床　面　積　　１階　○○・○○平方メートル
　　　　　　　　２階　○○・○○平方メートル

［資料１－19］司法書士に代理申請を依頼する場合の委任状の例

委　任　状

○○県○○市○○町○丁目○番○号
司法書士　○○○○

私は、上記の者を代理人と定め、後記不動産に対する下記の登記申請に関する一切の権限を委任いたします。

記

1．登記の目的　　所有権移転
　原　　　因　　令和○年○月○日　売買
　権　利　者　　甲野　太郎
　義　務　者　　乙山　次郎

2．原本還付請求受領の件

3．登記に係る登録免許税の還付金受領の件

4．登記識別情報の暗号化・複合化に関する一切の件

5．登記識別情報の受領及びその受領に関し復代理人を選任する一切の件

不動産の表示

1．○○市○○町○丁目○○番の土地
2．○○市○○町○丁目○○番地　家屋番号○○番の建物

令和○年○月○日

委任者
住所　○○市○○町○丁目○○番地
　氏名　甲野　太郎　（印）

【参考】添付情報の補足説明

①委任状に登場する「原本還付」とは

［資料1－19］に掲げた委任状には「原本還付」ということばが登場します。

登記申請には登記原因証明情報をはじめ、さまざまな情報（書面）を提供する必要がありますが、このような情報（書面）は原則として還付（返還）されません。しかし、ケースによっては還付を必要とする場合があります。たとえば、他の法務局に同じ情報（書面）を添付して登記申請を行う等の理由がこれに該当します。

このような場合、申請人が原本の写しを作成したうえで、これに「原本に相違ない」旨を付記したうえで署名することにより、原本の返還を請求することができます。申請があった場合、登記官は原本と写しを照合し、一致していることを確認したうえで原本を申請人に返還しますが、このことを「原本還付」と呼んでいます。法務局のホームページによれば、原本還付される主な情報（書面）は以下のとおりです。

ア．登記原因証明情報のうち売買契約書、抵当権設定契約書および弁済証書、解除証書の原本など（いわゆる報告的な登記原因証明情報は原本還付されません）

イ．住所証明情報（住民票など）

ウ．資格証明情報（会社・法人の代表者事項証明書など）

エ．相続を証する情報（遺産分割協議書、被相続人の住民票の除票、戸籍全部（個人）事項証明書、閉鎖戸籍全部（個人）事項証明書など）

なお、相続登記に添付する「相続を証する情報」のうち、戸籍全部（個人）事項証明書（戸籍謄抄本）、閉鎖戸籍全部（個人）事項証明書（除籍謄抄本）は、相続関係説明図を提出すれば、原本還付の請求ができるとされています。第8章で改めて取り上げますが、相続関係説明図とは、被相続人と相続人の続柄や生年月日、死亡年月日等を記載した表のことであり、いわば家系図のようなものです。

②申請人が会社等の法人の場合

［資料1－18］および［資料1－19］に登場する申請人（登記権利者、登記義務者）は個人でしたが、申請人が会社等の法人である場合にはその法人の代表者（取締役、理事等）が法人の行為を行うことになるため、代表者の資格を証明する情報（資格証明情報）の提供が必要となります。具体的には、会社の登記事項証明情報（現在事項全部証明書または代表者事項証明書）がこれに該当します。

なお、現在事項全部証明書のなかには、次のような事項が記載されます。

ア．商　号

イ．本　店（所在地）

ウ．公告をする方法（電子公告、官報に掲載する方法等）

エ．会社成立の年月日

オ．目　的（事業の内容）

カ．発行可能株式総数

キ．発行済株式の総数並びに種類及び数

ク．株券を発行する旨の定め

ケ．資本金の額

コ．株式の譲渡制限に関する規定

サ．株主名簿管理人の氏名又は名称及び住所並びに営業所

シ．役員に関する事項

ス．取締役会設置会社に関する事項

セ．監査役設置会社に関する事項

ソ．会計監査人設置会社に関する事項

③印鑑証明書、資格証明情報の有効期限

これらの情報は作成後３か月以内のものを提出する必要があります。

④住所証明書

［資料１－18］および［資料１－19］に登場する申請人（登記権利者、登記義務者）は個人であり、この場合の住所証明書（住所証明情報）としては、住民票の抄本または戸籍の附票の写しがこれに該当します（印鑑証明書の住所の記載をもって住所を証する情報とすることもできます）。

申請人が会社等の法人である場合には、登記事項証明書がこれに該当します。

（４）登記識別情報（登記済証）を紛失した場合の登記申請方法

登記識別情報は、一般的な本人確認手段としての印鑑証明書の提出等に加え、申請の事実が本人からのものであるかどうかを見極める手段として極めて重要な役割を果たします。

また、従来から保管している登記済証（権利証）で未だ所有権移転等の事実が生じていないものについては現在でも依然として有効であり、登記識別情報に代えることができますが、これらを紛失した等の理由により登記識別情報（登記済証）の提供ができないときは、別の手段により本人確認を行う必要が生じます。この場合、

登記手続を進めるにあたっては次の２つの方法がとられています。

①登記官による事前通知

登記識別情報（または登記済証）を提供することができない正当な理由（紛失・失念等）があるときは、その事実を申請書に記載して法務局に提出した後に、登記官が本人の意思を確認するための書面（いわゆる事前通知書）を郵送し、一定期間内（２週間以内）に登記名義人から間違いない旨の申出があったときにはじめて登記を実行する方法です。[資料１－20］に事前通知書の例を掲げます。

②資格者による本人確認証明情報提供書の作成

登記申請を司法書士等の資格者に委任して行う場合には、事前通知の方法によらず、司法書士等の資格者に「申請者が本人である」ことを確認した旨の書類（＝本人確認証明情報提供書）を作成してもらう方法です（公証人に同様の書類を作成してもらう方法もあります。法23条４項)。[資料１－21］に本人確認証明情報提供書の例を掲げます。

なお、実務では②の方法を選択しているケースが多いようです。その理由は、事前通知による方法の場合、登記手続に先立って本人からの回答を待つ時間が必要であり、本人からの回答が期間内に戻って来なかった場合は登記申請が却下されてしまうためです。

参考までに、平成16年の不動産登記法改正以前においては、所有者が登記済証を紛失して登記申請時に提出できない場合等に備え、保証書の代用による所有権の登記を可能としていました。すなわち、このような場合には、保証書（当該申請人が登記義務者に間違いのないことを証する書面のことで、通常は司法書士が作成していました）を法務局に提出することにより、登記申請の要件を満たすことができたわけです（もちろん、この場合でも法務局からの事前通知制度は存在していましたが)。

平成16年の不動産登記法改正により保証書による登記申請制度は廃止され、登記義務者から登記識別情報の提供がない場合には従来以上に事前通知制度を強化し、登記義務者の本人確認の正確性を確保することとしています。たとえば、平成16年法改正以前においては、事前通知書は法務局により普通郵便で発信されていましたが、改正後は本人が確実に受け取ることのできる方法（個人の場合は本人限定受取郵便、法人の場合は書留等）で発信することとされています。

［資料１－20］事前通知書の例

第○○○○号
令和○年○月○日

甲野太郎　殿

○○市○○町○丁目○番○号
○○法務局○○出張所
登記官　○○○○　(印)
担当　　△△△△　(印)

下記のとおり登記申請がありましたので、不動産登記法第23条第１項の規定に基づき、この申請の内容が真実かどうかお尋ねします。

申請の内容が真実である場合には、この書面「回答欄」に氏名を記載し、申請書又は委任状に押印したものと同一の印を押印して、○月○日までに、登記所に持参し、又は郵送してください。

記

登記申請の内容
（１）不動産所在事項及び不動産番号　（記載省略）
（２）登記の目的　所有権移転
（３）受付番号　　第○○○○号
（４）登記原因　　令和○年○月○日売買
（５）申請人
　　権利者　　住所・氏名
　　義務者　　住所・氏名
（６）通知番号　○○○

事前通知に基づく申出書

回答欄	この登記の申請の内容は真実です。 氏名　　　　甲野太郎　　　(印)

［資料１－21］本人確認証明情報提供書の例

○○法務局　御中

令和○年○月○日

当職は、本件登記申請の代理人として、以下のとおり、申請人が申請の権限を有する登記名義人であることを確認するために必要な情報を提供する。

○市○○町○丁目○番○号
司法書士　○○○○

１．登記の目的　　所有権移転
２．不動産　　　　（省略）
３．登記識別情報を提供できない事由　　失念
４．申請人　　■登記義務者
　　住　　所　　　（省略）
　　氏　　名　　　（省略）
　　生年月日　　　（省略）
５．面談の日時・場所・状況
　　日　　時　　令和○年○月○日　午後14時30分
　　場　　所　　当職事務所
　　状　　況　　登記義務者が、本件不動産を売却するにあたり、登記識別情報を失念しているため、本人確認情報を作成するに当たって当職が面談した。
６．申請人との面識の有無　　面識がない
７．面識がない場合における確認資料
　当職は、申請人の氏名を知らず、又は面識がないため、申請人から下記確認資料の提示を受け、確認した。
　確認資料の特定事項及び有効期限
　■第一号書類　■第二号書類　■第三号書類
　　■名称　○○県公安委員会発行の運転免許証　写真付き
　　■写し添付の有無　■あり
　　■特定事項　■別添写しのとおり
８．登記名義人であることを確認した理由
（１）規則に定める書類以外の書類確認　（省略）
（２）面談時の聴取事項　（省略）

第2章

登記事項証明書（登記簿謄本）および図面を入手するまで

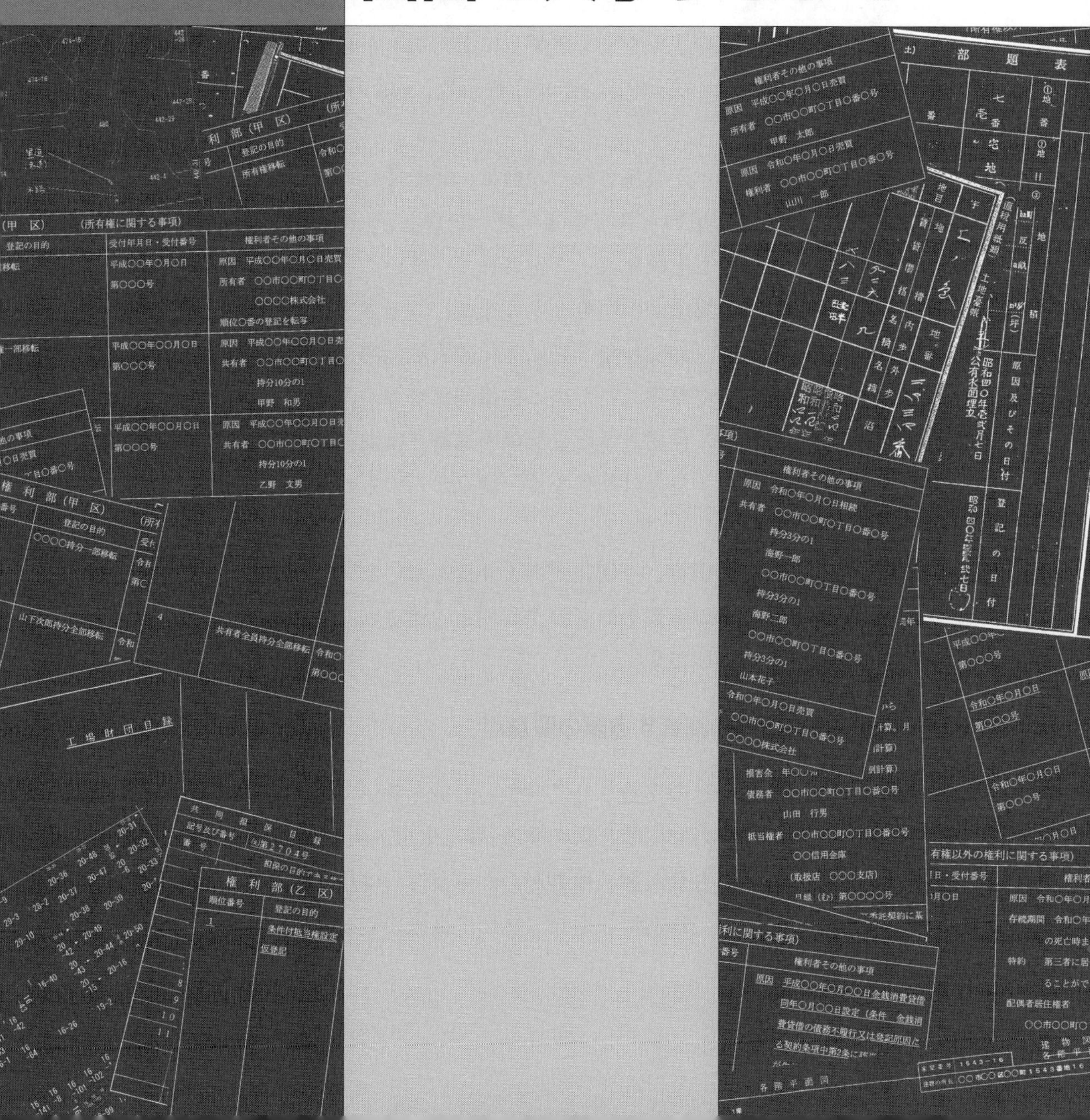

1　地番と住居表示の違い

（1）どのような点が違うのか

不動産の登記簿を調査する際、はじめての方が戸惑うのは、土地の地番と住居表示の違いです。これらをまったく同じものと思い込んでいる人も少なからず見受けられ、たとえば、自分の住所地である「○○市○○町○丁目○番○号」（住居表示）を請求書に記入して登記事項証明書を請求したが入手できなかったという話も耳にします。そこで、これらの違いを十分理解しておくことが必要です。

住居表示とは、平たく言えば、「○丁目○番○号」のような郵便物の届く場所と考えてください。

わが国において住居表示が実施される以前は、登記簿の地番が住居を表示する手段としてそのまま番地に用いられてきました。しかし、（公図を見ればわかるとおり）地番そのものが必ずしも秩序立って付されていないこと、多数の家屋が同じ地番内にある場合にはその場所が不明瞭となるなど、さまざまな不都合が生じてきました。そのため、昭和37（1962）年５月に「住居表示に関する法律」が公布され、各区画の番号を秩序立てて整理したため、位置関係がつかみやすくなったという経緯があります。そのため、住居表示と登記簿の地番とは別物であるといえます（登記簿の地番は住居表示の実施とは関係なく、従来からのものがそのまま引き継がれています）。

ただし、全国的にみた場合、市街化があまり進んでいない場所では住居表示が実施されておらず、登記簿の地番そのものが郵便物の届く場所となっているところも多くある点には注意が必要です。

（2）不動産の登記簿を調査する際の留意点

前述のとおり、住居表示の実施されていない地域を除いて地番と住居表示が違っていることから、不動産の登記簿を調査する（登記事項証明書を取得する）際には、住居表示がわかっていても登記簿の地番がわからなければ用は足りません。

自分で保管している登記識別情報通知（または従来の登記済証）や市町村から送

られてくる固定資産税課税明細書等により容易に地番が把握できる場合は別として、他人が所有している土地や建物について調査したいが住居表示しかわからないという場合にはどのようにすればよいでしょうか。

第一の方法として、法務局に出向いて、そこに備え付けられている「住居表示と地番の対照表」を閲覧し、調べたい地番につき住居表示を頼りに照合しながら確認する方法があります（郵送で登記事項証明書を請求する場合、以下に述べる第三のような方法であらかじめ地番を確認したうえで手続をしなければ、時間がかかったにもかかわらず用が足りなかったという結果となってしまいます）。

第二の方法は、これも法務局に出向いている場合に調査できる方法ですが、法務局にはブルーマップと呼ばれる住居表示と地番（青色で表示されています）を対照できる図面が備え付けられているため、これを閲覧して照合することです（図書館にもこの図面が備え付けられていることがあります）。

第三の方法として、市町村の担当課（住民課のような窓口）に問い合わせる方法もあります（住居表示を正確に把握できていれば電話で回答を得られることが多いと思います）。

なお、土地の地番が判明すれば、その土地の上に建築されている建物の家屋番号（建物を特定するための番号）も多くの場合、見当をつけることができます。その理由は、家屋番号は原則として土地の地番と同一のものが付されているからです。ただし、当初は原則どおり家屋番号が付されていても、その後の土地の分筆に伴い、家屋番号と地番が一致しなくなっているケースもあるため、注意が必要です（第３章参照）。

さらに、建物についてよくあるケースですが、もともとその建物が登記されていない（＝未登記である）という場合があります。このような場合、土地の地番が把握できても、それを頼りに建物の登記事項証明書を請求して入手することができないということになります（未登記建物の場合でも、市町村の固定資産税課等では現況面積を調査し家屋課税台帳に登録していますが、これは登記簿とは別の記録です）。

2 登記事項要約書・登記事項証明書の違いと請求方法

(1) 登記事項要約書

法務局の登記事務がコンピュータ化されるまでは、登記簿の閲覧制度といってバインダー式の簿冊を法務局の閲覧台で閲覧する制度が設けられていました。この制度はあくまでも閲覧を目的とするものであったため、簿冊を見て必要な事項を手でメモに書き写すという方式をとっていました(制度の趣旨からしてコピーすることはできず、コピーが必要な場合は登記簿謄本の請求が求められていました)。

しかし、登記事務がコンピュータ化されたことにより、必要な情報が電子ファイルに収められ、閲覧そのものが不可能となったため、閲覧に替わる書類を法務局が発行するようになりました。これが登記事項要約書です。

登記事項要約書はあくまでも請求人のメモ代わりのものであるため、法務局の証明欄はなく、現在効力を有する部分のみが記載されたものが請求人に交付されます(過去の権利移転等の経緯はこの書類だけではわかりません)。

ちなみに、[資料2-1]の登記事項要約書は、請求件数が4件であるため、左端に「1」~「4」と記載され、表題部と権利部(所有権)の内容が中央に記載されています。

また、登記事項要約書を法務局で請求する際の様式を[資料2-2]に掲げます。なお、[資料2-1]は土地のみの登記事項要約書の例であり、[資料2-2]は土地建物について登記事項要約書を請求する場合の記載例であるため、対象物件は異なります。

参考までに、請求書の記載要領は以下のとおりです。

- 最初に、請求をする人の住所、氏名を記載します。
- 次に、「種別」の欄では、請求する登記事項要約書が土地に関するものか、建物に関するものかを区別するために、□の欄に「✓」のマークを入れます。その後に、請求する土地または建物の所在地番等を記載します。ここで留意すべきは、請求書にも印刷されていますが、「地番・家屋番号は、住居表示番号(○番○号)とはちがいます」という点です。

［資料２－１］登記事項要約書の例

登記事項要約書　土地

1	表題部	○○市○○区○○字○○○			
		1016番１	堤	628	
				488	昭和50年３月26日一部地目変更 ③1016番１、同番９、同番10に分筆 〔昭和50年５月１日〕
	権利部 所有権	東京都○区○○○丁目○○番○号　持分２分の１　○○○○			平成11年５月11日 第19824号
		○○市○○区○○○○○番地　持分２分の１　○○○○			昭和35年８月23日 第3845号
2	表題部	○○市○○区○○字○○○			
		1016番10	堤	97	1016番１から分筆 〔昭和50年５月１日〕
	権利部 所有権	東京都○区○○○丁目○○番○号　持分２分の１　○○○○			平成11年５月11日 第19824号
		○○市○○区○○○○○番地　持分２分の１　○○○○			昭和35年８月23日 第3845号
3	表題部	○○市○○区○○字○○○			
		1016番９	公衆用道路	42	1016番１から分筆 〔昭和50年５月１日〕
	権利部 所有権	○○県			昭和50年５月１日 第19104号
4	表題部	○○市○○区○○字○○○			
		1116番１	堤	3480	
				2236	昭和50年３月31日一部地目変更 ③1116番１、同番２に分筆 〔昭和50年４月９日〕
				1436	昭和50年３月26日一部地目変更 ③1116番１、同番３、同番４に分筆 〔昭和50年５月１日〕
	権利部 所有権	東京都○区○○○丁目○○番○号　持分２分の１　○○○○			平成11年５月11日 第19824号
		○○市○○区○○○○○番地　持分２分の１　○○○○			昭和35年８月23日 第3845号

＊　下線のあるものは抹消事項であることを示す。　　　整理番号　P03483　　1／1

[資料2－2] 登記事項要約書交付（閲覧）請求書（旧）

不動産用

登記事項要約書交付 閲覧 請求書

※ 太枠の中に記載してください。

窓口に来られた人（請求人）	住所 ○○県○○市○町1丁目1番1号
	フリガナ ○○○○
	氏名 ○○○○

※地番・家屋番号は、住居表示番号（○番○号）とはちがいますので、注意してください。

種別（レ印をつける）	郡・市・区又は不動産	町・村	丁目・大字・字	地番	家屋番号又は所有者
1 ☑土地 2 □建物	○○市	○○	○丁目	30番1	
3 □土地 4 ☑建物	○○市	○○	○丁目	30番地1	30番の1
5 □土地 6 □建物					
7 □土地 8 □建物					
9 □財団（□目録付） □船舶 □その他					

※該当事項の□にレ印をつけ、所要事項を記載してください。

☑ 登記事項要約書

※特定の共有者に関する部分のみを請求するときは、次の項目も記載してください。

□ 共有者＿＿＿＿＿＿＿＿＿＿＿＿に関する部分

□ マンション名（＿＿＿＿＿＿＿＿＿＿＿＿）

□ 登記簿の閲覧

□ 閉鎖登記簿の閲覧

□ コンピュータ化に伴う閉鎖登記簿

□ 合筆、滅失などによる閉鎖登記簿・記録（昭和 平成 令和＿＿＿年＿＿月＿＿日閉鎖）

収入印紙欄

収入 印紙

収入 印紙

（登記印紙も使用可能）

収入印紙は割印をしないでここに貼ってください。

交付通数	交付枚数	手数料	受付・交付年月日

（乙号・2）

● これらの記載を済ませた後に、下段にある「登記事項要約書」の□の欄に✓を入れて法務局の窓口に提出します（請求の対象となる土地や建物の所在地番等に誤りがないことがわかっている場合は収入印紙を貼り付けて提出することが多いのですが、後から登記事項要約書を受け取る際に、印紙売り場で購入して貼り付ける等の方法でも入手できます）。

なお、登記申請書に添付された書類を閲覧したい場合には、「図面以外の登記簿の附属書類閲覧請求書」（［資料２－３］）を用いることとされています（令和５年４月１日から閲覧請求手続が変更になっています）。ただし、これらの情報は利害関係のある人しか閲覧することができません。

法務局に備え付けられている「登記事項要約書交付・閲覧請求書」のなかに、「□登記申請書・添付書類の閲覧」の欄が線で消されている用紙が残っている場合、これは上記の手続変更に伴う事務上の都合によるものと思われます。

なお、これとは別に、法定相続人情報閲覧請求に際し、「□ 登記申請書・添付書類の閲覧」の欄に、その作成番号や利害関係を記載して提出する記載例も見られますが、詳細は第８章で取り上げます。

（２）登記事項証明書

登記事項証明書は、従来のバインダー式の登記簿謄本に替わるものです。

登記事項証明書の読み方については別途取り上げますが、ここでは登記事項要約書との相違をイメージしていただくため、［資料２－４］にシンプルな例を掲げておきます（登記事項証明書の場合、「これは登記記録に記載されている事項の全部を証明した書面である」という登記官による認証がなされます）。

［資料２－５］に登記事項証明書を請求する際の交付請求書の様式を掲げます。請求書の記載要領に関しては登記事項要約書の場合と共通するものが多くあります。

なお、［資料２－５］には謄本や抄本についての欄も設けられています。たとえば、閉鎖登記簿の謄本を入手したい場合は、同じ様式の下段にある該当項目に✓を入れます。特に、閉鎖登記簿の謄本を請求する際には、それがコンピュータ化に伴って閉鎖された登記簿であるのか、土地の合筆または建物の滅失等による閉鎖登記簿であるのかを区別する必要があります（✓を入れないで請求した場合、登記所の窓口で同じようなことを尋ねられます）。

［資料２－３］図面以外の登記簿の附属書類閲覧請求書

不動産用

図面以外の登記簿の附属書類閲覧請求書

※ 太枠の中に書いてください。

（地方）法務局　　支局・出張所　　年　月　日　請求

住所（請求人）	
氏名又は名称（請求人）	（ふりがな）
請求人が法人であるとき、その代表者の氏名	（ふりがな）
その法人の会社法人等番号	
住所（代理人）	
氏名又は名称（代理人）	（ふりがな）
代理人が法人であるとき、その代表者の氏名	（ふりがな）
その法人の会社法人等番号	

不動産の所在	種　別	郡　市　区	町　村	丁目・大字	地　番	家屋番号
	□土地 □建物					
	□土地 □建物					
	□土地 □建物					
	□土地 □建物					
	□土地 □建物					
不動産番号						

1　閲覧しようとする附属書類に係る申請書の受付年月日・受付番号

- ＿＿年＿＿月＿＿日受付第＿＿＿＿＿＿号
- ＿＿年＿＿月＿＿日受付第＿＿＿＿＿＿号
- ＿＿年＿＿月＿＿日受付第＿＿＿＿＿＿号
- ＿＿年＿＿月＿＿日受付第＿＿＿＿＿＿号
- ＿＿年＿＿月＿＿日受付第＿＿＿＿＿＿号

※裏面も記載してください。

収入印紙欄

収入印紙

収入印紙

収入印紙は割印をしないでここに貼ってください。

（登記印紙も使用可能）

手数料	受付年月日

2　附属書類のうち閲覧しようとする部分

（　　　　）

3　次のいずれかにチェックの上、必要事項を記入してください。

□　2の附属書類が自己を申請人とする登記記録に係る登記簿の附属書類である場合
申請人である旨を証する書面の名称を記載してください。

（例：運転免許証などの身分証明書など　　　　）

□　上記以外の場合（閲覧は正当な理由があると認められる部分に限られます。）

⑴　2を閲覧する正当な理由（具体的に記載してください。）

（　　　　）

⑵　正当な理由を証する書面の名称
※登記官から求めがあった場合、書面又はその写しを提出する必要があります。

（例：訴状（案）、当事者の陳述書など（具体的内容が記載されたものに限られます。）　　　　）

［資料２－４］登記事項証明書（見本）

東京都特別区南都町１丁目１０１　　全部事項証明書　　（土地）

表　題　部　（土地の表示）		調製	余白	不動産番号	００００００００００００
地図番号	余白	筆界特定	余白		
所　在	特別区南都町一丁目			余白	
①　地　番	②地　目	③　地　積　㎡		原因及びその日付〔登記の日付〕	
１０１番	宅地	３００：００		不詳 〔平成２０年１０月１４日〕	
所　有　者	特別区南都町一丁目１番１号　甲　野　太　郎				

権　利　部（甲区）（所有権に関する事項）			
順位番号	登記の目的	受付年月日・受付番号	権利者その他の事項
1	所有権保存	平成２０年１０月１５日 第６３７号	所有者　特別区南都町一丁目１番１号 甲　野　太　郎
2	所有権移転	令和１年５月７日 第８０６号	原因　令和１年５月７日売買 所有者　特別区南都町一丁目５番５号 法　務　五　郎

権　利　部（乙区）（所有権以外の権利に関する事項）			
順位番号	登記の目的	受付年月日・受付番号	権利者その他の事項
1	抵当権設定	令和１年５月７日 第８０７号	原因　令和１年[illegible]月７日金銭消費貸借同日設定 債権額　金４[illegible]０万円 利息　年２[illegible]６[illegible]％（年３６５日日割計算） 損害金　年１４[illegible]５％（年３６５日日割計算） 債務者　特別区[illegible]都町一丁目５番５号 法　務　五　郎 抵当権者　特別区北都町三丁目３番３号 株　式　会　社　南　北　銀　行 （取扱店　南都支店） 共同担保　目録(あ)第２３４０号

見本

共　同　担　保　目　録			
記号及び番号	(あ)第２３４０号	調製	令和１年５月７日
番　号	担保の目的である権利の表示	順位番号	予　備
1	特別区南都町一丁目　１０１番の土地	1	余白
2	特別区南都町一丁目　１０１番地　家屋番号　１０１番の建物	1	余白

これは登記記録に記録されている事項の全部を証明した書面である。

令和２年１月１４日
関東法務局特別出張所　　登記官　　法　務　八　郎　みほん 電子公印

＊　下線のあるものは抹消事項であることを示す。　　整理番号　Ｄ１２４４５　（　１／３　）　　２／２

（出所）　法務局ホームページ

［資料２−５］登記事項証明書（登記簿謄本・抄本）交付請求書

不動産用　登記事項証明書 登記簿謄本・抄本　交付請求書

※太枠の中に記載してください。

窓口に来られた人（請　求　人）	住　所 ○○県○○市○○町○丁目○番○号
	フリガナ ○○○○
	氏　名 ○○○○

※地番・家屋番号は，住居表示番号（○番○号）とはちがいますので，注意してください。

種　別（✓印をつける）	郡・市・区	町・村	丁目・大字字	地　番	家屋番号又は所有者	請求通数
1☑土地	○○市	○○	○丁目	○番○		
2☐建物						
3☐土地						
4☐建物						
5☐土地						
6☐建物						
7☐土地						
8☐建物						
9 ☐財団（☐目録付）☐船舶 ☐その他						

※共同担保目録が必要なときは，以下にも記載してください。
次の共同担保目録を「種別」欄の番号＿＿＿＿番の物件に付ける。
☐ 現に効力を有するもの ☐ 全部（抹消を含む） ☐（　）第＿＿号

※該当事項の☐に✓印をつけ，所要事項を記載してください。

☑ 登記事項証明書・謄本（土地・建物）
専有部分の登記事項証明書・抄本（マンション名＿＿＿＿＿＿＿＿）
☐ ただし，現に効力を有する部分のみ（抹消された抵当権などを省略）

☐ 一部事項証明書・抄本（次の項目も記載してください。）
共有者＿＿＿＿＿＿＿＿に関する部分

☐ 所有者事項証明書（所有者・共有者の住所・氏名・持分のみ）
☐ 所有者　☐ 共有者＿＿＿＿＿＿

☐ コンピュータ化に伴う閉鎖登記簿
☐ 合筆，滅失などによる閉鎖登記簿・記録（＿＿年＿＿月＿＿日 閉鎖）

収入印紙欄

収入印紙

収入印紙

収入印紙は割印をしないでここに貼ってください。
（登記印紙も使用可能）

交付通数	交付枚数	手数料	受付・交付年月日

（乙号・1）

3 登記事項証明書の種類

登記事項証明書には、［資料２－６］に掲げたように、全部事項証明書のほかにいくつかの種類があります。これらは記載される登記記録の内容によって区別されています（則196条）。

［資料２－６］登記事項証明書の種類

種　類	記載される登記記録の内容
①全部事項証明書	登記記録（閉鎖登記記録を除く）に記録されている事項の全部
②現在事項証明書	登記記録に記録されている事項のうち現に効力を有するもの
③何区何番事項証明書	権利部の相当区に記録されている事項のうち請求に係る部分
④所有者（事項）証明書	登記記録に記録されている現在の所有権の登記名義人の氏名または名称および住所ならびに当該登記名義人が二人以上であるときは当該登記名義人ごとの持分
⑤一棟建物全部事項証明書	一棟の建物に属するすべての区分建物である建物の登記記録に記録されている事項の全部
⑥一棟建物現在事項証明書	一棟の建物に属するすべての区分建物である建物の登記記録に記録されている事項のうち現に効力を有するもの
閉鎖事項証明書	土地の合筆により閉鎖された土地の登記記録、取り壊されたため閉鎖された建物の登記記録など、閉鎖登記記録にかかる登記事項証明書

しかし、使用頻度の高い登記事項証明書は全部事項証明書であり、その読み方を理解していれば、他の証明書に目を通す場合でもほとんどのケースで対応が可能となります。

そのため、本書で登記事項証明書について取り上げる場合は、断りのない限り全部事項証明書を対象とします。

なお、現在事項証明書は現時点で効力を有する事項についての証明であるため、過去の経緯（たとえば、現時点の所有者が誰から取得したのか等）についての記載はありません。

また、マンションの場合、一棟建物全部事項証明書は文字どおりそのマンションに属するすべての区分建物についての登記記録を記載したものであり、マンションの規模が大きくなればなるほど相当な分量（頁数）となります。これに対し、すべての部屋に関し現時点で効力を有する事項についてのみ記載したものが一棟建物現在事項証明書です。

通常の場合、マンションの一部屋（専有部分）ごとに所有者は異なるため、該当部分の全部事項証明書を取得すれば用が足りることが多いと思われます。その場合、証明書の種類としては、「区分建物全部事項証明書」（[資料２−６］では種類①に該当）ということになります。

4　登記事項証明書と登記簿謄（抄）本の違い

今まで何度も登場してきましたが、登記事務のコンピュータ化により、法務局が保管する磁気ディスクに記録されている登記記録の全部または一部を証明したものが「登記事項証明書」です（[資料２−６］に掲げた現在事項証明書、何区何番事項証明書、所有者（事項）証明書は、一部を証明したものに該当します)。

一方、コンピュータ化される以前のブック式登記簿の時代においては、登記簿の全部を複写して証明したものが登記簿謄本として、一部を複写して証明したものが登記簿抄本として発行されてきました。また、現時点でも、コンピュータ化の際に閉鎖されたブック式登記簿の記載内容について調査する必要が生じた場合に申請する登記情報に関しては、次項で説明する「閉鎖登記簿謄本」という形式で発行がなされます。

このように登記事項証明書と登記簿謄（抄）本とは発行の形式は異なりますが、いずれも登記事項を公示するという点で共通しています。

5　閉鎖登記簿謄本とその請求方法

閉鎖登記簿とは、それまで使用していた登記簿の記載事項がかなりの年月を経過したり、その後に記載欄が追加されたため、新しい登記簿に移行したことにより、当面必要がなくなって閉鎖された簿冊のことです。

また、登記事務のコンピュータ化により従来のブック式登記簿の内容のうち新しい様式に移記されなかった部分もあるため、その部分の記載事項は閉鎖登記簿を閲覧しなければ確認することはできません。すなわち、閉鎖登記簿謄本は現在効力を有している登記事項の内容ではなく、その物件の過去の所有者等の経緯を調査したいときに必要となるものです。

閉鎖登記簿謄本の読み方については第9章で改めて解説することとし、ここではそのイメージのみ掲げておきます（[資料2－7]）。

[資料2－7] 閉鎖登記簿謄本の例（乙区欄を除く）

地番区域 ○○○
地番 家屋番号 ○－○

甲区（所有権）

順位番号	事項欄
壱	合併による所有権登記 所有者 ○○県○○市○○町 ○丁目○番○号 ○○○○ 平成壱七年六月壱参日受付 第○○○号 順位九番の登記を転写 平成壱七年六月壱参日受付 第○○○号 印
弐	所有権移転 平成壱七年七月弐九日受付 第○○○号 原因 平成壱七年七月弐九日 売買 所有者 ○○市○○○○番地 ○○○○ 印

これは閉鎖登記簿の旧表題部を含めた謄本である。
令和3年 7月 8日
○○地方法務局○支局
登記官 ○○○○　登記官印

○－○

表題部（土地の表示）

所在	①地番	②地目	③地積 m²	原因及びその日付	登記の日付
○○市○○○○	七番壱壱	宅地	六六七四九 壱壱	七番壱から分筆	平成壱七年六月壱七日
				平成壱七年法務省令第十八号附則第三条第二項の規定により移記 平成壱八年弐月弐参日閉鎖	

枚数 1 2 3 4 5 6 7 8 9 10 11 12 13 14 15
地図番号

さらに、土地の合筆（「がっぴつ」または「ごうひつ」。複数の地番が合併されて一つの地番になること）がなされた場合、新しく残る地番以外の地番については登記簿が閉鎖されます。たとえば、[資料2－8] では828番、829番、830番、831番第2の筆が827番に合筆され現時点では存在しないため、828番ないし831番第2について過去の登記事項を確認したい場合には、これらの閉鎖登記簿謄本を取得することが必要となります。

このほかに、建物が取り壊されたときにも滅失登記が行われて登記簿が閉鎖されます（ただし、現在は存在しない建物でも、過去に登記がなされていたものであれば閉鎖登記簿謄本を取得することができます）。

［資料２－８］合筆の記載のある表題部

表　題　部（土地の表示）	調製　平成６年９月８日	不動産番号	○○○○○○○○○○○○○
地図番号　余白	筆界特定　余白		
所　在　○○市○○○二丁目			余白
①　地　番	②　地　目	③　地　積　㎡	原因及びその日付〔登記の日付〕
827番	田	1117	余白
余白	原野	余白	②昭和24年月日不詳変更 〔平成２年12月20日〕
余白	余白	余白	昭和63年法務省令第37号附則第２条第２項の規定により移記 平成６年９月８日
余白	余白	2629	③828番、829番、830番、831番第２を合筆 〔平成７年８月29日〕
余白	余白	3268	③錯誤 〔平成８年６月６日〕

閉鎖登記簿謄本の請求は、［資料２－５］と同じものを使用できます。この書式の下段に閉鎖登記簿の欄がありますので、ここにチェックマークを入れて請求します（コンピュータ化に伴う閉鎖以前のものも、この欄にコメントを入れる等の方法で請求できます）。

6　法務局備付けの図面の請求方法

法務局に備え付けられている図面の種類に関しては第１章で述べましたが、本項ではこのような図面の請求方法についてその様式を掲げておきます。

［資料２－９］は、公図写しを請求する場合の記載例です。

地図も公図も、郵便局や法務局で購入した収入印紙を貼って請求することになります（ただし、登記印紙も使用可能です）。

なお、その土地について「地図」が整備されている場合には登記簿の表題部に地図番号が記載されているため、法14条地図を請求する場合は地図番号を記入し、取得したい土地の所在地番等を記載します。

また、公図を請求する場合は、（地図番号に換えて）公図番号を記入します。

［資料2－9］地図等（地積測量図等）の証明書交付（閲覧）請求書

地図・各種図面用 地図等／地積測量図等の証明書交付／閲覧請求書

※太枠の中に記載してください。

窓口に来られた人（請求人）	住所 ○○県○○市○○町1丁目1番1号
	フリガナ ○○○○
	氏名 ○○○○

※地番・家屋番号は，住居表示番号（○番○号）とはちがいますので，注意してください。

種別（✓印をつける）	郡・市・区	町・村	丁目・大字字	地番	家屋番号	請求通数
1 ☑土地	○○市	○○町	字○○	767番		1
2 □建物						
3 □土地						
4 □建物						
5 □土地						
6 □建物						
7 □土地						
8 □建物						
9 □土地						
10□建物						

（どちらかに✓印をつけてください。）

☑ 証明書　□ 閲覧

※該当事項の□に✓印をつけ，所要事項を記載してください。

☑ 地図・地図に準ずる図面（公図）（地図番号：＿＿＿＿）
□ 地積測量図・土地所在図
　□ 最新のもの　□ 昭和／平成＿年＿月＿日登記したもの
□ 建物図面・各階平面図
　□ 最新のもの　□ 昭和／平成＿年＿月＿日登記したもの
□ その他の図面（　　　　）

□ 閉鎖した地図・地図に準ずる図面（公図）
□ 閉鎖した地積測量図・土地所在図（昭和／平成＿年＿月＿日閉鎖）
□ 閉鎖した建物図面・各階平面図（昭和／平成＿年＿月＿日閉鎖）

収入印紙欄

収入印紙

収入印紙

収入印紙は割印をしないでここに貼ってください。

（登記印紙も使用可能）

交付通数	交付枚数	手数料	受付・交付年月日

（乙号・4）

ただし、図面類がコンピュータ化されている現在、実際には地図番号や公図番号を記入しなくても、所在地番が正確であれば入手できることがほとんどであると思います。

参考までに、公図番号を調べたい場合は次の方法で確認することができます。

⑴　法務局に備え付けられている公図番号の索引（該当する地番とこれに対応する公図番号を対照させたもの）によって確認する。

⑵　法務局に備え付けられている「ブルーマップ」（住居表示地番対照住宅地図）を閲覧のうえ、該当する公図番号を確認する。

請求書に記載されていない図面、たとえば地役権図面のようなものを請求する場合には、「その他の図面」欄にチェックマークを入れ、地役権図面と記載します（ただし、地役権図面は一筆の一部に地役権が設定されている場合にのみ作成されているため、請求前に登記簿の内容を確認しておくことが必要です）。

次に、建物図面・各階平面図を請求する場合は、該当欄にチェックマークを入れて法務局の窓口に提出します。なお、建物の建築された時期によっては図面が作成されていないケースもあることは前章でも述べたとおりです。

7　法務局に出向く前に確認しておくべきこと

世間一般では、登記事務をつかさどる機関として「登記所」ということばがよく用いられています。しかし、この業務を扱っている建物のどこを探しても「登記所」という看板を掲げている行政庁はありません。

本書で扱っている不動産に関する登記に関していえば、次の条文にあるとおり、これらの事務をつかさどる法務局が「登記所」に該当するということになります。

不動産登記法第６条（登記所）

1　登記の事務は、不動産の所在地を管轄する法務局若しくは地方法務局若しくはこれらの支局又はこれらの出張所（以下単に「登記所」という。）がつかさどる。

2　不動産が２以上の登記所の管轄区域にまたがる場合は、法務省令で定めるところにより、法務大臣又は法務局若しくは地方法務局の長が、当該不動産に関する登記の事務をつかさどる登記所を指定する。

3　（省略）

現在、すべての法務局で登記事務はコンピュータ化されており、(コンピュータ化される以前のブック式登記簿に記載された閉鎖登記記録を請求するなど、一定の場合を除き）最寄りの法務局で、管轄の異なる法務局に登録されている登記記録も登記事項証明書という形で入手することが可能となっています。そのため、改めて遠隔地の法務局に足を運ばなくても登記情報を得ることができます。

また、後述しますが、登記情報提供サービス（インターネットを活用して登記事項を閲覧したり、その内容を印刷することのできるサービス）を利用することにより、オフィス等に居ながらにして登記事項を確認できるようになっています。ただし、登記情報提供サービスでは、表題部、権利部（甲区・乙区）の記載内容が登記事項証明書と同じ形式で表示されるものの、登記官による認証文は記載されません。そのため、登記事項証明書が必要な場合は、別途、交付請求を行う必要があります。

登記事務に関する前述のような状況を踏まえ、以下、本項では調査対象不動産を管轄する法務局に自ら足を運ぶ必要がある場合に、事前にどのような点に注意して準備をしておけばよいかについて述べておきます。

まず、調査対象不動産の登記事務をつかさどる法務局（＝管轄法務局）がどこにあるかを確認しておくことが第一歩となります。たとえば、対象不動産が○○市に所在するものの、○○市には法務局が存在しないという場合、どこの法務局に出向けばよいかという問題です。このような場合、法務局のホームページで調べれば、△△法務局（あるいはその出張所）が○○市、□□市、××市に所在する土地建物の登記事務を扱っている旨の案内が記載されているため、その法務局に出向けばよいということになります。

管轄法務局が確認できたら、法務局の所在場所を確認する必要があります(特に、地方出張等の際にはこのことが現実味を帯びてきます)。たとえば、法務局の統合や建替えのために庁舎が移転している場合もしばしばあります。通い慣れた法務局であるからといって、常に同じ場所にあるとは限りません。

次に、法務局の執務時間をホームページ等で確認しておく必要があります。現在では、土曜日、日曜日、国民の祝日等の休日、年末年始の期間（12月29日から１月３日）を除く平日が開庁日とされています。なお、12時から13時までの時間帯も事務を取り扱っていますので、この時間帯に法務局に出向き、登記事項証明書や図面等を入手することも可能です（ただし、分量が多い場合や閉鎖登記簿謄本を取得したい場合、昼の時間帯だけでは足りないこともあります）。

なお、これは登記事項証明書等の取得に限ることではありませんが、特に地方出張時にはいくつか調査場所を抱えることもあるかと思われます。その際の移動時間も考慮しなければなりませんが、スケジュールを組む際に（移動の途中に法務局があれば）昼の時間帯にも法務局に立ち寄ることができるため、時間を効率的に利用できるケースもあります。さらに、これは当然のことですが、調査対象とする土地や建物の登記上の地番を正確にメモしておくことが不可欠です。

収入印紙については事前に郵便局で購入しておくこともできますし、法務局の印紙売り場で購入することもできます。

さらに、請求書の様式も法務局のホームページでダウンロードできるため、事前に記入しておけば効率的です。

8　登記事項証明書等の入手方法

現在、法務局で登記事項証明書（登記記録に記録されている事項の全部または一部を証明した書面）等の交付を請求する方法としては、次の３つがあります。

❶法務局の窓口に交付請求書を提出する方法

対象不動産の管轄法務局または最寄りの法務局に出向き、土地や建物および会社または法人に関する登記事項証明書の交付の請求をすることができます（法務局間の登記情報交換サービスを利用することにより、全国の土地や建物につき最寄りの法務局で、その法務局の管轄外の登記事項証明書を受け取ることもできます）。

❷登記事項証明書等の交付請求書を法務局に郵送する方法

登記事項証明書等を取得したい土地や建物につき、所在・地番・家屋番号等が正確に把握できている場合には（たとえば、登記識別情報通知、登記済証、市町村から送られてくる固定資産税等の課税明細書等によります）、少々時間を要しますが、この方法も活用できます。

なお、郵送の場合には、請求書に収入印紙を貼り付けることはもちろんのこと、返信用の切手および返送先の宛先を記載した封筒を同封する必要があります。

❸オンラインにより交付請求をする方法

全国の法務局に対して、手数料を納付して登記事項証明書の交付をオンライン（インターネット）で請求する方法です。

オンラインで請求した登記事項証明書は、

(1) 請求人の指定した法務局で受け取る方法

(2) 請求人の指定した送付先に法務局から郵送してもらう方法

のいずれかにより取得することが可能です（電話等での請求は受け付けてもらえません）。

なお、オンラインで登記事項証明書の交付請求をする場合は、事前に法務局の「登記・供託オンライン申請システム」が稼働できるように準備しておくことが必要ですが、詳細は法務局のホームページを参照ください。

❹手数料について

(1) 交付請求書を法務局の窓口に提出または郵送する方法

登記事項証明書の手数料は１通当たり600円とされています。

(2) オンラインによる交付請求の方法

登記事項証明書の手数料は次の通りです。

- オンラインで請求した登記事項証明書を指定した法務局で受け取る場合
…１通当たり480円
- オンラインで請求した登記事項証明書を請求した法務局から郵送で受け取る場合
…１通当たり500円

上記のいずれの場合も、登記事項証明書の１通の枚数が50枚を超える場合には、50枚ごとに100円が加算されます。

第3章

登記事項証明書の表題部の読み方

ここでは、【基礎編】で登記事項証明書の表題部の記載項目について概略を説明した後に、【実践編】で表題部に記載されたさまざまな事項についてその読み方と留意点を述べます。

【基礎編】 表題部の記載項目

1 土 地

［資料3－1］は、土地の登記事項証明書のうち表題部を抜粋したものです。

［資料3－1］全部事項証明書 土地 表題部

表 題 部（土地の表示）		調製	平成14年3月6日	不動産番号	○○○○○○○○○○○○○
地図番号	余 白	筆界特定	余 白		
所 在	○○市○字○○			余 白	
① 地 番	② 地 目	③ 地 積 ㎡		原因及びその日付〔登記の日付〕	
149番18	山林	301		149番8から分筆 〔昭和43年10月7日〕	
余 白	宅地	301	28	②③昭和51年9月18日地目変更 〔昭和54年10月9日〕	
余 白	余 白	270	88	③149番18、149番31に分筆 〔昭和60年12月25日〕	
余 白	余 白	余 白		昭和63年法務省令第37号附則第2条第2項の規定により移記 平成14年3月6日	

以下、この表題部を参照しながら各項目についてどのような事項が記載されるのか、基本に戻って考えてみます。

1不動産番号

不動産番号とは、一筆の土地または一個の建物ごとに付けられた番号であり、不動産を特定するための13桁の数字が記載されます。そして、不動産番号が特定されれば対象不動産（所在、地番、家屋番号等）も自ずと特定される仕組みとなっています。その意味で、登記簿のコンピュータ化が図られた現在、従来のブック式登記簿の時代では実施が困難であった1個ごとの不動産の管理について格段の効率化が図られました。

なお、不動産番号の左に「調製」という欄がありますが、ここには従前のブック式登記簿がコンピュータ式に移行した日付が記載されています（最初からコンピュータ化されている場合はこの欄に「余白」と記載されます）。

❷地図番号

不動産登記法14条1項に基づく地図（地籍図等の精度の高い図面、いわゆる法14条地図）が作成されている場合のみ、地図番号が記載されます（[資料3－1］の土地の場合、まだこのような図面は作成されていないため「余白」となっています）。

❸筆界特定

筆界特定の意味についてはすでに述べましたが、この欄には筆界特定制度を用いて筆界の特定が行われた場合にのみその旨が記載されます。たとえば、「令和○年○月○日筆界特定（手続番号令和○年○月○日第○号）」というような具合です。

［資料3－1］の土地の場合、まだ筆界特定は行われていませんので「余白」となっています。

❹所　在

所在欄には、対象土地が属する行政区域、すなわち郡・市・区・町・村・字（○丁目）またはこれに準ずる地域までが記載されます（則97条)。ただし、都道府県の記載は不要とされています。

また、［資料3－1］とは直接関係はありませんが、土地区画整理等により所在が変更された場合には所在欄に下線が引かれ（下線のあるものは抹消事項であることを示します)、次の行に変更後の所在が記載されます。

❺地　番

［資料3－1］の土地の地番は「149番18」となっていますが、これが土地を特定するにあたって付けられた番号です（不登準則67条にはその付番方法が定められていますが、割愛させていただきます)。

参考までに、ここで対象となっている土地（149番18）はもともと「149番8」の一部でしたが、昭和43年10月7日に分筆された事実が「原因及びその日付［登記の日付］」欄から読み取れます（その後、さらに「149番18」と「149番31」に分筆されたことも記載されています)。

6地　目

ここには、その土地の利用の現況が記載されます。地目の種類は則99条に、その定め方は不登準則68条にそれぞれ定められています。これを整理した一覧を［資料3－2］に掲げておきます。

［資料3－1］の土地の場合、表題登記を行った当初は「山林」であったところ、後日、「宅地」に変更されています。

［資料3－2］不動産登記法における地目の種類

地目	定め方
田	農耕地で用水を利用して耕作する土地
畑	農耕地で用水を利用しないで耕作する土地
宅　地	建物の敷地及びその維持若しくは効用を果すために必要な土地
学校用地	校舎、附属施設の敷地及び運動場
鉄道用地	鉄道の駅舎、附属施設及び路線の敷地
塩　田	海水を引き入れて塩を採取する土地
鉱泉地	鉱泉（温泉を含む。）の湧出口及びその維持に必要な土地
池（ち）　沼（しょう）	かんがい用水でない水の貯留池
山　林	耕作の方法によらないで竹木の生育する土地
牧　場	家畜を放牧する土地
原　野	耕作の方法によらないで雑草、かん木類の生育する土地
墓　地	人の遺体又は遺骨を埋葬する土地
境内地	境内に属する土地であって、宗教法人法（昭和26年法律第126号）第3条第2号及び第3号に掲げる土地（宗教法人の所有に属しないものを含む。）
運河用地	運河法（大正2年法律第16号）第12条第1項第1号又は第2号に掲げる土地
水道用地	専ら給水の目的で敷設する水道の水源地、貯水池、ろ水場又は水道線路に要する土地
用悪水路	かんがい用又は悪水はいせつ用の水路
ため池	耕地かんがい用の用水貯留池
堤	防水のために築造した堤防
井（せい）　溝（こう）	田畝又は村落の間にある通水路
保安林	森林法（昭和26年法律第249号）に基づき農林水産大臣が保安林として指定した土地
公衆用道路	一般交通の用に供する道路（道路法（昭和27年法律第180号）
公　園	公衆の遊楽のために供する土地
雑種地	以上のいずれにも該当しない土地

不動産登記事務取扱手続準則68条（平成17年2月25日法務省民二第456号民事局長通達）

7地　積

1筆の土地の面積がここに記載されています。

地積は水平投影面積によって計算しますが、1㎡を単位とし小数点以下第2位まで表示（＝小数点以下第3位は切り捨て）することになっています（原則)。ただし、宅地および鉱泉地以外の土地で10㎡を超えるものについては、1㎡の単位まで表示（すなわち、小数点以下を切り捨てた整数表示）します。

［資料3－1］の土地の場合、当初の地目は山林であり、地積も10㎡を超えていたため、整数表示となっていましたが、後日、宅地に地目変更されたため、その時点で地積も小数点以下第2位までの表示に変更されています。

8原因及びその日付〔登記の日付〕

登記をする原因とそれが生じた日付が記載されます。なお、ここで留意すべきは、公有水面の埋め立て等のように、物理的に土地が新しく生じた場合に、たとえば「令和○年○月○日公有水面埋立」というような記載が「原因及びその日付」として前段になされ、その登記がなされた日付は後段の〔　〕内に記載されるという点です。したがって、分筆や合筆、地目変更のように人為的な現象に基づく場合には、登記原因としてその旨の事実が記載されるものの、その発生日付自体は記載されないということになります（〔　〕内に記載されているのは、上記のとおりあくまでも登記がなされた日付です)。

2　建　物

［資料3－3］は、建物の登記事項証明書のうち表題部を抜粋したものです。

［資料3－3］全部事項証明書　建物　表題部

表　題　部（主である建物の表示）	調製	余 白	不動産番号	○○○○○○○○○○○○○
所在図番号	余 白			
所　　在	○○○市○区○○○町　89番地2		余 白	
家 屋 番 号	89番2		余 白	
①　種　類	②　構　造	③　床　面　積　㎡	原因及びその日付〔登記の日付〕	
工場	鉄骨造陸屋根4階建	1階　1337 : 94 2階　1323 : 22 3階　1312 : 02 4階　1027 : 64	平成10年○月○日新築 〔平成10年11月9日〕	
所　有　者	○○○市○区○○○町○○番地の○　株式会社○○○○○			

以下、これを参照しながら各項目についてどのような事項が記載されるのか、基本に戻って考えてみます。

❶不動産番号

不動産番号に関しては、土地の項で述べた考え方がそのまま当てはまります。

なお、［資料３－３］のケースでは、最初からコンピュータ様式で登記されているため、不動産番号の左の「調製」欄には「余白」と記載されています。

❷所在図番号

第１章で述べた建物所在図が作成されている場合にその番号がここに記載されますが、不動産登記法14条で建物所在図を法務局に備え付けることとされているものの、実際には作成されていないケースが多くあります。［資料３－３］の建物がそのようなケースで、「所在図番号」欄は「余白」となっています。

なお、建物所在図が作成されている場合の「所在図番号」は、土地についていえば法14条地図が作成されている場合の「地図番号」に該当します。

❸所　在

土地の場合は、［資料３－１］のように「字○○」まで（町の場合は「○○町」まで）が「所在」欄に記載されますが、建物についてこの欄に記載するのは地番までとなっています。たとえば、［資料３－３］の建物の場合、「所在」欄には「89番地２」まで記載されています。

建物が２筆以上の土地にまたがって建っている場合は、１階部分の床面積の多い土地の地番を最初に記載することとされています。また、附属建物がある場合は、主である建物の建っている土地の地番を最初に記載します。なお、附属建物とは、主である建物と一体となって利用されている別棟の建物（物置など）を指します。

［資料３－３］のケースでは、建物が建っているのは１筆の土地（89番地２）のみであり、附属建物もないため、所在の表示もシンプルなものとなっています。

❹家屋番号

家屋番号は建物を特定するために法務局が付した番号で、敷地の地番と同じ番号を用いるのが通常です。［資料３－３］の建物の場合、「89番地２」の土地上に建っているため、家屋番号も「89番２」となっています。

例外的なケースとして、敷地の地番と家屋番号が一致しない例も実際にありますが、これについては改めて取り上げます。

また、１筆の土地上に複数の建物が建っている場合には、枝番が用いられます。

たとえば、［資料３－３］のケースで、同じ敷地上に２棟の建物が建っているとすれば、家屋番号は、「89番２の１」、「89番２の２」となります。

なお、建物が２筆以上の土地にまたがって建っている場合は、１階部分の床面積の多い土地の地番が家屋番号となります（附属建物がある場合は、主である建物の建っている土地の地番が家屋番号として用いられます）。

5種　類

「種類」とは建物の用途のことであり、則113条では次の規定を置いていますが、実際にはここに掲げられた以外の種類の建物も登記簿に見受けられます（たとえば、病院、診療所、集会所、物置等）。

不動産登記規則第113条（建物の種類）

1　建物の種類は、建物の主な用途により、居宅、店舗、寄宿舎、共同住宅、事務所、旅館、料理店、工場、倉庫、車庫、発電所及び変電所に区分して定め、これらの区分に該当しない建物については、これに準じて定めるものとする。

2　建物の主な用途が二以上の場合には、当該二以上の用途により建物の種類を定めるものとする。

建物の用途が複数となっている場合はそれぞれの用途が記載され（たとえば、「居宅・店舗」等）、床面積の大きな用途が先に表示されます。［資料３－３］のケースでは、用途が一つであり、「工場」と表示されています。

6構　造

建物の構造は、次のように区分して表示することとされています。

不動産登記規則第114条（建物の構造）

建物の構造は、建物の主な部分の構成材料、屋根の種類及び階数により、次のように区分して定め、これらの区分に該当しない建物については、これに準じて定めるものとする。

一　構成材料による区分

イ　木造

ロ　土蔵造

ハ　石造

ニ　れんが造

ホ　コンクリートブロック造

ヘ　鉄骨造

ト　鉄筋コンクリート造

チ　鉄骨鉄筋コンクリート造

二　屋根の種類による区分

イ　かわらぶき

ロ　スレートぶき

ハ　亜鉛メッキ鋼板ぶき

ニ　草ぶき

ホ　陸屋根

三　階数による区分

イ　平家建

ロ　二階建（三階建以上の建物にあっては、これに準ずるものとする。）

登記簿に記載される建物の構造はこれらを組み合わせて表示されますが、たとえば、［資料3－3］のケースでは、「鉄骨造陸屋根4階建」となっています。参考までに、陸屋根とは勾配のない平坦な屋根のことであり、工場建物にはよく見られます。また、その読み方ですが、「ろくやね」または「りくやね」と呼んでいます。

7床面積

建物の場合も床面積はm^2単位で表示しますが、土地と異なるのはすべて小数点以下第2位まで表示するという点です（小数点以下第3位以下は切り捨て）。

なお、床面積の測定にあたって留意すべき点は、一般の建物は壁の中心線から中心線までの距離をもとに計算しますが（壁芯（へきしん）面積）、区分建物（マンション）の場合は壁の内側から内側までの距離をもとに計算する（内法（うちのり）面積）ということです（［資料3－4］参照）。

［資料3－4］床面積の測定方法の違い

一般の建物の場合

中心線　中心線

壁芯（へきしん）面積

壁　壁

区分建物（マンション）の場合

中心線　中心線

内法（うちのり）面積

❽原因及びその日付〔登記の日付〕

「原因及びその日付〔登記の日付〕」欄には建物新築年月日（増改築の場合はその年月日）が記載されます。［資料３−３］の建物の場合、「平成10年○月○日新築」と記載されています。また、その旨の登記が平成10年11月９日に行われたことが読み取れます。

このケースでは附属建物はありませんが、仮に附属建物が主である建物と同じ時点で新築された場合でも、附属建物の「原因及びその日付」欄には建築年月日は記載されない仕組みとなっています。

一方、表題登記が行われた後に附属建物が新築された場合には、附属建物の「原因及びその日付」欄に建築年月日が記載されることとなります。

❾建物表題登記欄に「所有者」欄が設けられている場合

［資料３−３］の表題部の最終行には「所有者」の欄が設けられており、ここに一度所有者名が記載された後に下線が引かれています。これは、表題登記が行われた後に所有権保存登記が行われたことを受けて、表題部の所有者名が抹消されたことを意味します（［資料３−３］では甲区欄を省略してありますが、実際にはこの欄に「所有権保存」と記載されており、所有者名義も「株式会社○○○○○」）となっています）。

このように、登記の流れとしては、所有権保存登記がなされる前に表題部に所有者の住所・氏名が記載され、所有権保存登記が済んだ段階でこの記載が抹消されるという手順を踏むこととなります。しかし、土地の場合は建物と異なり、公有水面埋め立てのような場合でなければ新しく生ずるということはなく、表題部に一度表示の登記をしてから所有権保存登記をするケースはきわめて少ないといえます（推察するに、ほとんどの土地の登記事項証明書では「所有権移転」の記載から始まっており、はるか以前に所有権保存登記が済んでいることがうかがわれます）。このようなこともあり、［資料３−１］に掲げた土地の表題部にも「所有者」欄は設けられていません。

上記のとおり、土地の登記事項証明書を取得しても、甲区欄に「所有権保存」という記載を見かける機会も少ないのですが、次章ではこのように稀なケースについても具体例を取り上げています。

3　建物の表題登記の申請義務

建物を新築した場合は、１か月以内に表題登記をしなければならないとされています。

不動産登記法第47条（建物の表題登記の申請）

1　新築した建物又は区分建物以外の表題登記がない建物の所有権を取得した者は、その所有権の取得の日から１か月以内に、表題登記を申請しなければならない。

（第２項省略）

しかし、実際には未登記建物も多く存在するなど、必ずしもこの規定が遵守されているとはいえません。また、建築基準法との関連では次の指摘も見受けられます（杉本幸雄監修、飯川洋一・官澤里美・高橋一秀著『読解 不動産登記Q&A（６訂版）』2022年３月清文社、168頁）。

「表題登記申請が受理され、登記が完了したことと、建築基準法の要件を満たしていることとは、別です。表題登記にあたって、登記官が建築基準法の要件をチェックするわけではありません。不動産登記法は、新築または増築した建物について表題登記の申請義務を定めるものであり、違法建築物であろうと、その義務を果たす必要があります。」

【実践編】表題部の記載事項の具体例と読み方

1　土　地

（1）地図番号が記載された表題部の記載例

都市部では、登記事項証明書の地図番号欄に該当番号が記載されているケースをそれほど見かけませんが、それは法14条に基づく精度の高い図面が作成されていなければ、この欄には何も記載されないからです。すなわち、都市部においては国土調査法に基づく地籍調査等による精度の高い図面の備付け作業が進んでいないことが大きな要因となっています。

地籍調査とは、主に市町村が主体となって、一筆ごとの土地の所有者、地番、地目を調査し、境界の位置と面積を測量する調査のことです。「地籍」とは、いわば「土地に関する戸籍」のことです。地籍調査が行われることにより、その結果が登記所にも送られ、登記簿の記載が修正され、地図が更新されることになります。

地籍調査で確認している土地の境界は、土地資産の基礎となる重要な情報であり、土地所有者などの関係者が双方の合意の上で土地の境界を確認する必要があります。そのために、調査には多くの時間と手間を要します。とりわけ都市部では他の地域と比べ、一筆ごとの土地が細かく分割されており、小さな土地が数多く存在しています。また、土地に関する権利関係が複雑な場合が多く、境界の確認に困難を伴う場合が多くみられます。さらに都市部では土地の売買等に伴った所有権等の異動も多く、この結果都市部は他の地域に比べ、調査の実施に多くの費用と期間が必要で、調査が進まない原因となっています。

しかし、郊外部では、法務局に備え付けられている図面の多くが地籍調査を経て作成された図面であるというところもあります。このような地域では、登記事項証明書の地図番号欄にその記載が見受けられます。

［資料３－５］は地図番号の記載のある表題部の例です。地図番号を見ると、「W15－３」と記載されています。これは、上記のとおり、公図（旧土地台帳附属地図）のままで、まだ法14条に基づく図面が作成されていない場合には、地図番号の欄が空白となっていることの裏返しともいえます。そのため、精度の高い地図が備え付けられていることがわかります。これに対応する図面が［資料３－６］です。

［資料３－５］の「原因及びその日付［登記の日付］」欄の上から２段目には、「②③昭和50年２月10日地目変更」という記載があります。ここで②とは「地目」を指し、③とは「地積」を指します（「原因及びその日付」欄の左の見出しに対応）。そして昭和50年２月10日に地目が「山林」から「宅地」に変更になり、これに伴って地積が整数表示から小数点以下２桁の表示に変更されていることが読み取れます。また、３段目の③の記載は、分筆により地積が変更になったことによります。

さらに４段目を見ると、「③錯誤」・「国土調査による成果」という記載があり、地積が317.50m^2（上から３段目に記載）から322.10m^{2}に更正されていることが読み取れます。また、その旨の登記（地積更正登記）が平成１年８月３日付で行われ

［資料３－５］地図番号の記載のある表題部・地積更正登記

表　題　部（土地の表示）		調製	平成５年10月21日	不動産番号	○○○○○○○○○○○○○
地図番号	W15－3	筆界特定	余 白		
所　　在	○○郡○○町○○字○○○			余 白	

① 地 番	② 地 目	③ 地 積 ㎡		原因及びその日付〔登記の日付〕
58番８	山林	330		58番９から分筆 〔昭和50年８月12日〕
余 白	宅地	330	00	②③昭和50年２月10日地目変更 〔昭和53年10月11日〕
余 白	余 白	317	50	③58番８、58番17に分筆 〔昭和58年９月７日〕
余 白	余 白	322	10	③錯誤 国土調査による成果 〔平成１年８月３日〕
余 白	余 白	余 白		昭和63年法務省令第37号附則第２条第２項の規定により移記 平成５年10月21日

［資料３－６］地図番号に対応する図面（一部抜粋）

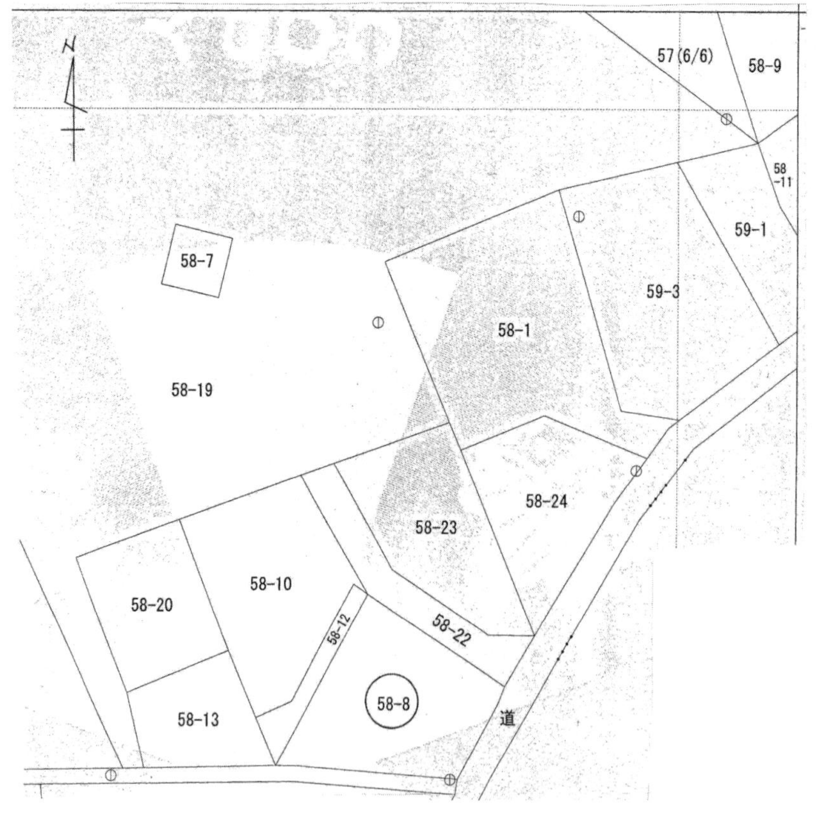

ています。これは国土調査（地籍調査等）に伴って実測を行ったところ、実測面積のほうが登記簿面積よりも多かったことが判明したことによります。

これはしばしば誤解されやすいことですが、地積更正という場合の「更正」とは、もともと誤っていた登記内容（この場合は地積の表示）を訂正するという意味で使用されています（その要因としては、登記簿に記載されている地積が明治の地租改正の時代に測られたものを引き継いでいることにもよりますが、これについては改めて取り上げます）。

すなわち、実測により登記簿面積と実測面積との相違が判明したということであり、現状が変わったという意味ではありません（現状が変更された場合には「変更登記」という名称で登記が行われ、「更正登記」とは区別されています）。

なお、地積更正登記は土地所有者に義務付けられているわけではなく、隣接土地所有者と境界立会いを行った結果、実測面積のほうが登記簿面積よりも多い結果となった場合でも、（実測図面は作成するものの）地積更正登記まで実施しないケースはしばしばあります。

(2) 表題部の所有者欄に記載のある土地

［資料3－7］は、表題部の所有者欄に記載のある土地の例です。

このケースは、土地区画整理事業に伴って換地処分が終了し、新たに公共公園が造られたため、新しい地番が付され、土地の表示が行われたものです。そのため、「所有者」欄には帰属先の市町村が○○○と記載されています。

なお、表題部の「所有者」欄は、保存登記をすると抹消されますが、このケース

［資料3－7］表題部の所有者欄に記載のある土地

表　題　部（土地の表示）		調製	余白	不動産番号	○○○○○○○○○○○○○
地図番号	5	筆界特定	余白		
所　　在	○○市○○区○○○町			余白	
① 地　番	② 地　目	③ 地　積　㎡		原因及びその日付〔登記の日付〕	
113番	公園	516		平成12年1月29日　土地区画整理法による換地処分 〔平成12年1月31日〕	
所　有　者	○○○				

では所有権保存登記はまだ行われていないため、そのまま残されています。

（3）地目変更（一部地目変更も含めて）がされた土地

［資料3－8］はその筆全体の地目が変更された土地、［資料3－9］はその一部について地目が変更された土地の例です。

［資料3－8］に掲げた土地はもともとの地目が「畑」でしたが、現状は「原野」となっています。いつどのような理由で地目が変更されたのか詳細が不明のため、「原因及びその日付［登記の日付］」欄には「昭和24年月日不詳変更」と記載されています。また、地目変更登記が行われたのは平成4年7月17日となっており、相当のタイムラグがあることが読み取れます。

なお、この土地も地積更正登記が行われたことが、「③錯誤」の記載から読み取れますが、実測面積と登記簿面積の相違は上記1に掲げた土地よりも大きくなっています（もともと「畑」であり、測量の精度があまり高くなかったことが推察されます）。

次に、［資料3－9］に掲げた土地の場合、「原因及びその日付［登記の日付］」欄の2段目および4段目に記載されているとおり、3173番1という土地の一部について地目が変更になり、変更された土地は分筆されて3173番3という地番が付されたことが読み取れます。

［資料3－8］地目が変更された土地

表　題　部（土地の表示）		調製	平成6年9月8日	不動産番号	○○○○○○○○○○○○○
地図番号	余白	筆界特定	余白		
所　　在	○○市○○○二丁目			余白	
①　地　番	②　地　目	③　地　　積　　㎡		原因及びその日付〔登記の日付〕	
819番	畑	598		余白	
余白	原野	余白		②昭和24年月日不詳変更 〔平成4年7月17日〕	
余白	余白	余白		昭和63年法務省令第37号附則第2条第2項の規定により移記 平成6年9月8日	
余白	余白	790		③錯誤 〔平成8年6月6日〕	

［資料３－９］一部地目変更がされた土地

表　題　部（土地の表示）		調製	平成15年８月20日	不動産番号	○○○○○○○○○○○○○
地図番号	B44－4　B54－2	筆界特定	余 白		
所　　在	○○市○○○○			余 白	
① 地　番	② 地　目	③ 地　　積　　㎡		原因及びその日付〔登記の日付〕	
3173番	田	879		余 白	
余 白	宅地	879	00	②③昭和48年７月10日地目変更 〔昭和48年11月２日〕	
3173番１	余 白	838	48	昭和56年３月25日一部地目変更 ①③3173番１、同番２に分筆 〔昭和56年11月４日〕	
余 白	余 白	余 白		昭和63年法務省令第37号附則第２条第２項の規定により移記 平成15年８月20日	
余 白	余 白	788	57	昭和59年３月10日一部地目変更 ③3173番１、3173番３に分筆 〔平成25年８月６日〕	

（４）分合筆の経緯の多い土地

［資料３－10］は、分筆が繰り返し行われた後に、多数の筆を合筆のうえ、地目も「雑種地」から「公衆用道路」に変更された土地の表題部です。

なお、［資料３－10］とは別のケースですが、土地によっては分合筆の数がかなり多いものも見受けられます。たとえば、個人所有地の密集した一団地を戸建開発業者が買収して一度合筆し、それを多数の分譲区画に分筆する場合などです。このようなケースでは、合筆後の土地をその後多くの筆に分筆するための測量が行われます。また、登記事項証明書にも、該当する地番が何番から何番までに分筆されたのかが「原因及びその日付［登記の日付］」欄に記載されることとなります。

（５）海没地の記載がある表題部の記載例

［資料３－11］は、通常目にすることのない珍しいケースであり、もともと存在した土地が海没して滅失した事実の記載されている閉鎖事項証明書です。すでに滅失しているわけですから現時点での登記事項証明書を請求しても取得することはできません（平成○○年○月○○日付で滅失登記が行われ、同時に登記簿も閉鎖され

［資料3－10］分合筆の経緯の多い土地

表　題　部（土地の表示）		調製	平成11年10月21日	不動産番号	○○○○○○○○○○○○○
地図番号	余 白	筆界特定	余 白		
所　　在	○○市○○○区○○二丁目			余 白	
① 地 番	② 地 目	③ 地 積 ㎡		原因及びその日付〔登記の日付〕	
11番5	雑種地	10195		11番2から分筆 〔昭和55年11月19日〕	
余 白	余 白	5675		③11番5、同番6に分筆 〔昭和58年7月22日〕	
余 白	余 白	5057		③11番5、11番16に分筆 〔昭和60年7月18日〕	
余 白	余 白	934		③11番5、同番18に分筆 〔昭和61年5月14日〕	
余 白	余 白	余 白		昭和63年法務省令第37号附則第2条第2項の規定により移記 平成11年10月21日	
余 白	余 白	4236		③11番38、11番41、11番55、12番20、12番21、12番29、12番34、12番43、12番51、12番52、12番104を合筆 〔平成30年6月6日〕	
余 白	公衆用道路	4226		②昭和55年10月1日地目変更 ③平成7年1月17日変更 〔平成30年6月6日〕	

［資料3－11］海没地の閉鎖事項証明書の一部

閉鎖事項証明書　（土地）

【表　題　部】（土地の表示）				調製	余 白	地図番号	余 白
【所　　在】	○○市○○区○○町			余 白			
【① 地 番】	【②地 目】	【③ 地 積】 ㎡		【原因及びその日付】		【登記の日付】	
○○○番○○	宅地	2536	71	○○○番○○から分筆		平成○○年○月○○日	
余 白	余 白	余 白		昭和○○年月日不詳海没		平成○○年○月○○日 同日閉鎖	

（注）下線のあるものは抹消事項であることを示す（以下同）。

たことが読み取れます）。

建物を取り壊した後に滅失登記を行うのはごくありふれたことですが、土地について滅失登記が行われる例はきわめて珍しいことです。

参考までに不動産登記法の該当条文を以下に掲げておきます。

不動産登記法第42条（土地の滅失の登記の申請）

土地が滅失したときは、表題部所有者又は所有権の登記名義人は、その滅失の日から１か月以内に、当該土地の滅失の登記を申請しなければならない。

（６）行政区画の変更がある土地

［資料３－12］は、対象地の所在が「○○郡○○町大字○○」であったところ、○○市に合併され行政区画が変更されたことに伴う表示変更後の表題部の一例です。このような記載も、昨今では市町村合併等が行われていることから、しばしば見かけます。

［資料３－12］行政区画の変更がある土地

表　題　部（土地の表示）		調製	平成14年11月20日	不動産番号	○○○○○○○○○○○○○
地図番号	余 白	筆界特定	余 白		
所　　在	~~○○郡○○町大字○○~~			余 白	
	○○市○○			平成17年８月１日行政区画変更 平成17年８月15日登記	
①　地　番	②　地　目	③　地　積　㎡		原因及びその日付〔登記の日付〕	
4146番２	宅地	14080 : 52		4146番から分筆 〔平成７年５月24日〕	
余 白	余 白	余 白		昭和63年法務省令第37号附則第２条第２項の規定により移記 平成14年11月20日	

（７）公有水面埋め立てにより新たに土地が生じたケース

［資料３－13］は、公有水面埋め立てにより土地が新たに生じ、表題登記が行われたケースです。埋め立て時は雑種地でしたが、その後、現況が宅地となったため、地目変更登記が行われています（その際、地積が整数表示から小数点以下第２位までの表示に変更されているのはこのためです）。

［資料３－13］公有水面埋め立てにより新たに土地が生じたケース

表　題　部（土地の表示）		調製	平成10年２月26日	不動産番号	○○○○○○○○○○○○○
地図番号	余 白	筆界特定	余 白		
所　在	○○市○○区○○一丁目			余 白	
①　地　番	②　地　目	③　地　積　㎡		原因及びその日付〔登記の日付〕	
３番	雑種地	45581		昭和52年５月30日公有水面埋立 〔昭和61年６月25日〕	
余 白	宅地	45581	94	②③平成２年１月20日地目変更 〔平成２年２月６日〕	
余 白	余 白	余 白		昭和63年法務省令第37号附則第２条第２項の規定により移記 平成10年２月26日	

なお、［資料３－13］の表題部には所有者の欄は記載されていませんが、これは表題登記の後で、甲区欄に所有権保存登記が行われているためです（このようなケースについての記載例は第４章で取り上げます）。

（８）土地改良法による換地処分の結果、用悪水路が国に帰属したケース

［資料３－14］は、土地改良法による換地処分の結果、用悪水路が国に帰属したケースです。ここで、土地改良事業とは農業の基盤である土地や水を確保・整備する事業を指します。

そして、そのなかの一つで、ほ場（農用地）の大区画化や用排水路の整備などを総合的に実施する事業をほ場整備事業といいますが、これによって農業生産性の向上や、効率的かつ秩序ある土地利用、農業経営の安定化などを図ることができます。このほ場整備事業のように工事により土地の区画が変更される事業のなかで、工事前の土地（従前の土地）と、これに対応して配分された工事後の新しい区画の土地（換地）とを法律上同一のものとみなし、前の土地に設定されていた権利関係を土地の変更と同時に一挙に移す法制度が換地処分制度です。また、そのイメージ図を［資料３－15］に掲げます。

［資料３－14］のケースでは、表題部の所有者欄に「建設省」と記載され下線が引かれていますが、これは（甲区欄の掲載は省略しますが）表題登記の後に所有権保存登記が行われたことによります。その後、（これも甲区欄に登場しますが）現に機能を有する水路として市に譲与が行われています。

［資料３－14］土地改良法による換地処分の結果、用悪水路が国に帰属したケース

表　題　部（土地の表示）		調製	平成14年８月21日	不動産番号	○○○○○○○○○○○○○
地図番号	余白	筆界特定	余白		
所　在	○○市大字○○字○○			余白	
①　地　番	②　地　目	③　地　積　㎡		原因及びその日付〔登記の日付〕	
2086番	用悪水路	373		昭和47年４月５日土地改良法による換地処分〔昭和47年９月26日〕	
余白	余白	余白		昭和63年法務省令第37号附則第２条第２項の規定により移記 平成14年８月21日	
所　有　者	建設省				

［資料３－15］ほ場整備および換地のイメージ

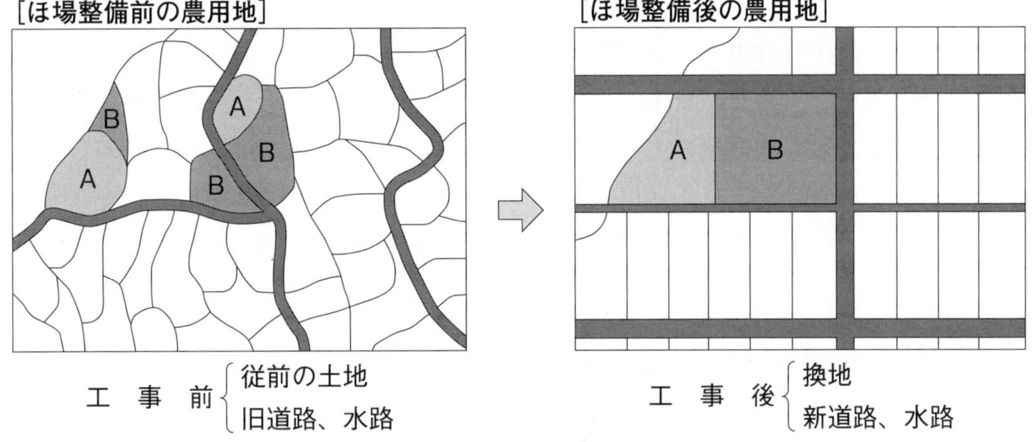

2　建　物

（１）主である建物と附属建物

同じ敷地内に複数の建物が建っているケースをよく見かけます。このような場合、それぞれの建物が用途的に独立して使用され、相互に主従の関係がない場合には、それぞれが１個の建物として登記されることになります。

しかし、複数の建物が一体として機能を果たすものである場合は、全体を１個の建物とみなし、主要な建物およびそれに従属する建物（附属建物）という形で登記

が行われます。

なお、附属建物には、1、2……というような符号が付けられ、主要な建物とは表示上も区別されます。

不動産登記法第2条（定義）

この法律において、次の各号に掲げる用語の意義は、それぞれ当該各号に定める。

（第1号～第22号省略）

二十三　附属建物　表題登記がある建物に附属する建物であって、当該表題登記がある建物と一体のものとして一個の建物として登記されるものをいう。

（第24号省略）

［資料3－16］は、事務所を主要な建物、倉庫を附属建物として使用しているケースです。

ここでは事務所の面積よりも倉庫の面積のほうが大きくなっていますが、事務所としての使用が主であり、倉庫は事務所に従属する形で全体が一つの機能を果たすものであることから、面積の大小にかかわりなく主従の関係が定まり、その旨の登記がなされています。

次に、［資料3－17］は、ゴルフ場のある一つのコース内に設けられた小規模の

［資料3－16］事務所を主要な建物、倉庫を附属建物として使用しているケース

表題部（主である建物の表示）	調製	平成14年7月24日	不動産番号	○○○○○○○○○○○○○○
所在図番号	余白			
所　　在	○○市○○○　2434番地、2435番地1、 2435番地2		余白	
家屋番号	2434番		余白	

①　種　類	②　構　造	③　床　面　積　㎡	原因及びその日付〔登記の日付〕
事務所	鉄骨造亜鉛メッキ鋼板葺2階建	1階　312　34 2階　188　60	平成6年2月1日新築
余白	余白	余白	昭和63年法務省令第37号附則第2条第2項の規定により移記 平成14年7月24日

表題部（附属建物の表示）

符号	①種類	②構　造	③　床　面　積　㎡	原因及びその日付〔登記の日付〕
1	倉庫	鉄骨造亜鉛メッキ鋼板葺平屋建	712　30	余白

[資料3－17] 事務所を主要な建物、それ以外の建物を附属建物として登記しているケース

表題部（主である建物の表示）	調製	平成6年9月8日		不動産番号	○○○○○○○○○○○○○
所在図番号	余白				
所　　在	○○市○○町○○番地			余白	
家屋番号	○○番			余白	
①　種　類	②　構　造	③　床　面　積　㎡		原因及びその日付〔登記の日付〕	
事務所	木造瓦葺平屋建	46	28	余白	
余白	余白	余白		昭和63年法務省令第37号附則第2条第2項の規定により移記 平成6年9月8日	

表題部（附属建物の表示）					
符号	①種類	②　構　造	③　床　面　積　㎡		原因及びその日付〔登記の日付〕
1	居宅	木造瓦葺平屋建	37	02	余白
2	工場	木造瓦葺平屋建	76	03	余白
3	工場	木造瓦葺平屋建	19	83	余白
4	工場	木造瓦葺平屋建	16	52	余白
5	物置	木造亜鉛メッキ鋼板葺平屋建	119	00	余白
6	物置	木造亜鉛メッキ鋼板葺平屋建	57	85	余白
7	物置	木造亜鉛メッキ鋼板葺平屋建	9	91	余白
8	居宅	木造瓦葺平屋建	110	74	余白
9	居宅	木造瓦葺平屋建	57	85	余白
10	食堂	木造瓦葺平屋建	19	83	余白
11	事務所	木造瓦葺平屋建	7	27	余白
12	便所	木造亜鉛メッキ鋼板葺平屋建	1	65	余白
13	物置	木造亜鉛メッキ鋼板葺平屋建	19	83	余白
14	物置	木造瓦葺平屋建	9	91	余白
15	物置	木造亜鉛メッキ鋼板葺平屋建	201	65	余白
16	物置	木造亜鉛メッキ鋼板葺平屋建	158	67	余白
17	居宅	木造瓦葺平屋建	154	38	余白
18	居宅	木造瓦葺平屋建	59	50	余白
19	居宅	木造瓦葺平屋建	56	19	余白
20	便所	木造瓦葺平屋建	6	61	余白
21	便所	木造瓦葺平屋建	9	91	余白
22	湯殿	木造亜鉛メッキ鋼板葺平屋建	19	83	余白
23	物置	木造亜鉛メッキ鋼板葺平屋建	4	95	余白
24	居宅	木造亜鉛メッキ鋼板葺平屋建	103	14	余白
25	居宅	木造亜鉛メッキ鋼板葺平屋建	31	07	余白
26	便所	木造亜鉛メッキ鋼板葺平屋建	7	27	余白
所有者	○○○○				

小屋（事務所として使用）を主要な建物、それ以外の物置、作業小屋、休憩室等をはじめとする多くの建物を附属建物として登記しているケースです。

なお、建物に主従の関係がある場合は、主要な建物が売却されれば附属建物もこれと併せて売却され、主要な建物に抵当権が設定されれば附属建物にもその効力が及ぶことになるため、留意する必要があります（民法87条）。

民法第87条（主物及び従物）

1　物の所有者が、その物の常用に供するため、自己の所有に属する他の物をこれに附属させたときは、その附属させた物を従物とする。

2　従物は、主物の処分に従う。

また、[資料3－16]、[資料3－17] のケースとも、主要な建物および附属建物の建築時期が同一のため、附属建物の新築年月日は記載されていません（[資料3－17] については、以前の登記記録がここに移記されており、建築時期を調査する場合は閉鎖登記簿によることとなります）。

（2）新築、増築、一部取壊しの記載のある表題部

[資料3－18] は、主要な建物が新築された後に、増築および一部取壊しが繰り返されたケースです。これに伴い床面積や構造が変更になっています（原因及びその日付欄に②、③と記載されていることから読み取れます）。また、このケースでは、附属建物の原因及びその日付欄に新築年月日が記載されており、主要な建物の後に附属建物が新築されたことも併せて読み取ることができます。

（3）建物の表示の更正登記

[資料3－19] は、最初に行われた建物表題登記のうち、床面積に誤りがあったため、その旨の更正登記が行われたケースです（原因及びその日付欄に「③錯誤」と記載されていることから読み取れます）。本ケースの場合、原因が錯誤のため、その原因となった日付は記載されず、更正登記を行った日付が〔　〕内に「平成12年1月21日」と記載されています。また、本ケースでは未だ所有権保存登記が行われていないため、所有者欄にはその名義が残されたままとなっています。

[資料3－18] 主要な建物が新築された後に、増築および一部取壊しが繰り返されたケース

表題部（主である建物の表示）	調製	平成10年5月21日		不動産番号	○○○○○○○○○○○○○○
所在図番号	余白				
所　　在	○○市○○○区○○町○○番地、○○番地○			余白	
家屋番号	○○番			余白	
①　種　類	②　構　造	③　床　面　積　㎡		原因及びその日付〔登記の日付〕	
工場	鉄骨造スレート葺平屋建	6005	42	昭和41年1月25日新築 ③昭和49年2月1日増築 ③昭和59年2月15日一部取毀 昭和59年5月15日増築 ②昭和62年3月10日一部取毀 ②昭和62年5月15日増築	
余白	余白	余白		昭和63年法務省令第37号附則第2条第2項の規定により移記 平成10年5月21日	

表題部（附属建物の表示）					
符号	①種類	②　構　造	③　床　面　積　㎡		原因及びその日付〔登記の日付〕
1	倉庫	コンクリートブロック造亜鉛メッキ鋼板葺平屋建	12	65	昭和49年2月1日新築

（注）「原因及びその日付〔登記の日付〕」欄の②は構造を、③は床面積を指しています。

[資料3－19] 建物の表示の更正登記

表題部（主である建物の表示）	調製	余白			不動産番号	○○○○○○○○○○○○○○
所在図番号	余白					
所　　在	○○○市○○三丁目　38番地1				余白	
家屋番号	38番1				余白	
①　種　類	②　構　造	③　床　面　積　㎡			原因及びその日付〔登記の日付〕	
寄宿舎	鉄筋コンクリート造ルーフィング葺3階建	1階 2階 3階	422 297 214	25 75 50	平成11年11月16日新築 〔平成11年12月22日〕	
余白	余白	1階 2階 3階	422 292 214	25 75 50	③錯誤 〔平成12年1月21日〕	
所　有　者	○○○○					

（4）建物が取り壊され滅失登記がされているケース

不動産登記法では、建物が滅失（取壊し等による）したときは1か月以内に滅失登記をすることを義務付けています。

不動産登記法第57条（建物の滅失の登記の申請）

建物が滅失したときは、表題部所有者又は所有権の登記名義人（共用部分である旨の登記又は団地共用部分である旨の登記がある建物の場合にあっては、所有者）は、その滅失の日から一月以内に、当該建物の滅失の登記を申請しなければならない。

［資料3－20］は、上記規定に基づき滅失登記を行った際に閉鎖された閉鎖事項証明書の表題部です。このように、滅失登記が行われた場合には、所在、家屋番号、種類、構造、床面積の欄に下線が引かれ、原因及びその日付欄には取壊しの年月日、登記の日付欄には滅失登記を行った日が記載され、これと同日に登記簿を閉鎖した旨も記載されます。

閉鎖事項証明書の読み方は上記のとおりですが、これとは別に留意しなければならない点があります。それは、不動産登記法上は建物が滅失したときは1か月以内に滅失登記をすることが義務付けられているものの、実際にこれが行われていない

［資料3－20］滅失登記を行った際に閉鎖された閉鎖事項証明書の表題部

表題部　（主である建物の表示）	調製　平成14年7月25日	不動産番号	○○○○○○○○○○○○○
所在図番号	余白		
所　在	○○市○○一丁目　517番地2、517番地3、517番地1		余白
家屋番号	517番2		余白
①　種　類	②　構　造	③　床　面　積　㎡	原因及びその日付〔登記の日付〕
共同住宅	鉄筋コンクリート造亜鉛メッキ鋼板葺陸屋根5階建	1階　604 74 2階　569 76 3階　569 76 4階　569 76 5階　569 76	昭和50年5月20日新築
余白	余白	余白	昭和63年法務省令第37号附則第2条第2項の規定により移記 平成14年7月25日
余白	余白	余白	平成26年10月10日取壊し 〔平成26年10月31日同日閉鎖〕

（＝建物が現存しないにもかかわらず、登記上は所有者名義が残されている）ケースがしばしばあるということです。

このような場合、土地と建物の所有者が同一人物であれば、滅失登記の申請にあたっても手続は比較的スムーズに進められますが、建物の所有者が異なる場合はその名義人の協力を得ることが難しいケースも生じ得ます。このような場合、仮にその土地を担保として金融機関に融資を申し込んでも、このままでは（＝滅失登記を済ませなければ）応じてもらえないということも十分考えられることです。

また、取り壊した建物に抵当権や根抵当権が付されている場合も問題となります。このような場合、金融機関としては取り壊した建物に付されている抵当権や根抵当権を抹消し、これに代わる建物にこれらの権利を設定する手続が必要となるでしょう。

以上、対象地の現況が更地であるからといって、登記上も該当地の上には何も残っていないと安易に考えることはできません。必要な調査を行った後に、登記に関する問題で疑問点等が生じた場合には司法書士や土地家屋調査士に相談することが重要であり、本項で述べている内容もその一つといえます。

（5）建物の分割・区分・合併・合体の違い

建物の登記簿の表題部にしばしば「分割」、「区分」、「合併」、「合体」という記載を見かけることがあります。これらは主に不動産登記法上の概念として用いられていますが、内容的にまぎらわしく、それぞれの意味を区別して理解しておかなければ混乱を生ずる結果となります。そこで、以下、これらの点を中心に記述を進めます。

❶建物の分割・区分・合併の登記

法54条には、これらに関する以下の規定が置かれています。

不動産登記法第54条（建物の分割、区分又は合併の登記）

1　次に掲げる登記は、表題部所有者又は所有権の登記名義人以外の者は、申請することができない。

一　建物の分割の登記（表題登記がある建物の附属建物を当該表題登記がある建物の登記記録から分割して登記記録上別の一個の建物とする登記をいう。以下同じ。）

二　建物の区分の登記（表題登記がある建物又は附属建物の部分であって区分建物に

該当するものを登記記録上区分建物とする登記をいう。以下同じ。）

三　建物の合併の登記（表題登記がある建物を登記記録上他の表題登記がある建物の附属建物とする登記又は表題登記がある区分建物を登記記録上これと接続する他の区分建物である表題登記がある建物若しくは附属建物に合併して一個の建物とする登記をいう。以下同じ。）

（第２項・第３項省略）

建物の分割・区分・合併の登記はしばしばセットになって扱われています。その理由は、「建物の分割、区分または合併の登記は（中略）それぞれの特徴を有する登記であるが、共通する点は、いずれも建物の物理的な形状または位置関係には何らの変更を加えることなく、登記簿上での建物の個数ないしは範囲を変更する登記である」からです（遠藤浩・青山正明編「別冊法学セミナー　基本法コンメンタール　不動産登記法（第４版補訂版）」日本評論社、p. 213。中込敏久執筆部分）。

これらの関係は、条文を読んだだけでは把握しづらいため、その概要を以下にまとめておきます。

⑴　建物の分割の登記

建物の分割の登記とは、主である建物と附属建物が一個の建物として登記されている場合（すなわち主従の関係にある場合）、これらをそれぞれ別個の独立した建物とするための登記です（［資料３－21］にそのイメージを示します）。ここでは、決して建物の物理的な形状変更が行われるわけではありません。

［資料３－21］建物の分割の登記の例

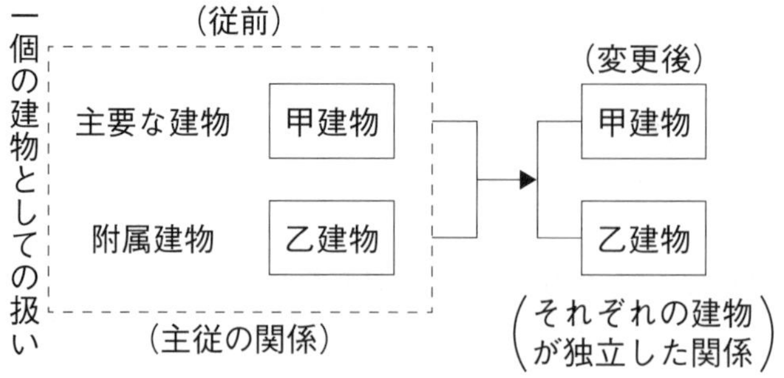

⑵　建物の区分の登記

建物の区分の登記とは、（部屋ごとに独立した構造を有する）一棟全体を一個の建物として登記していたものを、数個の建物として区分するような場合を指します

（[資料3－22] にそのイメージを示します)。ここでも、上記(1)と同様に、決して建物の物理的な形状変更が行われるわけではありません。

[資料3－22] 建物の区分の登記の例

（従前）
区画1　区画2　区画3
甲建物（一棟の建物）

（変更後）
甲建物　乙建物　丙建物
区分建物　〃　〃

(3) 建物の合併の登記

建物の合併の登記とは、別個の建物として登記されている数個の建物を一個の建物として変更する登記を指します。たとえば、[資料3－23] のように、もともと甲建物、乙建物としてそれぞれ別々に登記されていたものを、甲建物を乙建物の附属建物として登記する場合がこれに該当します（従来、それぞれが登記上独立した建物として扱われていたものを、主従関係を有する一個の建物に変更することを指します)。

また、[資料3－24] のように、もともと区分されている数個の建物を合わせて一個の建物とする場合もこれに該当します。このような目的で行う登記も、やはり上記(1)、(2)と同様に建物の物理的な形状には何ら変更もありません。

建物の合併の登記の例

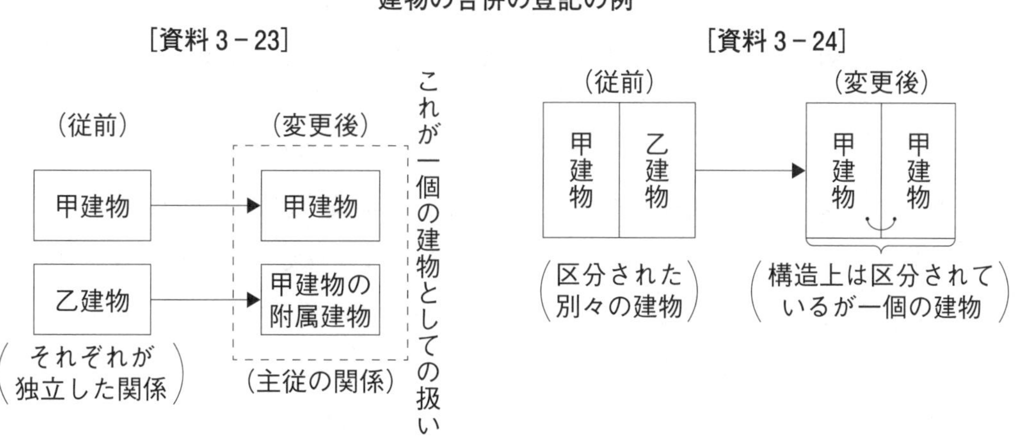

参考までに、［資料3－24］に該当するケースで、表題部に合併の記載のある登記事項証明書の例を［資料3－25］に示します。

［資料3－25］表題部に合併の記載のある登記事項証明書の例

表題部（主である建物の表示）		調製	平成13年6月6日	不動産番号	○○○○○○○○○○○○○
所在図番号	余白				
所　　在	○○市○○○第2地割　1番地14			余白	
家屋番号	1番14			余白	
①　種　類	②　構　造	③　床　面　積　㎡		原因及びその日付〔登記の日付〕	
事務所	鉄骨造亜鉛メッキ鋼板葺平屋建	897	96	合併により○番○○、○番○○の2の登記用紙から移記	
余白	余白	余白		昭和63年法務省令第37号附則第2条第2項の規定により移記 平成13年6月6日	

2建物の合体の登記

建物の合体の登記という場合、上記1(3)の合併の登記とは明らかに異なる内容を指します。すなわち、建物の合体とは、互いに主従の関係にない数個の建物が、増築等の工事により構造上一個の建物となることをいい、その数個の建物が一棟の建物を区分した建物（区分建物）であって、これらが隔壁除去等の工事によりその区分性を失った場合も、これに含まれる（平成5年7月30日民三第5320号民事局長通達）とされています。

不動産登記法第49条（合体による登記等の申請）

1　二以上の建物が合体して一個の建物となった場合において、次の各号に掲げるときは、それぞれ当該各号に定める者は、当該合体の日から一月以内に、合体後の建物についての建物の表題登記及び合体前の建物についての建物の表題部の登記の抹消（以下「合体による登記等」と総称する。）を申請しなければならない。（以下省略）

また、登記実務上、従来から合体と呼ばれていた場合（区分建物が隔壁除去等により区分性を失った場合）のみならず、「合棟」と呼ばれていた場合（普通建物が増築等により構造上一個の建物となった場合）も合体に含まれると解されています（前掲書 p. 203～204、中村巽執筆部分）。

このように、建物の合体の登記という場合には、建物自体に物理的な変更が加わることとなります。

参考までに、［資料３－26］に普通建物が増築等により構造上一個の建物となった場合のイメージ図を、［資料３－27］に建物の合棟の記載のある登記事項証明書（表題部）の例を掲げます（種類、構造、床面積、原因及びその日付の欄の最上段にその記載が見受けられます）。

［資料３－26］増築により一個の建物となった場合

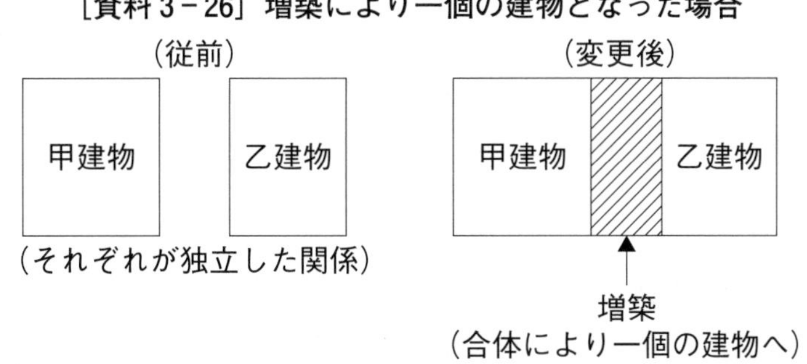

［資料３－27］建物の合棟の記載のある登記事項証明書

表題部（主である建物の表示）	調製	平成12年３月16日	不動産番号	○○○○○○○○○○○○○
所在図番号	余白			
所　　在	○○市○○区○町　９番地８			余白
	○○市○○区○町　９番地８、９番地11			錯誤 平成23年９月26日登記
家屋番号	９番８の１			余白
①　種　類	②　構　造	③　床　面　積　㎡		原因及びその日付〔登記の日付〕
集会所	木造亜鉛メッキ鋼板瓦交葺２階建	１階　770:01 ２階　165:58		①②③昭和39年２月14日変更、増築、付属建物合棟
余白	余白	余白		昭和63年法務省令第37号附則第２条第２項の規定により移記 平成12年３月16日
余白	余白	１階　648:74 ２階　78:41		③年月日不詳増築、③平成23年５月14日一部取壊し 〔平成23年９月26日〕

（６）家屋番号と地番が一致しないケース

通常、地番表示と家屋番号は対応（一致）しているはずですが、なかにはこれが一致していないケースもあります。このようなケースでは、実際に建物が存在し、表題登記が行われているにもかかわらず、現存する地番をもとに建物の登記事項証明書を請求しても「該当の建物はありません」という結果を生じます。

最初から家屋番号が判明していればこのような経験をしなくても済みますが、なかには家屋番号が不明の状態で調査せざるを得ないこともあります。本項ではこのようなケースを取り上げます。

［資料３－28］は、建物が建築された当時の公図写しです（該当部分のみ掲げます）。

これを見れば明らかなように、対象地はもともと１筆の土地であり、その上に甲氏が木造２階建ての居宅２棟を建築したものです。なお、［資料３－29］は、その当時の配置図です。

［資料３－28］分筆前の公図写し

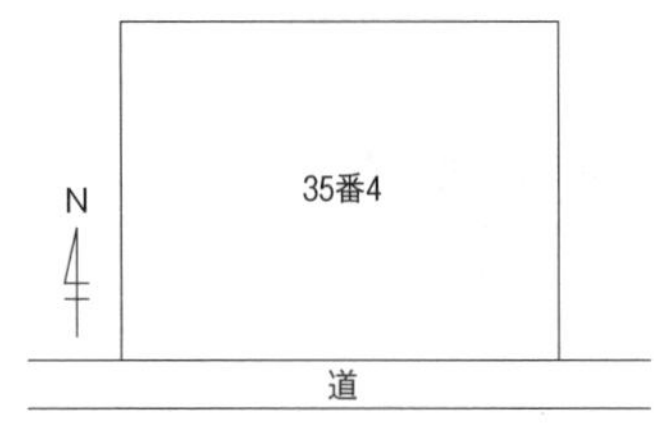

［資料３－29］分筆前の家屋の配置図

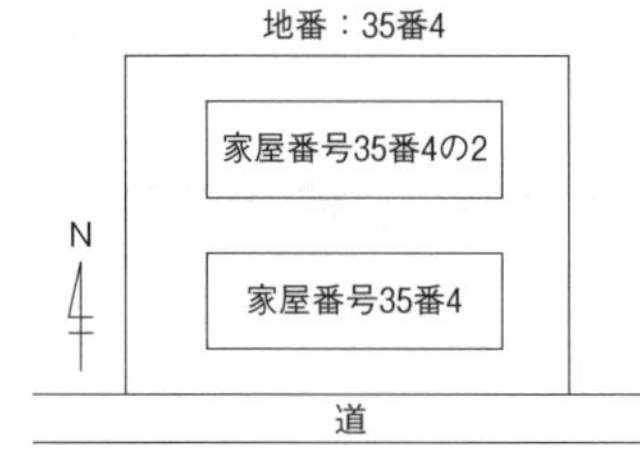

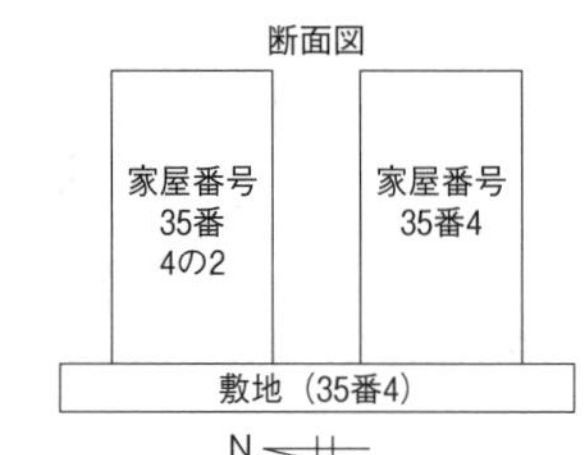

このように、１筆の土地上に複数の建物（ただし、それぞれが独立した建物であり、両者間に主従の関係はないものとします）が存する場合は、（枝番は付されるものの）敷地の地番と同じ番号で家屋番号が定められるのが基本となっています。そのため、［資料３－29］に示すように、２棟の建物には家屋番号「35番４」および「35番４の２」というような一体の番号が付されています（土地の地番と建物の家屋番号がこのような形で連動している限り、建物の登記事項証明書を取り寄せる際に家屋番号が不明であったとしても、所在および敷地の地番を交付請求書に記入して法務局に提出すれば用が足りることが多いといえます）。

しかし、建物の表題登記を行った時点では地番と家屋番号が連動していても、その後に敷地の分合筆等が行われ、地番と家屋番号の対応関係が崩れてしまっているケースも見受けられます。本項で対象としているのは、分筆によってこのような現象が生じた例です。

［資料３－30］および［資料３－31］は、先に掲げた［資料３－28］および［資料３－29］の分筆後の状態を示したものです。

［資料３－30］分筆後の公図写し

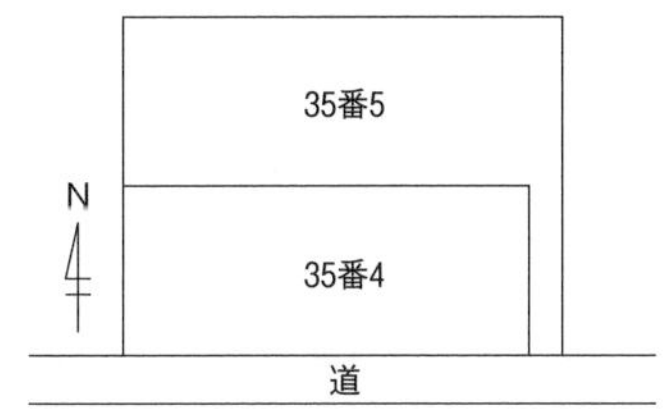

［資料３－31］分筆後の家屋の配置図

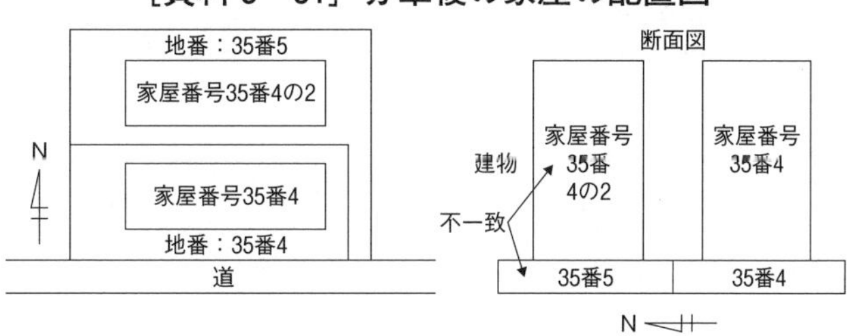

このように、当初存在した「35番４」の土地が「35番４」および「35番５」の２筆に分筆されたため、家屋番号「35番４の２」の敷地の地番が「35番５」に変更され、対応関係が崩れてしまう結果となりました（35番４の敷地≠35番５の敷地）。

分合筆により建物の敷地（地番）に変更が生じた場合、通常であれば建物の表示変更登記が行われますが、本ケースの場合は元のままです。したがって、建物の敷地の現地番（すなわち「35番５」）のみを交付請求書に記入して法務局に提出し、登記事項証明書を取得しようとしても、「該当する建物は当該敷地上に見当たりません」という返答が返ってくることになります。このようなケースに遭遇した場合、「35番５」の土地上に現に存在する建物は未登記ではないかという疑問や錯覚も生じかねません。しかし、当該建物は現実に登記がなされていることは事実です。このような場合には今一歩踏み込んで、確認のための調査を行わなければ不十分であるばかりか、事実関係についての重大な誤りを招く結果となります。

本ケースのような場合、法務局備付けの「建物図面・各階平面図」（建築当初に作成されたものでは分筆前の状態となっています。［資料３－29］）と現在の公図（分筆後の状態が示されています。［資料３－30］）を照合することにより、家屋番号「35番４の２」の建物が現地番で「35番５」の土地上に建っていることが判明します。このような調査を行って、地番と家屋番号の不一致を確認し、そこで見つけ出した家屋番号（本件の場合は「35番４の２」）を交付請求書に記入することにより、当該建物の登記事項証明書を取得することができます（建物の表示変更登記をしていない限り、当該建物の所在は元の「35番４」のままとなっているため、留意が必要です）。

第4章

登記事項証明書の権利部(甲区)欄の読み方

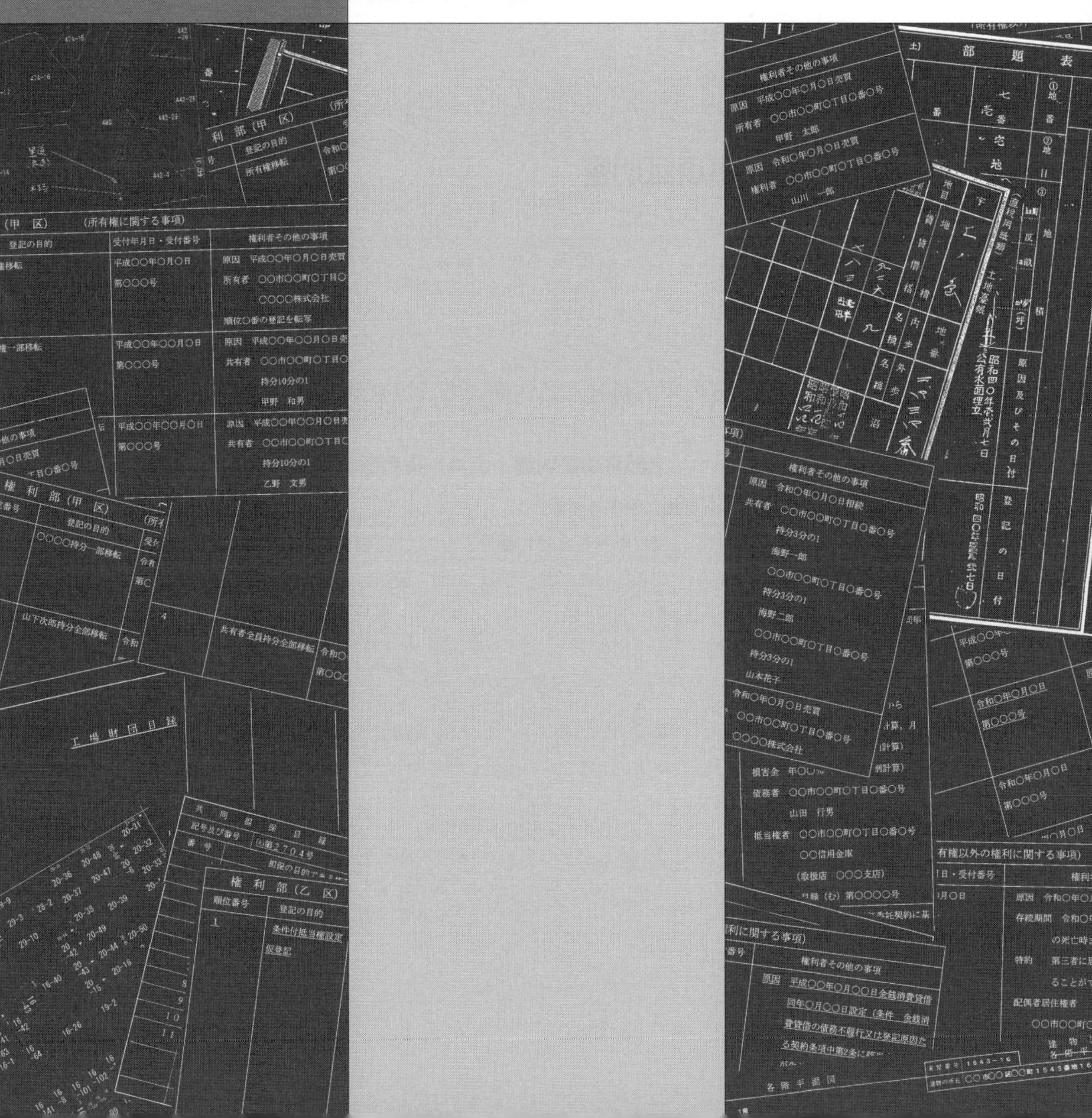

本章では、登記事項証明書の権利部（甲区欄）の記載例をもとに、その読み方を解説していきます。

【基礎編】 権利部（甲区）欄の構成

登記事項証明書の権利部（甲区）欄は所有権に関する事項を記載する欄で、以下のような構成になっています。

① 順位番号

② 登記の目的

③ 受付年月日・受付番号

④ 権利者その他の事項

1 土地の登記事項証明書

以下、土地の場合を例に、これらの基本的な事項につき［資料４－１］をもとに解説していきます。

❶順位番号

「順位番号」は、権利部の甲区欄にも乙区欄にも設けられていますが、登記事項

［資料４－１］ 全部事項証明書・土地・権利部（甲区）

権　利　部　（甲区）　　（所有権に関する事項）			
順位番号	登　記　の　目　的	受付年月日・受付番号	権利者その他の事項
1	所有権移転	昭和○○年○月○○日 第○○○○号	原因　昭和○○年○月○○日売買 所有者　東京都○区○○○二丁目○番○号 ○○○○株式会社 順位１番の登記を移記
付記１号	１番登記名義人表示変更	平成○○年○月○○日 第○○○○号	原因　平成16年○月○日本店移転 平成16年○月○日商号変更 本店商号　東京都○○○区○○○一丁目○番○号 ○○○○○○○株式会社
	余 白	余 白	昭和63年法務省令第37号附則第２条第２項の規定により移記 平成６年２月10日

を記載した順位を表わしています。また、順位番号は登記内容を特定するためにも使用されています（［資料４－１］には記載はありませんが、たとえば、順位番号２番の欄に「土地区画整理法の換地処分による所有権登記」と記載されていれば、２番の登記内容が順位番号１番の登記（本件の場合は「所有権移転」）とは別のものであることが読み取れます。

❷登記の目的

甲区欄は、所有権に関する事項が記載の対象となっています（そのため、［資料４－１］には「所有権移転」という記載が行われています。これより前の登記事項を調査したい場合は閉鎖登記簿謄本を請求することとなります）。

❸受付年月日・受付番号

法19条３項には「登記官は、申請の受付をしたときは、当該申請に受付番号を付さなければならない」と規定されています。

なお、登記との関連では、受付番号の先のほう（＝受付年月日の早いほう）が優先されることになっています（同じ不動産に関し、同時に２つ以上の申請がなされた場合は同じ受付番号が付されます）。

❹権利者その他の事項

(1)　原　因

ここには、登記の行われた原因となる事実とその日付が記載されます。［資料４－１］では、売買により所有権が移転したことが読み取れます。

所有権移転の登記原因としては、このほかにも、たとえば次のようなさまざまなものがあります。

- 相　続
- 財産分与
- 真正な登記名義の回復
- 買　収
- 贈　与
- 寄　付
- 交　換
- 現物出資
- 遺　贈
- 払　下
- 譲渡担保
- 信　託
- 遺産分割
- 条件成就
- 合　併
- 信託財産引継
- 物　納
- 共有物分割
- 会社分割
- 代物弁済
- 時効取得
- 買　戻

通常の調査では、現時点での所有者の確認に多くの注意が向けられがちですが、過去にどのような経緯で対象不動産が取得されたかを知る必要が生じた場合には、登記原因の調査は欠かせないものとなります。

(2) 所有者

ここには、所有者の住所・氏名が記載されています（法人の場合は会社名）。

なお、［資料４－１］の登記事項証明書の下段には「昭和63年法務省令第37号附則第２条第２項の規定により移記　平成６年２月10日」という記載があります。

すでに述べたとおり、従来の登記簿はブック式の紙ベースのものでしたが、コンピュータ化に伴い、上記の昭和63年法務省令附則の規定により今までの登記内容を磁気ディスクに移記する作業が行われ、これが完了した場合にはその旨と年月日が記載されることとなりました。本件の場合もこの作業が完了したことを記録するために、同じような記載が行われています。

なお、表題部（掲載は省略）にある地番、地目、地積に関する記載は、現況と従前の経緯を把握する意味で欠かせない事項であることから、すべて移記されています。これに対し、権利部（甲区・乙区）については、現時点での権利者が把握できれば用が足りることから、移記時点で効力のない登記は省略され移記されていません。

2 主登記と付記登記

次に、主登記と付記登記の区別をしておく必要があります。

まず、主登記とは、順位番号「１、２、…」に対応する登記の記載内容のことです。本件の場合、順位番号「１」に記載されている「所有権移転」の内容がこれに該当します（独立の順位番号が付されています）。

これに対し、付記登記とは、主登記の内容を追加したり、訂正するために行う登記のことを指します。なお、付記登記では、主登記のように登記の順序による独立した番号ではなく、「付記１号」というような補完的な番号が付されています。

本件の場合、「付記１号」として「１番登記名義人表示変更」という記載が行われています。その理由としては、所有権移転登記が行われた後に会社の本店が移転したこと、それと同日（平成16年○月○日）付けで本店の商号も変更されたことが読み取れます。

付記登記がなされる場合の典型的な例としては住所移転や会社の商号変更等があげられますが、このほかにもさまざまなケースがあります。

付記登記は甲区欄だけでなく、乙区欄においてもなされることがありますが、以下、甲区欄において登記簿で見かける付記登記の主な例を紹介しておきます。

〈付記登記でなされる登記の例〉

- 登記名義人の表示変更、更正の登記
- 買戻しの特約の登記
- 所有権更正の登記

以下、登記名義人の表示変更および更正の登記について補足説明をしておきます。

まず、表示変更登記についてですが、登記名義人の住所が移転した場合、移転先の住所に変更しておくのが本来の姿ですが、本書執筆時点では住所変更による登記申請が義務付けられていないため、登記上は往々にして前の住所のままとなっているケースもあります。

しかし、いざその不動産を売買することになった場合、あるいはその物件を担保に借り入れをして抵当権を設定することになった場合には、登記義務者（＝買主や融資先等の登記権利者の利益を保護するため、その人の登記申請に協力しなければならない者）として、表示変更登記を事前に行っておく必要があります（実務上は、必要書類を整えたうえで所有権移転登記や抵当権設定登記申請時に合わせて行うケースもよく見受けられます。この場合でも、申請の順序としては、表示変更登記が先となります）。

次に、表示更正登記とは、表示変更登記とは意味合いが異なり、登記の当初から錯誤または遺漏により登記名義人の表示が正しくなされなかった場合に、それを正しい表示に是正するために行われます。ただし、表示更正登記が認められるのは、登記名義人の住所または氏名に誤りがあった場合に限られています。それとともに、錯誤または遺漏が申請人または登記官の故意、過失に基因するものであり、権利の主体に変更がないことが重要な前提となっています。そのため、たとえば、所有者を誤ってなされた登記の場合、登記名義人住所・氏名更正の登記によることはできません。

繰り返しになりますが、登記名義人の表示の「変更」とは、登記記録上の住所や氏名がその登記を申請した時点では正しいものであったところ、その後住所移転等があったケースを指し、表示の「更正」とは、登記申請した時点ですでに誤っていたケースを指す点で区別が必要です。

以下、参考までに、［資料４－２］に所有権登記名義人表示変更登記の申請書の記載例を掲げます。

［資料４－２］登記名義人住所変更登記申請書（住所移転の場合）

登　記　申　請　書

登記の目的　　○番所有権登記名義人住所変更

原　　　因　　令和○年○月○○日住居表示実施

変更後の事項　住所　○○市○○町一丁目５番２号

申　請　人　　○○市○○町一丁目５番２号（住民票コード１２３４５６７８９０１）
法　務　太　郎

添 付 書 類
登記原因証明情報　代理権限証明情報

令和○年○月○日申請　○○　法務局（又は地方法務局）○○支局（又は出張所）

代　理　人　　○○市○○町二丁目６番３号
法　務　花　子　印
連絡先の電話番号００—００００—００００

登録免許税　金２，０００円

不動産の表示
不動産番号　１２３４５６７８９０１２３
所　　在　○○市○○町一丁目
地　　番　２３番
地　　目　宅地
地　　積　１２３・４５平方メートル

不動産番号　０９８７６５４３２１０１２
所　　在　○○市○○町一丁目２３番地
家屋番号　２３番
種　　類　居宅
構　　造　木造かわらぶき２階建
床 面 積　１階　４３・００平方メートル
２階　３８・００平方メートル

（出所）　法務局ホームページ

3　建物の登記事項証明書

以下、建物の登記事項証明書について、[資料４－３]をもとに解説していきます。

[資料４－３] 全部事項証明書・建物・権利部（甲区）

権　利　部（甲区）　（所有権に関する事項）			
順位番号	登　記　の　目　的	受付年月日・受付番号	権利者その他の事項
1	所有権保存	平成○年○月○○日 第○○○○○号	所有者　東京都○○○区○○町二丁目２番１号 ○○○○株式会社
付記１号	１番登記名義人表示変更	平成○○年○○月○○日 第○○○○○号	原因　平成○○年○○月○○日本店移転 本店　東京都○○○区○○○四丁目○番○号
付記２号	１番登記名義人住所、名称変更	令和２年○○月○○日 第○○○○○号	原因　平成○○年○月○○日本店移転 平成○○年○月○○日商号変更 商号本店　東京都○○○区○○町二丁目２番１号 ○○○○○○株式会社

なお、権利部（甲区）欄の構成については土地の場合と同じです。そのため、土地について説明した読み方がそのまま建物についても当てはまります。したがって、説明の重複を避けるために、以下、土地の権利部（甲区）欄にはほとんど登場しない所有権保存登記について取り上げることとします。

［資料４－３］では、登記の目的の欄に、順位番号１番として「所有権保存」の記載があります。保存登記がなされた日付については「受付年月日・受付番号」の欄で確認することができます。このケースでは、所有権保存登記が行われた後に、本店の移転と商号変更が行われたことが読み取れます。

建物の新築年月日は権利部（甲区）欄に登場しませんが、すでに表題登記の欄に記載されているため、所有権保存登記の内容と併せて確認しておくことが必要です。

なお、参考までに、[資料４－４]に所有権保存登記の申請書の記載例を掲げます。

［資料４－４］所有権保存登記申請書

登　記　申　請　書

登記の目的　所有権保存

所　有　者　○○市○○町二丁目１２番地（住民票コード１２３４５６７８９０１）
法　務　太　郎　印
連絡先の電話番号００―００００―００００

添付情報
住所証明情報

□登記識別情報の通知を希望しません。

令和○年○月○日法第７４条第１項第１号申請
○○ 法務局（又は地方法務局） ○○支局（又は出張所）

課 税 価 格　金２，０００万円

登録免許税　金３万円（租税特別措置法７２条の２）

不動産の表示
不動産番号　１２３４５６７８９０１２３
所　　　在　○○市○○町二丁目１２番地
家 屋 番 号　１２番
種　　　類　居宅
構　　　造　木造かわらぶき２階建
床　面　積　１階　４３・００平方メートル
２階　３８・６２平方メートル

（出所）法務局ホームページ

【実践編】 権利部（甲区）欄におけるさまざまな登記

土地売買を例とする所有権移転のオーソドックスな記載例および建物の所有権保存登記の記載例については【基礎編】で取り上げましたので、次にこれ以外のさまざまな例を紹介していきます。

1　所有権移転仮登記

（1）仮登記の性格

登記は、一度行われれば第三者に対して対抗力を有する（＝自分の権利を主張できる）重要な手段となることはすでに述べたとおりです。これが登記本来の姿であり、現実に行われている登記の多くはこのような目的のもとになされています（いわゆる本登記です）。

本章で取り上げている所有権保存登記、所有権移転登記、持分移転登記等はすべて本登記の部類に属します。

しかし、なかには登記を行っただけでは対抗力を備えられないものがあります。いわゆる仮登記です。

仮登記は、次の２通りの場合に限って行うことができるとされています。

一番目のケースは、売買契約は済ませたものの、所有権移転登記（本登記）を行うには必要な書類が完備していない場合に行われることがあります。ここに掲げたように物権の変動はすでに生じているものの、登記申請に必要な書類が手元に備わっていない場合です。

仮登記を行うことができるもう一つの場合とは、このように契約に基づく権利移転の請求権を保全する目的で行われるケースです。対象不動産につき、売主・買主間で将来売買契約を行うことを約束しておき（売買予約）、現実にこれが行われた時点で買主は売主に対して所有権移転登記を請求できる旨を仮登記であらかじめ定めておく場合もあります。

このようなことから、仮登記を行ったというだけでは本登記のような対抗力を備えることはできませんし、また、仮登記の状態では（本登記が実現できるかどうかという）不安定な要素を残しています。

不動産の登記簿を読む場合には、仮登記の付されている物件については十分な注意を払う必要があります。そして、取引や融資等に際しても慎重な対応が求められてきます。その理由は、一度付された仮登記が将来のある時点で本登記に移行した場合には、権利変動に関する仮登記の順位がそのまま本登記の順位となって確定してしまうからです。このように、仮登記は本登記の順位を保全するという性格を有しています。

対象不動産について他人に自分の所有権を主張するためには、所有権保存登記や所有権移転登記を先に済ませておく必要があります。仮に、何かの手違いで（あるいは売主が二重売買をしたことにより）、同じ物件について他の取得者が先に登記を済ませてしまえば、本人がいかに早く契約をしたとしても、登記がなされていない限り他の取得者に対して自分の権利を主張できない結果となります。登記簿に所有権移転仮登記が付されていて、これが本登記に移行された場合、同じような事態が生ずると考えられます（ここでは所有権を対象として仮登記の例を説明していますが、仮登記を行うことのできる権利は所有権だけには限られません。地上権、賃借権、地役権、抵当権をはじめとする一定の権利に関して行うことができます）。

ただ、所有権移転登記の場合は、その事項欄に「所有者」という記載が行われるのに対し、所有権移転仮登記の場合には「権利者」という記載が行われる点に留意が必要です。

仮登記には以上のような効力があります。したがって、登記簿を読む場合には仮登記であるからといって軽々しく考えることは危険です。また、仮登記といっても、その目的に応じていくつかの種類があることも念頭に置く必要があります。

（2）所有権移転仮登記

不動産の売買契約が締結され、売買代金が授受されて所有権移転の効力が生じているにもかかわらず、登記手続に必要な書類が完備していない場合は、すでに述べたとおり直ちに本登記を行うことはできません。このような場合には仮登記を行う方法も考えられますが、通常の不動産売買に関する限り、現実にこのような理由で仮登記が行われている例は少ないと考えられます。

不動産の取引にあたっては、売主・買主の間に仲介業者が介在するケースが多いといえます。その際、仲介業者は登記を含めた諸手続のトラブルを防止するため、登記の専門家（司法書士）の立会いのもとに、所有権移転登記に必要な一切の書類が完備されていることを確認したうえで、売買代金の決済を行うという手順を踏むことが通常です。

そのため、所有権移転登記に必要な書類が一部でも備わっていない場合には、(その程度にもよりますが)決済日を延期するなど、慎重に対応していることが多くなっています。したがって、通常であれば売買代金の決済(それと同時に所有権の移転)が行われた際には、速やかに所有権移転登記手続をなし得る状況にあるといえます。このような手順で不動産取引が行われる限り、一度仮登記を行ったうえで、後日これを本登記に変更する煩雑さや必要性は生じません。

しかし、なかには手続上の理由により仮登記を行わざるを得ないケースも生ずると思われます。参考までに、所有権移転仮登記の記載のある登記事項証明書の例を［資料４−５］に掲げます。

なお、登記事項証明書の基本的な様式は前章までに掲げていますので、以降の解説では記載事項の一部を簡略化したものを用いる箇所があることをあらかじめお断りしておきます。

［資料４−５］所有権移転仮登記の記載のある登記事項証明書

権　利　部　（甲区）　　（所有権に関する事項）			
順位番号	登　記　の　目　的	受付年月日・受付番号	権利者その他の事項
1	所有権移転	令和○年○月○日 第○○○号	原因　平成○○年○月○日売買 所有者　○○市○○町○丁目○番○号 甲野　太郎
2	所有権移転仮登記	令和○年○月○日 第○○○号	原因　令和○年○月○日売買 権利者　○○市○○町○丁目○番○号 山川　一郎

2　所有権移転請求権仮登記――代物弁済予約の場合

［資料４−６］は、登記事項証明書（甲区）欄の一部ですが、一度、順位番号３番の欄に所有権移転請求権仮登記が行われています。そして、その原因欄には「平成○○年○月○日代物弁済予約」と記載されています（権利者は○○信用金庫です）。

［資料４－６］所有権移転請求権仮登記の記載のある登記事項証明書

権　利　部　（甲区）　　（所有権に関する事項）			
順位番号	登　記　の　目　的	受付年月日・受付番号	権利者その他の事項
3	所有権移転請求権仮登記	平成○○年○月○日 第○○○号	原因　平成○○年○月○日代物弁済予約 権利者　○○区○○町○丁目○番○号 ○○信用金庫
4	3番仮登記抹消	平成△△年△月△日 第○○○号	原因　平成△△年△月△日解除

（注）　順位番号1番および2番の欄には登記事項が記載されているが、本文の説明とは直接の関係はないため、掲載を省略した。

ここに付された仮登記は、債権者である○○信用金庫が債務者（本物件の所有者）に対し、貸付金に対する債権を担保する目的で行われています。そして、将来、債務者が当該債務を履行しない場合には、債務者は本物件の所有権を債権者に移転することをあらかじめ約束したため、その旨を登記したものです。

代物弁済予約契約では、将来、債務不履行があったときに債権者が当該物件の所有権の移転を債務者に求めてきた場合（＝予約完結権の行使によります）には、債務者はこれに応じなければなりません。その結果、当該物件の所有権が債権者に移転し、仮登記が本登記に移行された場合には、仮登記の順位がそのまま本登記の順位となって確定します。

なお、予約完結権とは、予約契約に基づき一方の意思表示だけで本契約を成立させる権利のことで、形成権（相手方に対して意思表示を行うだけで権利変動の効力を生じさせることのできる権利）の一種です。

ちなみに、仮登記の後に他人名義の本登記が行われていても、仮登記が本登記に移行された場合には、その人の本登記の順位は覆されることとなります。したがって、登記簿に仮登記が付されており、現在でもまだこれが抹消されていないとすれば、今まで述べてきたような事態が将来いつの時点で発生するのか予見できない危険性が潜んでいます。

しかし、［資料4－6］のケースでは、順位番号4番の欄に記載のあるとおり、すでに仮登記の抹消が行われています。これに伴い、順位番号3番の欄にも下線が引かれています。このことから、本件の場合、仮登記と本登記間の順位が逆転する可能性は解消されています。

参考までに、本件の場合、仮登記が抹消された原因は順位番号４番の欄に「平成△△年△月△日解除」と記載されています。これは、代物弁済予約契約による所有権移転仮登記が行われた後に当該契約が解除され、仮登記を付しておく原因が消滅したためです。なお、［資料４－６］のケースでは仮登記抹消の原因は「解除」となっていますが、なかには「放棄」と記載されている例も見かけます。

抹消の原因が「解除」と記載されている場合は、債務者の弁済等によって契約が解除（解約）されたことを意味し、「放棄」と記載されている場合は、権利者が権利を放棄したことを意味しています（この２つの用語は区別して使われています）。

いずれにしても、仮登記を付しておく原因が消滅した場合は抹消登記が行われることとなります。

3 条件付所有権移転仮登記――農地法５条許可との関係

土地の売買契約を行う場合、対象地の所有権移転時期については売主・買主の合意によって取り決めることが通常です。

バブル経済期には国土利用計画法に基づく土地取引の事前届出制度が適用され、当事者間の都合だけでは契約締結日を決めることが難しい時期もありましたが、現在は契約締結後の事後届出（一定面積以上の土地のみ）となっています。

ただし、公有地の拡大の推進に関する法律では、都市計画区域内の土地（市街化区域内では面積が5,000m^{2}以上、市街化区域と市街化調整区域の区分が行われていない区域内では10,000m^{2}以上）を有償で譲渡しようとする場合には、譲渡する日の３週間前までに一定事項を都道府県知事に届け出る必要があります（同法４条１項６号、同法施行令２条２項）。

また、これ以外に、なかには農地のように当事者の意思だけでは自由に売買を行うことができない場合もあります。

ちなみに、農地を売買する場合には農地法の規定によって許可を得ることが必要であり（同法３条、５条）、たとえ当事者間で売買に関する合意が行われていても、許可が得られなければその効力は生じません。

許可権者は目的とする行為（転用も含めて）によって以下のように区別されます。

- 農地を農地として売買する場合（農地法３条の許可）　……農業委員会

●農地を農地以外のものに転用する場合（同法４条の許可）……都道府県知事

●農地を転用する目的で売買する場合（同法５条の許可）　……都道府県知事

なお、例外として市街化区域内農地について、農地を農地以外のものに転用する場合（４条関連）および農地を転用する目的で売買する場合（５条関連）には農業委員会への届出で足りるというケースもありますが、以下、許可が必要な場合を前提に考えていきます。

一般に、農地に関する売買の場合、「農地法の許可が得られれば売買は有効に成立する」旨を約した停止条件付契約が取り交わされることが多くなっています。これに基づいて行われる仮登記が「条件付所有権移転仮登記」です。

ここで、停止条件付契約とは、一定の事実の発生により効力が生ずる契約を指します（これに対し、一定の事実の発生により効力が消滅する契約は、解除条件付契約と呼ばれます。これはすでに有効に成立している契約を消滅させるものです）。

［資料４−７］は、条件付所有権移転仮登記の記載のある登記事項証明書・権利部（甲区）欄の例です。

［資料４−７］条件付所有権移転仮登記の記載のある登記事項証明書

権　利　部　（甲区）　　（所有権に関する事項）			
順位番号	登　記　の　目　的	受付年月日・受付番号	権利者その他の事項
1	条件付所有権移転仮登記	令和○年○月○日 第○○○号	原因　令和○年○月○日売買 （条件　農地法第５条の許可） 権利者　○○市○○町○丁目○番○号 ○○建設株式会社
	所有権移転	令和○年○月○日 第○○○号	原因　令和○年○月○日売買 権利者　○○市○○町○丁目○番○号 ○○建設株式会社

ここでは、順位番号１番の欄に、登記の目的は「条件付所有権移転仮登記」、「原因　令和○年○月○日売買（条件　農地法第５条の許可）と記載されていることから、上記の趣旨で仮登記が行われていることがわかります。

また、同じ順位番号１番の欄には本登記（所有権移転）の記載も行われており、その原因欄には「令和○年○月○日売買」と記載されていることから、仮登記の行われた後に農地法の許可が得られ、これに伴って○○建設株式会社への所有権移転登記（本登記）が行われた事実を併せて読み取ることができます。

4　所有権一部移転および持分全部移転の登記

［資料４－８］の登記事項証明書・権利部（甲区）欄には、所有権移転登記のほかに、所有権一部移転登記および持分一部移転登記の記載が行われています。

ここでは、まず順位番号１番の欄に前所有者から○○○○株式会社への所有権移転登記の事実が記載され（平成○○年○月○日売買によります）、次に順位番号２番の欄に、同社より甲野和男さんへの所有権一部移転（持分10分の１）の事実が記載されています（平成○○年○○月○日売買によります）。

［資料４－８］所有権一部移転登記、持分一部移転登記の記載のある登記事項証明書

権　利　部　（甲区）　　　（所有権に関する事項）			
順位番号	登　記　の　目　的	受付年月日・受付番号	権利者その他の事項
1	所有権移転	平成○○年○月○日 第○○○号	原因　平成○○年○月○日売買 所有者　○○市○○町○丁目○番○号 ○○○○株式会社 順位○番の登記を転写
2	所有権一部移転	平成○○年○○月○日 第○○○号	原因　平成○○年○○月○日売買 共有者　○○市○○町○丁目○番○号 持分10分の１ 甲野　和男
3	○○○○株式会社持分一部移転	平成○○年○○月○日 第○○○号	原因　平成○○年○○月○日売買 共有者　○○市○○町○丁目○番○号 持分10分の１ 乙野　文男

ここで、所有権一部移転という意味ですが、ある人（会社）が単独で所有している物件につき、所有権の一部を持分という形で他人に移転し、共有の状態とすることを指しています。そして、その事実を公示するために行われるのが所有権一部移転登記です。

なお、所有権の一部移転が行われるケースは売買だけに限らず、相続や贈与その他の原因によって行われることも多くあります。そのイメージを通常の所有権移転登記の場合と対比させたものが［資料４－９］です。

［資料４－９］のなかで10分の１と表示した部分は、［資料４－８］の登記事項証明書の順位番号２番の欄に記載されているとおり、対象物件の所有権の10分の１に相

［資料４－９］通常の所有権移転と所有権一部移転

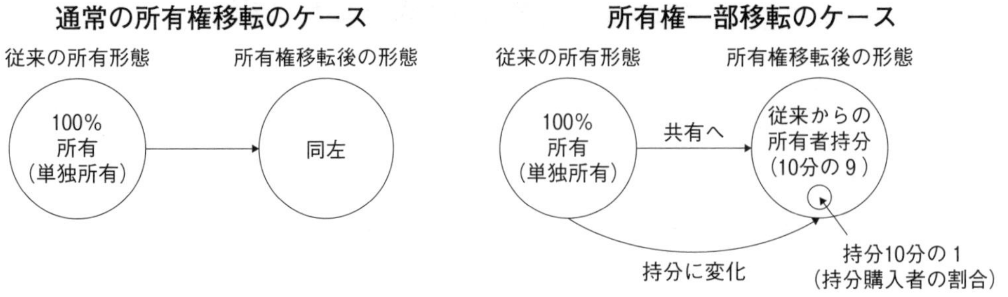

当する割合が甲野和男さんに移転したことを意味しています。すなわち、所有権一部移転という場合の「一部」とは、ある不動産を分割して特定の部分の所有権を他人に移転するということではなく、所有権の対象は物件の全範囲に及ぶものの、それに対する各人の持分割合を決めて、これを他人に移転することを指しています。端的に表現すれば、単独所有の物件を持分比率によって共有に変更することです。

所有権一部移転が行われた後のイメージは区分建物（マンション）を想定して考えれば容易に察しがつくことと思われます。区分建物の敷地は、全体が区分所有者全員によって所有されているのが通常です。各区分所有者がそれぞれの範囲を特定して所有し、使用しているわけではなく（敷地を持分の形で所有し、使用していることになります）、これと同様に考えて支障はありません。

次に、順位番号３番の欄には、○○○○株式会社から乙野文男さんに持分の一部（10分の１）が移転した事実が記載されています（平成○○年○○月○日売買によります）。ここでは所有権一部移転登記という記載ではなく、持分一部移転という記載が行われています。

これらの相違ですが、（すでに述べたように）所有権一部移転という意味は、単独所有から共有へ変更になることを意味します。これに対し、持分一部移転という場合には、対象物件がすでに共有となっていて、持分の一部が売買等によりさらに細分化される場合に用いられています。

なお、単独で所有している場合と共有により所有している場合とでは、権利部（甲区）欄の表示方法にも若干の相違がみられます。たとえば、［資料４－８］の順位番号１番の欄では、「所有者　○○○○株式会社」と記載されていますが、順位番号２番および３番の欄では「共有者　持分10分の１　甲野和男（３番の欄では乙野文男)」のように、共有者の表示がなされています。さらに、共有の場合には登記事項証明書に持分も明記されていますが、これは共有者の一部が自己の持分を売買する場合には移転すべき持分を明らかにする必要があることによります。

これは、分譲住宅の私道によく見受けられることですが、同一所有者(分譲業者)からの持分の一部移転が何回にも分けて行われ、その結果、登記簿上の共有者が多数にわたっている例があります。そして、その後に中古建物（敷地を含みます）の売買に伴って私道の持分もセットで買主に所有権移転をした結果、共有者の構成もその都度変化しているケースが多いといえます。

5　共有者全員持分全部移転登記、持分全部移転登記

登記簿のなかには、「共有者全員持分全部移転」とか、「○○○○持分全部移転」という記載のあるものも見かけます。

本項では、対象物件の現時点での所有形態は共有であることに違いはないものの、①共有者の全員が合意のうえ、各人の持分を一括して同時に他人に移転する場合(＝共有者全員持分全部移転)、②共有者の一人が自分の持分を全部他人に移転する場合（＝持分全部移転）について取り上げます。

（1）共有者全員持分全部移転登記

［資料４－10］は、共有者の全員が合意のうえ、各人の持分を一括して同時に他人に移転する場合です。

ここには、令和○年○月○日相続により、海野一郎、二郎、山本花子の３名が取得した持分（順位番号３番の欄を参照）が記載されています。本件の場合、共有者全員の持分を一括して他人に移転していますが、これに伴い共有者全員持分全部移転登記が行われています（順位番号４番の欄を参照)。

本件の場合、形式的には共有者全員持分全部移転という登記が行われているものの、持分全部が特定の一法人に移転しているため、実質的には通常行われている所有権移転登記の場合と異なるところはありません。そのイメージを示したものが［資料４－11］です。

[資料4－10] 共有者全員持分全部移転登記の記載のある登記事項証明書

権　利　部　(甲区)　　(所有権に関する事項)			
順位番号	登　記　の　目　的	受付年月日・受付番号	権利者その他の事項
3	所有権移転	令和〇年〇月〇日 第〇〇〇号	原因　令和〇年〇月〇日相続 共有者　〇〇市〇〇町〇丁目〇番〇号 持分3分の1 海野一郎 〇〇市〇〇町〇丁目〇番〇号 持分3分の1 海野二郎 〇〇市〇〇町〇丁目〇番〇号 持分3分の1 山本花子
4	共有者全員持分全部移転	令和〇年〇月〇日 第〇〇〇号	原因　令和〇年〇月〇日売買 所有者　〇〇市〇〇町〇丁目〇番〇号 〇〇〇〇株式会社

(注)　順位番号1番および2番の欄には登記事項が記載されているが、本文の説明とは直接の関係はないため省略した。

[資料4－11] 共有者全員持分全部移転のイメージ

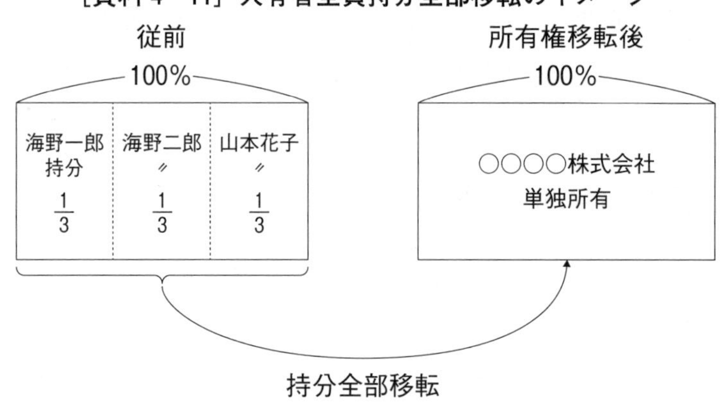

(2) 持分全部移転登記

[資料4－12] では、令和〇年〇月〇日売買によって山下次郎さんが取得した持分(順位番号4番の欄を参照)の全部を、令和〇年〇月〇日売買により内山正男さん、内山花子さんが共有(持分はそれぞれ40分の1)によって取得した事実が記載されています(順位番号7番の欄を参照)。

このように、ある共有者の持分全部を他人に移転した際に行われる登記は持分全

［資料4－12］持分全部移転登記の記載のある登記事項証明書

権　利　部（甲区）　　（所有権に関する事項）			
順位番号	登　記　の　目　的	受付年月日・受付番号	権利者その他の事項
4	○○○○持分一部移転	令和○年○月○日 第○○○号	原因　令和○年○月○日売買 共有者　○○市○○町○丁目○番○号 持分20分の1 山下次郎
7	山下次郎持分全部移転	令和○年○月○日 第○○○号	原因　令和○年○月○日売買 共有者　○○市○○町○丁目○番○号 持分40分の1 内山正男 ○○市○○町○丁目○番○号 持分40分の1 内山花子

（注）順位番号1番から3番、5番、6番の欄には登記事項が記載されているが、本文の説明とは直接の関係はないため省略した。

［資料4－13］持分全部移転のイメージ

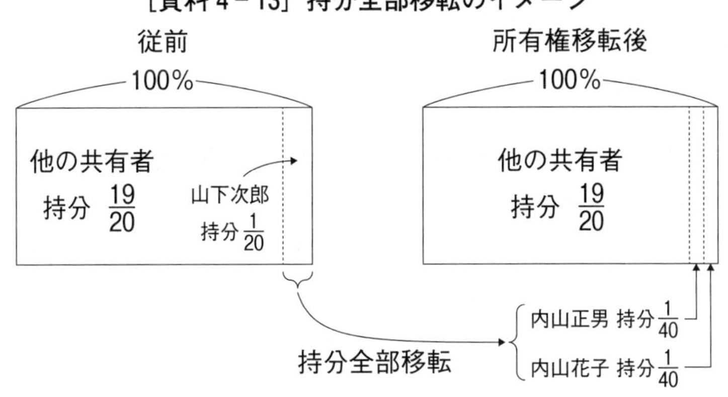

部移転登記と呼ばれています。そのイメージを示したものが［資料4－13］です。

［資料4－10］および［資料4－11］のように、共有者全員持分全部移転登記が行われ、しかも新しい所有者が単独で所有する場合は権利関係も単純なものに戻る結果となります。

これに対し、［資料4－12］および［資料4－13］のように、山下次郎さんの持分全部移転が行われたとはいっても、これは全体の共有持分のうちの一部を他人に移転したに過ぎず、共有関係は依然として継続していることに変わりはありません。それだけでなく、山下次郎さんの持分は2名の共有者によって取得されているため、全体的には共有者の数がさらに増え、煩雑になっています。

6 土地の登記簿には珍しい「所有権保存登記」の記載例

建物の表題登記や所有権保存登記は、通常、建物の新築時に行われていますが、土地に関しては登記簿で所有権保存登記の記載を見かけるケースはきわめて少ないと思われます（土地は建物と異なり、埋立地のようなケースを除いては新たに造られることがないためです）。しかし、数多い登記簿の記載のなかには土地についても所有権保存登記の記載が行われているものがあります。[資料4－14] はその一例です。

本件の場合、土地そのものはすでに存在していましたが、もともと無地番であり、国が管理していたものです。その後、国から民間（個人）に払い下げが行われ、地番が付されて表題登記および所有権保存登記が行われたものです。このようなケースでは、登記原因は記載されていません（公有水面埋立による所有権保存登記の場合も同じ様式となります）。

[資料4－14] 土地の所有権保存登記の記載のある登記事項証明書

権　利　部　（甲区）　　（所有権に関する事項）			
順位番号	登　記　の　目　的	受付年月日・受付番号	権利者その他の事項
1	所有権保存	令和○○年○月○日 第○○○号	所有者　○○市○○町○丁目○番○号 山川　一郎

7 真正な登記名義の回復の登記

登記簿に所有者として記載された者が、実は真の所有者でなかったという場合に、登記簿の記載と実体を合致させるための登記が行われることがあります。これは「真正な登記名義の回復」と呼ばれます。[資料4－15] は、このような記載が行われた登記事項証明書の一例です。

「順位番号4番」の欄に記載されているとおり、令和○年○月○日付売買により村山一二さんがこの物件を取得し、所有権移転登記が行われました。しかし、「順位番号5番」の欄では、「真正な登記名義の回復」を原因として木下文治、木下花

[資料４－15] 真正な登記名義の回復の登記の記載のある登記事項証明書

権　利　部　(甲区)　　(所有権に関する事項)			
順位番号	登　記　の　目　的	受付年月日・受付番号	権利者その他の事項
4	所有権移転	令和○年○月○日 第○○○号	原因　令和○年○月○日売買 所有者　○○市○○町○丁目○番○号 村山一二
5	所有権移転	令和○年○月○日 第○○○号	原因　真正な登記名義の回復 共有者　○○市○○町○丁目○番○号 持分３分の１ 木下文治 ○○市○○町○丁目○番○号 持分３分の１ 木下花子 ○○市○○町○丁目○番○号 持分３分の１ 丸山一男

(注)　順位番号１番から３番の欄には登記事項が記載されているが、本文の説明とは直接の関係はないため省略した。

子、丸山一男の三名へ所有権移転登記が行われています（持分は各３分の１）。

「原因」としては上記記載しかされていないため、その背後にある詳しい事情はこの登記事項証明書のみでは知ることができません。ただし、すでに登記されていた所有者の名義が真実と異なっていたこと、そしてその名義が「順位番号５番」の記載によって真実の所有者名義に書き換えられたという事実は把握することができます。

本件の登記の表題は「所有権移転」となっていますが、当事者間で売買を行う等の取引があったわけではなく、登記原因日は記載されていません。これは「真正な登記名義の回復」の登記を行う場合、全般的に共通しています。

8　所有権更正登記

すでに行われた登記の記載内容に誤りが見つかったことから、後日これを実体に合致させるために行われる登記があります。これが更正登記と呼ばれるものです。[資料４－16] は、このような記載が行われた登記事項証明書の例です。

これは、建物の所有者が住居を新築した際に、妻の単独名義で所有権保存登記が行われたところ、実体は夫婦の共有（持分はそれぞれ2分の1）であったため、その更正を行ったものです。

このように、もともと単独名義となっていた物件を共有名義に更正した登記簿の記載例もときおり見かけます。

［資料4－16］の記載例では、更正登記に伴い、「順位番号1番」の欄に記載されていた新井正子さんの住所・氏名のところに下線が引かれている点に留意する必要があります。そして、正しい登記内容を示すためにその下に「付記1号」の欄を設け、「1番所有権更正」として新たに共有者2名（新井和男・正子）の住所・氏名と持分が記載されています。

更正登記の場合、登記の「原因」としては単に「錯誤」とだけ記載されます。さらに、これは更正登記一般に共通する事項ですが、登記原因の日付の記載は行われません。

［資料4－16］所有権更正登記の記載のある登記事項証明書

権　利　部　（甲区）　　　（所有権に関する事項）			
順位番号	登　記　の　目　的	受付年月日・受付番号	権利者その他の事項
1	所有権保存	令和○年○月○日 第○○○号	所有者　○○市○○町○丁目○番○号 新井　正子
付記1号	1番所有権更正	令和○年○月○日 第○○○号	原因　錯誤 共有者　○○市○○町○丁目○番○号 持分2分の1 新井　和男 ○○市○○町○丁目○番○号 持分2分の1 新井　正子

9 代位による登記名義人表示変更登記

登記名義人の住所が移転しており、登記簿の表示と合致していないケースもしばしばあります。このように、甲区欄に記載されている所有者や権利者の表示を変更すべき事由が生じた場合、通常であれば所有者や権利者の申請によって変更登記が行われますが、なかには登記名義人の代わりに債権者が代位して行っている例も見受けられます。［資料4－17］はその一例です。

［資料４－17］代位による登記名義人表示変更登記の記載のある登記事項証明書

権　利　部（甲区）　（所有権に関する事項）			
順位番号	登　記　の　目　的	受付年月日・受付番号	権利者その他の事項
1	所有権移転	平成○年○月○日 第○○○号	原因　平成○年○月○日売買 所有者　○○郡○○町○○○番地 春山　行男
付記１号	１番登記名義人表示変更	令和○年○月○日 第○○○号	原因　平成○○年○月○日住所移転 住所　○○市○○町○丁目○番○号 代位者　○○県 代位原因　令和○年○月○日買収の所有権移転登記請求権
2	所有権移転	令和○年○月○日 第○○○号	原因　令和○年○月○日買収 所有者　○○県

なお、この場合の債権者とは、所有権移転の原因が自治体による道路用地の買収によることから、売買契約における買主のことを指しています。

改めて述べるまでもなく、買主は売主に対して所有権移転登記を請求する権利を有していますが、売主の登記簿上の住所が現在の住民票上の住所と異なっている場合、このままでは所有権移転登記を行うことはできません。まず、売主が登記簿上の住所を現状と合致させるために表示変更登記を行い、その後に権利変動を公示するための所有権移転登記が行われます。そして、売主が本来行っておくべき登記名義人表示変更登記を買主が代位して行うのが、本項で取り上げている代位による登記です（代位とは、文字どおり、ある者の地位に他の者が代わりにつくことを意味します）。

［資料４－17］は、○○県が令和○年○月○日に春山行男さんからその所有地の一部を道路用地として買収した際に、本来ならば同氏が事前に済ませておくべき登記名義人表示変更登記(住所移転に伴うもの)を、○○県が代位して行った例です。

「順位番号１番」の欄には、平成○年○月○日時点（春山行男さんが本件土地を取得した時点）での同氏の住所が「○○郡○○町○○○番地」として記載されています。しかし、その後の住所移転にもかかわらず、登記簿上の住所が従前のままとなっていたため、○○県が所有権移転登記を行うに先立ち、春山行男さんに代わって表示変更登記を行っています。

「順位番号１番」の「付記１号」の欄には、登記名義人表示変更登記の原因が住所移転であることが記載されているほか、代位によってこれが行われた原因が「令和○年○月○日買収の所有権移転登記請求権」と記載されている点に留意が必要です（○○県は、春山行男さんに対する所有権移転登記請求権を有していたからこそ、これに基づく代位登記を行うことができたわけです）。

10 買戻特約の登記

買戻特約付きの所有権移転登記は、地方自治体が工業用地をはじめ造成地を民間に分譲する際によく行われています。

［資料4－18］は、甲株式会社が乙市より工業用地を買戻特約付きで取得した際に行われた登記の一例です。

ここでは、「順位番号1番」の「付記1号」の欄に買戻特約の記載が行われている点に留意が必要です。なお、買戻特約の順位番号が2番でなく1番の「付記1号」となっているのは、これが独立した権利変動を示す登記でなく、あくまでも順位番号1番の登記に付記して行われているからです（この2つの登記はセットになっています）。

売主は、売買契約と同時に当該物件の買戻しを特約することにより、買主が支払った売買代金および契約のための費用を返還して売買契約を解除し、当該物件の所有権を取り戻すことが可能となります（民法579条）。これが買戻特約の趣旨です。そして、買戻特約を第三者に対抗するためには、やはり登記が必要となります。

［資料4－18］買戻特約の記載のある登記事項証明書

権　利　部　（甲区）　　（所有権に関する事項）			
順位番号	登　記　の　目　的	受付年月日・受付番号	権利者その他の事項
1	所有権移転	令和○年○月○日 第○○○号	原因　令和○年○月○日売買 所有者　○○市○○町○丁目○番○号 甲株式会社
付記1号	買戻特約	令和○年○月○日 第○○○号	原因　令和○年○月○日特約 売買代金　○億○○○○万円 契約費用　○○万円 期間　令和○年○月○日から10年間 買戻権者　○○市○○町○丁目○番○号 乙市

仮に第三者が、登記簿に買戻特約の記載がある不動産を取得したとしても、後日、権利者（買戻権者）からその権利を行使された場合は所有権を手放さざるを得ないことになります。そのため、登記事項証明書を読む側としては、将来の状況いかんによっては所有関係が元の状態に戻る可能性があることも視野に入れておく必要があります。

また、買戻しの期間は当事者が自由に定められるというわけではありません。すなわち、その期間は最高でも10年間とされており、仮にこれより長い期間を定めたとしても10年に短縮されます。それとともに、仮に期間を定めなかったときには、買戻権者が（買戻特約の付された日から）５年以内に買戻権を行使しなければ、当該権利は消滅することとされています（以上、民法580条）。これは、権利関係が長期間にわたり不安定な状態に置かれることを防ぐ趣旨です。

さらに、買戻しの登記は、所有権移転登記と同時でなければ受け付けられないこととされています。そのため、［資料４－18］の登記事項証明書でも、所有権移転登記と買戻特約の登記の受付日は同一の日付であり、受付番号や登記原因日もまったく同一となっています（令和○年○月○日、売買契約と同時に買戻特約が付されています）。

次に、「売買代金」と「契約費用」が記載されていますが、これは買戻特約の登記において必ず記載されるべき事項であり、将来、買戻権者が買い戻す際に当該売買代金と契約費用を現所有者に支払って契約関係を解消させる旨公示されています。

買戻期間については「令和○年○月○日から10年間」と記載されていますが、10年間という規定は（すでに述べたとおり）民法で許容される上限期間を意味しています。ケースによっては３年間とか、５年間という約定も見受けられ、一様ではありません。

最後に、買戻権者の住所氏名（本件の場合は法人のため、本店所在地と商号）が記載されています。

今まで述べてきたケースは、自治体より民間企業が新規の造成地を買い受けた場合をイメージしています。このようなケースで買戻特約が付される場合、買戻権が行使される理由としては、①企業が当該土地を取得したにもかかわらず、何年経過しても未利用のままとなっている、②行政が定めた地域の土地利用計画にそぐわない利用の仕方が行われている、等があげられることが多いといえます。

なお、買戻特約の登記が行われる理由は以上のケースに限られるわけではありません。

このほかにも、宅地の分譲開発に伴い、買主が３年以内に建物を建築して自ら居住しない場合には、事業者が物件を買戻すとか、一定期間内に処分（転売）を行った場合も同様とするといった形で利用されることもあります。

しかし、現実に買戻特約の付されている多くのケースは担保目的のものであると考えられます。すなわち、不動産を担保に借入れを行う際に買戻特約を付して（形式上は売買により）金銭の受け入れを行い、後日、債務者が債務を完済した場合には所有権を手元に戻すというものです。

以上のとおり、買戻特約の登記が付される事情にはさまざまなものがありますが、登記事項証明書の記載形式は［資料４－18］に掲げたものと共通しています。

11　滞納処分による差押えの登記

［資料４－19］は、地方税の滞納により○○市から所有者の不動産が差し押さえられ、その事実が登記事項証明書の権利部（甲区欄）に記載されている一例です。

差押えの登記が行われた場合、その後に所有者が当該不動産を第三者に売却したとしても、これを差押えた債権者（本件では○○市）には当該処分（売却）がなかったものとして公売を実施する法的な権利が認められることになります。そして、公売が行われた際には、すでに行われた第三者への処分はまったく無効なものと化してしまいます。

このように、差押えの効力には非常に大きなものがあります。そのため、余程のことでもない限り差押えの登記が付されている物件を購入する人などいないはずです。

さて、［資料４－19］では、「順位番号３番」の欄で所有権移転登記が行われており、甲株式会社が所有者となっています。

そして、順位番号３番の「付記１号」の欄では登記名義人の表示変更登記が行われていますが、ここで留意すべきは、これが所有者本人の申請によって行われているわけではなく、差押登記に伴い債権者である○○市が代位して行っているという

［資料4－19］滞納処分による差押えの記載のある登記事項証明書

権　利　部（甲区）　　（所有権に関する事項）			
順位番号	登　記　の　目　的	受付年月日・受付番号	権利者その他の事項
3	所有権移転	平成○○年○月○日 第○○○号	原因　平成○○年○月○日売買 所有者　○○市○○町○丁目○番○号 甲株式会社
付記1号	3番登記名義人表示変更	平成○○年○○月○○日 第○○○号	原因　平成○○年○○月○○日商号変更 平成○○年○○月○○日本店移転 本店商号　△△市△△町△丁目△番△号 乙株式会社 代位者　○○市 代位原因　令和○年○月○日市税の滞納処分にかかる差押登記
4	差押	令和○年○月○日 第○○○号	原因　令和○年○月○日差押 債権者　○○市

（注）順位番号1番から2番の欄には登記事項が記載されているが、本文の説明とは直接の関係はないため省略した。

点です。

すなわち、所有者の所在地と商号が所有権移転登記の後に変更されているにもかかわらず、登記上は従前のままとなっていたため、○○市が差押えの登記を行うに先立ち、所有者に代位して表示変更登記を行ったものです（これらの二つの欄を比較してみれば明らかですが、平成○○年○月○日時点では所有者の商号は甲株式会社であったところ、平成○○年○○月○○日には乙株式会社へと会社名が変更されています。また、所在地についても［資料4－19］に記載のとおりです）。

上記の登記名義人表示変更登記に続き、「順位番号4番」の欄で差押登記が行われています。ここでは、原因として「令和○年○月○日差押」と、債権者は「○○市」と記載され、差押えの事実を第三者に対抗するための手段が講じられています。

12　競売の経緯が記載されている登記

本項では、対象不動産が競売に付され、これが第三者に売却された経緯の記載されている登記事項証明書の一例を取り上げます。なお、一概に競売といっても、裁判所による強制執行にかかる強制競売と担保権の実行にかかる競売（不動産競売）

の二つがありますが、本項では現実の登記簿に多くみられる後者の例(不動産競売)を掲げることとします。

［資料4－20］は、土地の登記事項証明書（権利部甲区欄）です。

表題部の記載（所在、地番、地積等）は省略しますが、建物についてもこれと同じ内容の差押登記や競売による売却の記載が行われていることを前提に解説を進めます。

さて、［資料4－20］は、甲野太郎さんが平成〇〇年〇月〇〇日に土地を購入し、所有権移転登記を行ったところから始まっています。購入に当たり当該土地を担保にA銀行から融資を受けており、乙区欄（省略）には当初から抵当権設定登記が行われていました。

また、同氏は間もなく当該土地に住居を新築し、その建築資金も併せてA銀行から借入れを行っており、当然のことながら建物にも抵当権の設定が行われています。

融資を受けてからしばらくの間は、同氏の借入金返済は順調に進んでいましたが、その後、同氏の返済が滞る事態となりました。そのため、A銀行は甲野太郎さんに対し、同氏が当該土地を第三者に売却し、その代金のなかから融資金残高の回収を図るべく協議を行いましたが（いわゆる任意売却です)、同意が得られなかったため、担保権の実行による競売に至ったものです。

［資料4－20］競売の経緯が記載されている登記事項証明書

権　利　部　（甲区）　　　（所有権に関する事項）			
順位番号	登　記　の　目　的	受付年月日・受付番号	権利者その他の事項
1	所有権移転	平成〇〇年〇月〇〇日 第〇〇〇号	原因　平成〇〇年〇月〇〇日売買 所有者　〇〇市〇〇町〇丁目〇番〇号 甲野　太郎
2	差押	令和〇年〇月〇日 第〇〇〇号	原因　令和〇年〇月〇日〇〇地方裁判所 〇〇支部競売開始決定 申立人　〇〇市〇〇町〇丁目〇番〇号 株式会社A銀行
3	所有権移転	令和〇年〇月〇日 第〇〇〇号	原因　令和〇年〇月〇日競売による売却 所有者　〇〇市〇〇町〇丁目〇番〇号 B株式会社
4	2番差押登記抹消	令和〇年〇月〇日 第〇〇〇号	原因　令和〇年〇月〇日競売による売却

［資料４－20］の「順位番号２番」の「登記の目的」欄には「差押」と、また、その原因としては「令和○年○月○日○○地方裁判所○○支部競売開始決定」と記載されています。そして、「権利者その他の事項」欄の記載から、本件競売の手続がＡ銀行からの申立てによって行われ、これに伴い令和○年○月○日付で差押登記が行われた事実を読み取ることができます。

続いて、「順位番号３番」の欄では所有権移転登記が行われています。これは、「原因」欄および「権利者その他の事項」欄を見れば判明するとおり、後日、当該土地が競売の結果落札され、Ｂ株式会社が所有権を取得したためです。

以上のとおり、競売の記載が行われている登記事項証明書といっても、その読み方に格別難しいものはなく、その「原因」に注意を払いながら読んでいけば問題はないといえます。通常の場合と異なる点は、まず、差押えの登記が行われたうえで、競売による所有権移転登記が行われるということです。

なお、競売による売却が実施された場合には、当然のことながら差押登記が抹消され、権利関係も当初の単純なものに戻ることとなります。［資料４－20］でも、「順位番号４番」の欄に「２番差押登記抹消」と記載され、２番の記載事項のすべてに下線が引かれているのは、今まで述べてきた内容を意味します。

13　所有権移転にかかるその他の登記原因

一概に「所有権移転登記」といっても、登記事項証明書の権利部（甲区）欄に記載されている登記原因にはさまざまなものがあります。最も多いのは売買による所有権移転であり、相続がこれに続きます。そして、贈与や寄付、交換等の記載もしばしば見受けられます。

本項では、登記事項証明書に表われた所有権移転にかかる登記原因のうち、今までに掲げていなかったものを、例示的に紹介しておきます（筆者が実際の登記簿を調査して出会ったものです）。

一般の登記簿調査においては現時点（調査時点）での所有者の確認に多くの関心が向けられがちですが、過去どのような経緯に基づき対象不動産が取得されたかを知る必要が生じた場合には、登記原因の調査は欠かせないものとなります。

なお、登記原因は多岐にわたりますが、本項では詳細な解説は割愛します。

〈所有権移転にかかるその他の登記原因の例〉

- 物　納
- 財産分与
- 寄　付
- 農地法第74条の２譲与（旧農地法74条の２の規定により、道路、水路等の用地として国から市町村等に譲与された土地）
- 条件成就（停止条件付売買契約に基づく所有権移転仮登記が先に行われている場合）
- 共有物分割
- 持分放棄
- 交換分合（土地改良法に基づく事業で、分散している農地を区画、形状、地番の変動をすることなく、一定の広がりをもった区域で集団化することによって、広く使いやすい農地にまとめること）
- 譲渡担保
- 会社分割
- 合　併
- 現物出資
- 信　託
- 信託財産引継
- 工場財団所有権移転
- 時効取得
- 買戻（買戻特約に基づき実際に買戻しが実施された場合）
- 家督相続（この制度は、明治31年から昭和22年まで施行されていた旧民法の時代のもので、長男が全財産を相続するという制度です。現在は廃止されていますが、登記事項証明書を取得すると、過去の所有権取得の経緯がこのように記載されているものを見受けます）
- 自作農創設特別措置法第41条の規定により政府売渡（戦後、農地改革の一環として、国は、自作農創設特別措置法に基づき、小作地等の買収、小作人への売渡しを行いました。昭和27年に廃止されている法律ですが、登記事項証明書を取得すると、過去の所有権取得の経緯がこのように記載されているものを見受

けます）

- 遺留分減殺
- 収　用
- 都市計画法第40条第１項の規定による帰属（開発許可を受けた開発行為等によって設置された公共施設の帰属を意味します。従前の土地は開発許可を受けた者に帰属し、新たな公共施設の土地は国または地方公共団体に帰属します）
- 承　継
- 強制譲渡

第5章

登記事項証明書の権利部（乙区）欄の読み方

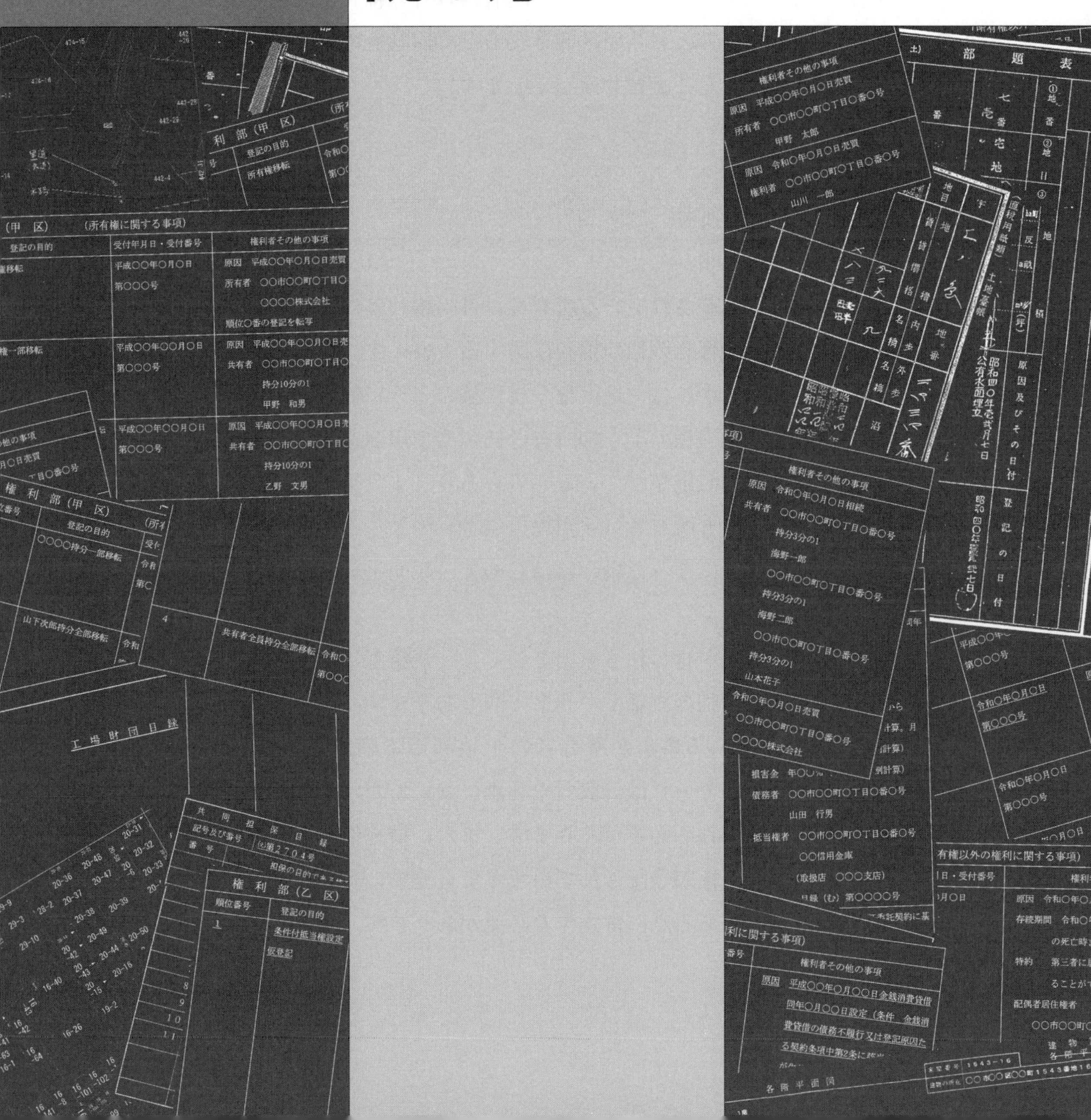

本章では、第４章に続き、登記事項証明書の権利部(乙区)欄の記載例をもとに、その読み方を具体的に取り上げていきます。

【基礎編】 権利部（乙区）欄の構成

1 権利部（乙区）欄の記載事項

登記事項証明書の権利部（乙区）欄は、所有権以外の権利に関する事項を記載する欄ですが、構成は以下のとおり甲区欄とまったく同じものとなっています（読み方の要領は甲区欄で述べたことと共通しています)。

① 順位番号

② 登記の目的

③ 受付年月日・受付番号

④ 権利者その他の事項

ちなみに、乙区欄に記載されている所有権以外の権利とは、たとえば、抵当権、根抵当権、地役権、賃借権その他の権利に関するものです。

所有権以外の権利のなかには、地役権や賃借権のように他人による土地利用を認めるものがある一方、抵当権のように所有者による使用収益には何らの影響を及ぼさず、将来の担保目的で設定されているものもあります（抵当権が設定されても不動産の利用権はあくまでも所有者（＝担保提供者）のところにとどまっている点に特徴があり、債務不履行になった場合にはじめて、競売手続により換金し配当が行われることとなります)。

また、抵当権抹消登記が行われる原因としては、債務者による返済の完了だけでなく、抵当権者による権利の放棄というケースもあります。

乙区欄に記載されている事項が所有者の土地利用に制約を与えるような権利(例：賃借権、地役権等)であれば、取引や評価においてだけでなく、融資にあたってもその影響を考慮に入れる必要があります。また、借地借家法の適用を受ける借地権の場合、土地の賃借権が登記されていなくても建物の登記があれば第三者に対しても借地権の対抗力がある点に留意する必要があります。

2　権利部（乙区）欄の読み方の基本――抵当権設定登記を例として

［資料５−１］は、土地に関する権利部（乙区）欄の記載事項の例です。ここでは、順位番号３番の欄に現在抵当権が設定されている事実を読み取ることができます。そして、順位番号２番の欄の記載から、順位番号１番の抵当権はすでに抹消されていることもわかります。

［資料５−１］　抵当権設定登記の記載のある登記事項証明書

権　利　部　（乙区）　　（所有権以外の権利に関する事項）			
順位番号	登　記　の　目　的	受付年月日・受付番号	権利者その他の事項
1	抵当権設定	平成○○年○月○日 第○○○号	原因　平成○○年○月○日金銭消費貸借同年○月○日設定 債権額　900万円 利息　月利○.○○％ 損害金　年○○％　年365日日割計算 債務者　○○市○○町○丁目○番○号 甲野　太郎 抵当権者　○○市○○町○丁目○番○号 株式会社○○○○銀行 （取扱店　○○○支店） 共同担保　目録（と）第○○○○号
2	１番抵当権抹消	令和○年○月○日 第○○○号	原因　令和○年○月○日弁済
3	抵当権設定	令和○年○月○日 第○○○号	原因　令和○年○月○日金銭消費貸借同年○月○日設定 債権額　1,100万円 利息　月利○.○○％ 損害金　年○○％　年365日日割計算 債務者　○○市○○町○丁目○番○号 甲野　太郎 抵当権者　○○市○○町○丁目○番○号 株式会社△△△銀行 （取扱店　△△支店） 共同担保　目録（り）第○○○○号

3 抵当権と根抵当権の違い

根抵当権の記載のある登記事項証明書の例は【実践編】で取り上げることとし、以下、抵当権と根抵当権の違いについて整理しておきます。

抵当権は、土地建物を担保として特定の事業資金を借り入れたり、住宅ローンを組んだりする場合のように、特定の債権を担保する目的で設定されます。そして、抵当権設定登記において、原因となる債権契約とその成立日が明確にされ、たとえば「令和○年○月○日金銭消費貸借令和○年○月○日設定」という記載がなされるのはそのためです。

また、抵当権の場合には、具体的な債権額の元本がはじめから確定している点に特徴があります。さらには、弁済等により担保不動産にかかる債権が消滅した場合には抵当権も消滅する（これを抵当権の「付従性」といいます）ため、その都度、抵当権抹消登記が行われます。

これに対して、根抵当権は一定の範囲に属する不特定の債権を極度額の範囲で担保するものです（民法398条の２）。このように「不特定の債権」と「極度額の範囲」という概念が根抵当権の特徴です。

（1）不特定の債権

根抵当権の場合、（抵当権とは異なり）具体的な債権の内容が確定していない場合であっても、担保の対象とすることができます。しかも、その債権は一つに限られず、多数にわたってもよいとされています。そのため、現実に根抵当権の対象となっている債権は複数にわたるのが通常です。

また、根抵当権の設定時に発生時期や金額が確定していない債権であっても担保できる点に大きな特徴がみられます（すなわち、債権額の元本が確定していない取引に対しても設定が可能であるということです）。

しかし、そうはいっても、あらゆる範囲の債権（根抵当権者と債務者との間に生ずるすべての債権）を担保できるというわけではなく、そこには一定の枠が設けられています（たとえば、銀行取引から生ずる債権とか、商品や製品の売買取引から生ずる債権のような継続的取引が対象となります）。このような枠に該当しない債権は、たとえ根抵当権者と債務者との間に生じたものであっても担保されません(登記事項証明書に記載のある「債権の範囲」とはこのことを表わしています)。

(２) 極度額の範囲

根抵当権がいくら不特定の債権を担保するとはいっても、そこには担保し得る金額の限度額が設けられます。これを極度額と呼んでいますが、ここで留意すべきは、この極度額のなかには確定した元本、利息および損害金のすべてが含まれているということです（民法398条の３第１項)。

民法398条の３（根抵当権の被担保債権の範囲）

１　根抵当権者は、確定した元本並びに利息その他の定期金及び債務の不履行によって生じた損害の賠償の全部について、極度額を限度として、その根抵当権を行使することができる。

（第２項省略）

次に、一般の抵当権の場合には、これを一度設定した後に後日追加融資が行われ、債権額が増加した場合には、その部分につき（物件を追加するなどして）改めて抵当権設定登記を行う必要があります。

しかし、根抵当権の場合、極度額の変更がない限り、このような手続を必要としない点に特徴があります。その理由は、対象となる債権額と極度額の範囲内においてすべての取引が担保されることによります。

【実践編】　権利部（乙区）欄のさまざまな登記

抵当権が一つ設定されている場合のオーソドックスな記載例を【基礎編】で取り上げましたので、以下、これ以外のさまざまな例を紹介します。

1　複数の抵当権の登記

［資料５－１］のように、現在効力のある抵当権が一つだけ設定されている登記事項証明書の読み方には、格別難しいものはありません。しかし、これが二つ、三つと設定されているときは、その事実のみならず、抵当権の優先順位や競売となった

場合の配当金という面を視野に入れた読み方が必要となります。とりあえず、煩雑さを避ける意味から、本項では二つの抵当権が設定されている登記事項証明書の例を取り上げます。

［資料５－２］は、建物の登記事項証明書（権利部（乙区）欄）ですが、「順位番号１番」の欄では○○信用金庫を抵当権者とする第一順位の抵当権（債権額1,000万円）と、「順位番号２番」の欄では○○保証株式会社を抵当権者とする第二順位の抵当権（債権額700万円）が設定されています。

このように、同じ不動産の上に複数の抵当権が競合する場合には、その順位はそれぞれの抵当権の登記の順序によるとされています（民法373条）。そして、各抵当権者はその順位に基づいて優先弁済を受けることとなります。このことを［資料５

［資料５－２］　複数の抵当権設定登記の記載のある登記事項証明書

権　利　部　（乙区）　　（所有権以外の権利に関する事項）			
順位番号	登　記　の　目　的	受付年月日・受付番号	権利者その他の事項
1	抵当権設定	令和○年○月○日 第○○○号	原因　令和○年○月○日金銭消費貸借同年○月○日設定 債権額　1,000万円 利息　年○.○○% 但し、令和○○年○月○日から年△.△△%（但し、月割計算。月未満の期間は年365日日割計算） 損害金　年○○%（年365日日割計算） 債務者　○○市○○町○丁目○番○号 山田　行男 抵当権者　○○市○○町○丁目○番○号 ○○信用金庫 （取扱店　○○○支店） 共同担保　目録（む）第○○○○号
2	抵当権設定	令和○年○月○日 第○○○号	原因　令和○年○月○日保証委託契約に基づく求償債権　同年○月○日設定 債権額　700万円 損害金　年△△%（年365日日割計算） 債務者　○○市○○町○丁目○番○号 山田　行男 抵当権者　○○市○○町○丁目○番○号 ○○保証株式会社 （取扱店　△△支店） 共同担保　目録（む）第○○○○号

−2］の記載内容に沿って考えてみます。

ここでは○○信用金庫の抵当権が第一順位で登記されていることから、将来、この建物が競売に付された場合には、その売却代金から○○信用金庫の債権額(1,000万円）が優先して配当されます。そして、その残額が第二順位の抵当権者である○○保証株式会社に配当される仕組みとなっています。

ここで、仮に競売による売却価額が双方の抵当権者の債権額合計（1,700万円）に近いものであれば、第二順位の抵当権者に配当される金額にもそれほど影響を及ぼすことはないといえます。しかし、現実に競売となった場合には、債権者が満足するだけの価格で処分できるケースはむしろ少ないのが実情です。そのため、抵当権の設定順位が後になればなるほど、債権額の回収は困難となるのが一般的です。

本件の場合、共同担保目録が存在することから、他の不動産も担保に入っていることが読み取れます。これらの不動産が競売により、仮に1,400万円で処分されたとすれば、第一順位の抵当権者は債権額1,000万円をそのまま回収することができます。しかし、第二順位の抵当権者の場合、400万円（＝1,400万円−1,000万円）を回収できるに過ぎません。あるいは、処分価格が1,000万円以下の場合には、第二順位の抵当権者にとっては回収そのものが不可能となります。

また、抵当権の個数が三つ以上となった場合も同じ考え方となります。すなわち、担保の目的とする不動産の売却価格から先順位の抵当権者の債権額を差し引いた残額が、後順位の抵当権者の回収可能額として順次配当されていくわけです。そのため、抵当権の数が多くなればなるほど後順位の抵当権者は回収困難なリスクが高まります。

さて、［資料５−２］では、「順位番号１番」の記載事項において、利息の欄が２段で表示されている点に留意が必要です。これは、融資を受けてから一定期間は利息が年○.○○％のまま据え置かれますが、一定期間経過後は年△.△△％を適用する旨の約定に基づいて登記が行われていることによります（いつから変更されるかに関しては、「順位番号１番」の欄に利息として「令和○○年○月○日から年△.△△％」と記載されていることから読み取ることができます）。

2　抵当権の順位変更の登記

一度、抵当権の設定登記が行われた後に、その順位の変更登記を行う場合があります。本項ではこのようなケースを取り上げます。

［資料5－3］は、土地の登記事項証明書（権利部（乙区）欄）の一部ですが、こ

［資料5－3］　抵当権の順位変更の記載のある登記事項証明書

権　利　部（乙区）　　（所有権以外の権利に関する事項）			
順位番号	登　記　の　目　的	受付年月日・受付番号	権利者その他の事項
3 5	抵当権設定	令和○年○月○日 第○○○号	原因　令和○年○月○日保証委託契約に基づく求償債権　同年○月○日設定 債権額　2,200万円 損害金　年○○％（年365日日割計算） 債務者　○○市○○町○丁目○番○号 山下　太郎 抵当権者　○○市○○町○丁目○番○号 ○○保証株式会社 （取扱店　○○○支店） 共同担保　目録（れ）第○○○○号
4 5	抵当権設定	令和○年○月○日 第○○○号	原因　令和○年○月○日金銭消費貸借同年○月○日設定 債権額　850万円 利息　年○.○○％ （但し、月割計算。月未満の期間は年365日の日割計算） 損害金　年△△％（年365日日割計算） 連帯債務者　○○市○○町○丁目○番○号 山下　太郎 ○○市○○町○丁目○番○号 山下　花子 抵当権者　○○市○○町○丁目○番○号 ○○信用金庫 （取扱店　△△支店） 共同担保　目録（れ）第○○○○号
5	3番、4番順位変更	令和○年○月○日 第○○○号	原因　令和○年○月○日合意 第1　4番抵当権 第2　3番抵当権

（注）　順位番号1番および2番の欄には登記事項が記載されているが、本文の説明とは直接の関係はないため省略した。

こには順位番号の欄に、通常の登記事項証明書では見慣れないカッコが付されています。ただし、以下の説明においては、先に、カッコ内の記載はないものとした場合の流れを把握し、その後で順位番号にカッコの付されている意味を考えてみることにします。

まず、順位番号３番の欄では、令和○年○月○日受付により、○○保証株式会社を抵当権者とする抵当権設定登記が行われています（原因は、令和○年○月○日保証委託契約による求償債権であり、これを担保するために抵当権を設定したことによります）。また、債権額は2,200万円、損害金は年○○％、債務者は山下太郎さんとなっています。そして、最終行には共同担保の表示もなされており、他にも同じ担保に供されている物件があることが読み取れます。

次に、順位番号４番の欄でも同様に抵当権設定登記が行われていますが、抵当権者は順位番号３番とは異なり○○信用金庫となっています。そして、登記の受付日は令和○年○月○日、登記原因は同日付けの金銭消費貸借で、これと同時に融資が行われ、抵当権が設定されたことを読み取ることができます。これによれば、債権額は850万円、利息が年○.○○％、損害金は年△△％と記載されています。さらに、４番抵当権の欄には連帯債務者として山下太郎さん、山下花子さんの氏名が記載されています。ここでも、最終行の記載から、他に共同担保に供されている物件があることが読み取れます。

以上、カッコ内の記載がないものとした場合の流れを説明しましたが、これにみられるとおり当初の優先順位は、３番抵当権、４番抵当権の順でした。しかし、後日、その順位が変更になり、その旨の表示がなされています。順位番号の欄に括弧の表示があるのはこのことを表わしています。

［資料５−３］では、順位番号３番および４番のすぐ下にカッコが付され、そのなかにそれぞれ「５」という数字が記載されています。その意味は、順位番号５番の「登記の目的」の欄を見れば、「３番、４番順位変更」と記載されていることからも明らかとなります。

そして、順位番号５番の「権利者その他の事項」欄には、「令和○年○月○日合意」と記載されています。これと併せて、順位変更後の抵当権の優劣を明らかにすべく、「第１　４番抵当権」、「第２　３番抵当権」という記載がなされていることに留意が必要です。

3 同順位での抵当権設定の登記

通常の場合、抵当権は「１番」、「２番」というような順序を付して設定されていますが、なかには同じ不動産の上に複数の抵当権が同順序で設定されているケース

［資料５－４］ 同順位の抵当権設定の記載のある登記事項証明書

権　利　部　（乙区）　　（所有権以外の権利に関する事項）			
順位番号	登　記　の　目　的	受付年月日・受付番号	権利者その他の事項
1（あ）	抵当権設定	令和○年○月○日(注1) 第○○○号(注2)	原因　令和○年○月○日保証委託契約による求償債権同年○月○日設定 債権額　1,500万円 損害金　年○○％　年365日日割計算 債務者　○○市○○町○丁目○番○号 佐藤　一夫 抵当権者　○○市○○町○丁目○番○号 ○○保証株式会社 （取扱店　○○○支店） 共同担保　目録（ろ）第○○○○号
1（い）	1番抵当権設定	令和○年○月○日(※) 第○○○号(※※)	原因　令和○年○月○日保証委託契約による求償債権同年○月○日設定 債権額　1,200万円 損害金　年○○％　年365日日割計算 債務者　○○市○○町○丁目○番○号 佐藤　咲子 抵当権者　△△市△△町△丁目△番△号 △△保証株式会社 （取扱店　△△△支店） 共同担保　目録（ろ）第○○○○号
2	抵当権設定	令和○年○月○日 第○○○号	原因　令和○年○月○日保証委託契約による求償債権同年○月○日設定 債権額　200万円 損害金　年○○％　年365日日割計算 債務者　○○市○○町○丁目○番○号 佐藤　一夫 抵当権者　○○市○○町○丁目○番○号 ○○保証株式会社 （取扱店　○○○支店） 共同担保　目録（ろ）第○○○○号

（注１） 受付年月日は（※）と同一。
（注２） 受付番号も（※※）と同一。

も見受けられます。このような場合、登記事項証明書の記載の仕方にはそれなりの特徴がみられます。

［資料５－４］は、建物の登記事項証明書（権利部（乙区）欄）の一部です。

ここでは順位番号１番の欄が２つ設けられており、「１番」の後に（あ)、（い）という符号も付されています（この２つは、受付年月日も受付番号もまったく同じものとなっています)。

これらの記載から、本件の場合、２つの抵当権設定が同順位で行われたことを読み取ることができます。

次に、［資料５－４］の３段目の順位番号は２番となっていることから、ここで行われている抵当権設定登記は後順位であることが明らかとなります。

さらに、「権利者その他の事項」欄の記載から、「順位番号１（あ)」の欄では債務者が佐藤一夫さん、「順位番号１（い)」の欄では佐藤咲子さん、そして「順位番号２番」の欄では佐藤一夫さんとなっていることから、夫婦が共有で所有する建物の上に、上記の順序で抵当権設定登記が行われていることも併せて読み取ることができます（本登記事項証明書の甲区欄（省略）には、佐藤一夫さん、佐藤咲子さんが各２分の１の割合で所有していることが記載されています)。このように複数の抵当権が同じ順位で設定されている場合には、配当可能な金額を債権額の比率で各抵当権者に配分が行われます。

4　抵当権設定仮登記

仮登記は所有権だけでなく、地上権、賃借権、地役権、抵当権（根抵当権も含みます）をはじめ、権利部（乙区）欄の対象となる一定の権利についても行うことが可能です。たとえば、抵当権に関しても、以下に掲げるとおり「抵当権設定仮登記」という名称を付した登記事項証明書を見かけることがあります。

［資料５－５］は、土地の登記事項証明書（権利部（乙区）欄）の一部です。

ここでは、抵当権設定の本登記ではなく、仮登記という形で○○信用金庫が権利者となっています。その原因は、令和○年○月○日に山田三郎さんとの間に金銭消費貸借契約が行われ、同日付で抵当権が設定されたことにあります。その他に、債権額が2,000万円、利息が年○.○○％で、損害金は年○○％であることが記載され

［資料５－５］　抵当権設定仮登記の記載のある登記事項証明書

権　利　部　（乙区）　　（所有権以外の権利に関する事項）			
順位番号	登　記　の　目　的	受付年月日・受付番号	権利者その他の事項
1	抵当権設定仮登記	令和○年○月○日 第○○○号	原因　令和○年○月○日金銭消費貸借同年○月○日設定 債権額　2,000万円 利息　年○.○○% 損害金　年○○%（年365日日割計算） 債務者　○○市○○町○丁目○番○号 山田　三郎 抵当権者　○○市○○町○丁目○番○号 ○○信用金庫 （取扱店　○○○支店） 共同担保　目録（れ）第○○○○号

ています。このように抵当権設定仮登記が行われている場合、どのような点に留意すべきでしょうか。

まず、仮登記が本登記に変更された場合、仮登記の順位番号が本登記の順位番号とみなされ、これをもっておのおのの抵当権の優先順位が確定します。仮登記のままでは、まだ自分の権利を第三者に対して主張することはできませんが、仮登記を行っておくことにより将来の本登記の順位を保全する効力があることはすでに述べたとおりです。このことは抵当権についてもそのまま当てはまります。

すなわち、ある特定の不動産に（仮登記の状態も含めて）複数の抵当権設定登記が行われている場合、仮登記の後に行われた（別の抵当権者の）本登記は、本登記の受付順序という点では先順位となるものの、将来、（すでに付されている）仮登記が本登記に変更された際には優先順位が逆転する結果をもたらすこととなります。このような事態が到来すれば、将来抵当権が実行された際の配当額に大きな影響を及ぼすことは必至です。ただし、本件の場合、乙区欄には○○信用金庫を権利者とする仮登記以外には何も記載されていないため、今のところ順位が逆転する懸念はありません。

以上述べてきた内容は、仮登記全般に関する留意点です。

次に、仮登記といえども、よほどのことがない限り、これが付されたままの状態で土地や建物を買い取る人はいないはずですが、仮に［資料５－５］のような権利関係のままで山田三郎さんがこの土地を他人に売却してしまった場合、どのような事態が生ずるでしょうか。

このような物件を買い受けた人が所有権移転登記を行ったとしても、その後で、抵当権設定の仮登記が本登記に移行された場合、買主は抵当権付きの土地を取得したという結果を招くことになります（［資料５−６］参照）。

［資料５−６］　仮登記が本登記に移行された場合の新たな関係

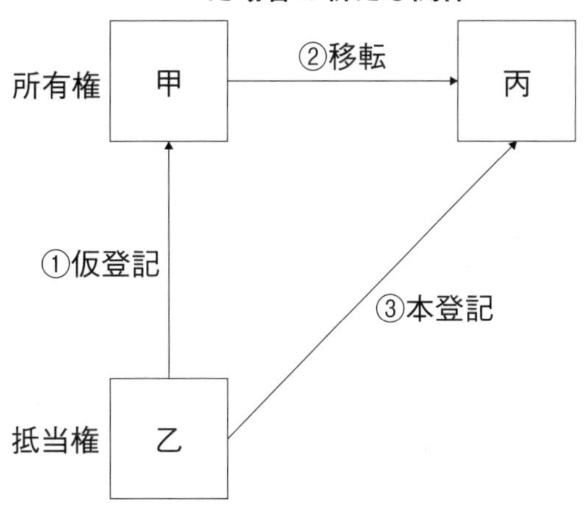

（注）　甲および丙は所有者、乙は抵当権者を示し、①、②、③は登記の順序を示す。

抵当権設定登記に関しては、融資の実行と同時に直接本登記を行っている例が多く、［資料５−５］のように仮登記を経由している例は、登記事項証明書においてもそれほど見受けられるものではありません。それだけに注意が必要です。

5　条件付抵当権設定仮登記とその抹消

条件付所有権移転仮登記と同じように、条件付抵当権設定仮登記という登記の方法もあります。しかし、条件付抵当権設定仮登記の付された登記事項証明書を見かけることは、それほど頻繁にはないと思われます。本項では、このような内容の記載された登記事項証明書の例を取り上げます。

［資料５−７］は、条件付抵当権設定仮登記の付された土地の登記事項証明書（権利部（乙区）欄）の一部です。

ここでは、順位番号１番の「登記の目的」欄に「条件付抵当権設定仮登記」と記載され、「権利者その他の事項」欄には「平成○○年○月○○日金銭消費貸借同年

［資料5－7］　条件付抵当権設定仮登記の記載のある登記事項証明書

権　利　部（乙区）　（所有権以外の権利に関する事項）			
順位番号	登　記　の　目　的	受付年月日・受付番号	権利者その他の事項
1	条件付抵当権設定 仮登記	平成〇〇年〇月〇〇日 第〇〇〇号	原因　平成〇〇年〇月〇〇日金銭消費貸借同年〇月〇〇日設定（条件　金銭消費貸借の債務不履行又は登記原因たる契約条項中第２条に該当する事由が生じたとき） 債権額　2,000万円 利息　年〇.〇〇％ 債務者　〇〇市〇〇町〇丁目〇番〇号 丙野　次郎 権利者　〇〇市〇〇町〇丁目〇番〇号 株式会社〇〇銀行 （取扱店　〇〇〇支店） 共同担保　目録（そ）第〇〇〇〇号
2	１番仮登記抹消	令和〇年〇月〇日 第〇〇〇号	原因　令和〇年〇月〇日解除

〇月〇〇日設定（条件　金銭消費貸借の債務不履行又は登記原因たる契約条項中第２条に該当する理由が生じたとき)」と記載されています。

上記内容から読み取れることは、本件の場合、金銭消費貸借が行われたからといって、直ちに抵当権設定登記が行われたわけではないということです。すなわち、「権利者その他の事項」欄の「原因」にも記載されているとおり、債務者が債務を履行しない場合（たとえば、借入金を返済する意思がないとか、現実に返済が不可能となった場合等）や、借入れの際に締結した契約に抵触する事由が発生した場合に、はじめて抵当権設定登記を行うこととしている点です。そして、その権利保全のために仮登記が行われたという経緯があります。

このような登記は、第三者を融資対象とする金銭消費貸借契約では一般的に見受けられるものではありません。金銭消費貸借契約が締結され、融資の実行に伴って抵当権が設定された場合、速やかにその旨の登記が行われるのが通常です。本件の場合、上記のような登記が行われている背景には、従業員のための福利厚生の一環としての社内融資がなされたという事実があります。

次に、「権利者その他の事項」欄には担保の概要も記載されていますが、その読み方についてはすでに述べてきたとおりです。

6　条件付抵当権設定仮登記から本登記への移行

前項では、条件付抵当権設定仮登記が行われながらも、後日これが約定に基づき解除され、仮登記が抹消された例を扱いました。本項では、仮登記が本登記に移行され、競売に至った経緯が記載されている登記事項証明書の例を取り上げます。

［資料５－８］は、土地の登記事項証明書（権利部（乙区）欄）の一部です。

順位番号１番の欄に記載されている仮登記の概要は以下のとおりです。

なお、本件では、令和○年○月○日付の金銭消費貸借契約に伴う条件付の抵当権

［資料５－８］　条件付抵当権設定仮登記から本登記に移行された記載のある登記事項証明書

権　利　部　（乙区）　　（所有権以外の権利に関する事項）			
順位番号	登　記　の　目　的	受付年月日・受付番号	権利者その他の事項
1	条件付抵当権設定仮登記	令和○年○月○日 第○○○号	原因　令和○年○月○日金銭消費貸借令和○年○月○日設定（条件　令和○年○月○日金銭消費貸借の債務不履行または登記原因たる契約条項中第２条に該当する事由が生じたとき） 債権額　2,500万円 利息　年○.○○％ 債務者　○○市○○町○丁目○番○号 西野　太郎 権利者　○○市○○町○丁目○番○号 株式会社○○銀行 （取扱店　○○○支店） 共同担保　目録（や）第○○○○号
	抵当権設定	令和○年○月○日 第○○○号	原因　令和○年○月○日金銭消費貸借令和○年○月○日条件成就による設定 債権額　2,500万円 利息　年○.○○％ 債務者　○○市○○町○丁目○番○号 西野　太郎 抵当権者　○○市○○町○丁目○番○号 株式会社○○銀行 （取扱店　○○○支店） 共同担保　目録（や）第○○○○号
2	１番抵当権本登記及び仮登記抹消	令和○年○月○日 第○○○号	原因　令和△年△月△日競売による売却

設定仮登記が行われており、債権額（借入金額）は2,500万円、利息は年○.○○％で、債務者が丙野太郎さん、権利者は○○銀行となっています（この段階ではまだ抵当権は本登記に至っていないため、「抵当権者」という記載ではなく、「権利者」という表示となっています）。また、共同担保目録が掲げられていることから、この土地の他にも同じ担保に供されている物件があることがわかります（目録の記載は省略しますが、共同担保の対象とされているのは同じ土地上にある建物です）。

本ケースに関して問題となるのは、同じ順位番号の条件付抵当権設定仮登記のすぐ下の欄に抵当権設定の本登記が行われている点です。

仮登記の原因が、その条件として「令和○年○月○日金銭消費貸借の債務不履行または登記原因たる契約条項中第２条に該当する事由が生じたとき」とされているのに対し、本登記の原因は「令和○年○月○日金銭消費貸借令和○年○月○日条件成就による設定」となっている点が異なっています。

続いて、順位番号２番の欄には、登記の目的として「１番抵当権本登記及び仮登記抹消」と記載され、「権利者その他の事項」欄に原因として「令和△年△月△日競売による売却」と記載されていることから、本物件が競売に付され、処分が行われた事実を読み取ることができます。

ちなみに、競売が行われ、物件が落札されれば、それまでの債権債務の関係はすべて解消されることから、順位番号２番の欄に記載のとおり抹消登記が行われ、順位番号１番の記載事項のすべてに下線が付されることになります。

本項では権利部（甲区）欄の記載は省略しますが、このようにして競売が行われた際には、当然のことながら甲区欄にもその旨が記載されます。したがって、これらの関係は次のようにセットとしてとらえることができます（説明に必要な個所のみ掲げます）。

○甲区の記載

「所有権移転　令和△年△月△日競売による売却　所有者（住所・氏名）」

「○番差押登記抹消　令和△年△月△日競売による売却」

○関連する乙区の記載

「１番抵当権本登記及び仮登記抹消　令和△年△月△日競売による売却」

7　共有持分への抵当権の設定の登記

抵当権は、ある人が単独で所有している物件だけでなく、共有持分に対しても設定されることがあります。本項ではこのようなケースについて取り上げます。

［資料５−９］は、土地の登記事項証明書・権利部（乙区）欄の一部ですが、担保の対象物件は私道です（表題部に記載されている地目は「公衆用道路」となっていますが、ここでは割愛しました）。私道の場合、複数の所有者が共同で所有するといった形態が多く、本件もそのひとつです。

［資料５−９］　共有持分に抵当権設定の記載のある登記事項証明書

権　利　部　（乙区）　（所有権以外の権利に関する事項）			
順位番号	登　記　の　目　的	受付年月日・受付番号	権利者その他の事項
1		（記載省略）	
2	丙野照男持分抵当権設定	令和○年○月○日 第○○○号	原因　令和○年○月○日金銭消費貸借同年○月○○日設定 債権額　500万円 利息　年○％ 債務者　○○市○○町○丁目○番○号 丙野　照男 抵当権者　○○市○○町○丁目○番○号 株式会社○○銀行 （取扱店　○○○支店） 共同担保　目録（ち）第○○○○号
3	春山太郎持分抵当権設定	令和○年○月○日 第○○○号	原因　令和○年○月○日保証委託契約による求償債権同年○月○日設定 債権額　300万円 損害金　年○○％　年365日日割計算 債務者　○○市○○町○丁目○番○号 春山　太郎 抵当権者　○○市○○町○丁目○番○号 ○○保証株式会社 （取扱店　○○○支店） 共同担保　目録（つ）第○○○○号
		（記載省略）	
7	３番抵当権抹消	令和○年○月○日 第○○○号	原因　令和○年○月○日解除
8	２番抵当権抹消	令和○年○月○日 第○○○号	原因　令和○年○月○日弁済

また、一概に私道といっても、公衆用道路として使用されている場合の担保価値はゼロに近いのですが、融資の際に、建物およびその敷地とセットになり私道の共有持分にも抵当権が設定されている例をよく見受けます。なお、［資料５−９］は、（権利部（甲区）欄は省略しますが、ここに記載されている）８名の共有者から構成されている土地（私道）の（乙区）欄のなかから２名分を抜粋したものです。

まず、順位番号２番の欄では、丙野照男さんの持分（(甲区）欄（省略）によれば20456分の3380）に対して抵当権設定登記が行われています。その原因は令和○年○月○日付金銭消費貸借で、抵当権の設定は同年○月○○日です。

また、「権利者その他の事項」欄には、債権額500万円、利息年○％で、債務者は丙野照男さん、抵当権者は○○銀行であることが記載されています。そして、末尾に共同担保目録も記載されていることから、担保設定の際には本件単独ではなく、他の物件と一括して提供されていることも読み取ることができます。

次に、順位番号３番の欄では、春山太郎さんの持分（(甲区）欄（省略）によれば20456分の2997）に対しても抵当権設定登記が行われています。その原因は、令和○年○月○日付保証委託契約による求償債権で、抵当権の設定は同年○月○日に行われています。また、「権利者その他の事項」欄には、債権額は300万円、損害金は年○○％（年365日日割計算）で、債務者は春山太郎さん、抵当権者は○○保証株式会社と記載されています。さらには、丙野照男さんの場合と同じく、春山太郎さんの持分についても他の物件と共同の担保に供されていることがわかります。

共有持分に対して抵当権が設定されている場合の読み方は以上のとおりですが、本件では乙区欄の７番、８番の欄で仮登記の抹消が行われていることから、これについて補足を行っておきます。

順位番号７番の欄では３番抵当権（債務者は春山太郎さん）の抹消が、順位番号８番の欄では２番抵当権（債務者は丙野照男さん）の抹消が行われています。そのため、この２名の持分に関しては抵当権実行の可能性が解消されています。

次に、抹消の原因に関しては、３番抵当権の場合は「令和○年○月○日解除」と、２番抵当権の場合は「令和○年○月○日弁済」となっており、相違がみられます。後者の場合には融資の返済が完了したことによる抹消であることを容易に読み取ることができます。しかし、前者の場合には、抵当権に関する契約が解除されたことに伴う抹消であることはわかるものの、具体的な理由に関しては登記事項証明書の記載だけからは読み取ることはできません。

8 抵当権の記載事項の変更の登記

一度抵当権の設定登記が行われた後に、その記載事項が一部変更されることがあります。

所有権に関するものとしては登記名義人表示変更登記がありますが、抵当権の変更登記もこれと類似したものがあります。ただし、登記名義人表示変更登記の場合には、所有者の住所が移転したとか、氏名（会社の場合は商号）が変更になった場合を対象としているのに対し、抵当権の変更登記の場合には、債務者の住所が移転した等のケースの他に、契約条件の変更に関するものも含まれる点に相違がみられます。

［資料5－10］は、土地の登記事項証明書（権利部（乙区）欄）の一部ですが、その記載内容から、抵当権の設定後に債務者（会社）の本店所在地が変更になったり、当初予定された弁済期が延長されたため、その旨の変更登記が行われた経緯を読み取ることができます。

また、「権利者その他の事項」欄に関しても、今まで掲げてきた登記事項証明書の記載にはみられなかった内容が含まれています。

まず、「順位番号1番」の欄では、○○○○株式会社を債務者とする抵当権設定登記が行われています。平成○年○月○日に金銭消費貸借契約が行われ、同日に抵当権が設定されたことに伴うものですが、その概要は「権利者その他の事項」欄に記載のとおりです。

［資料5－10］に特徴的な点は、弁済期（平成○○年○月○○日）の次の行に、「但し、平成○年○月○日金銭消費貸借および抵当権設定契約証書第22条の事由が生じたときは期限の利益を喪失する」と記載されている点です。ここで、契約証書第22条の内容はこの記載だけからは把握できませんが、「期限の利益を喪失する」（平易に表現すれば、決められた期限を待たずに全額を返済しなければならない事態に陥るという趣旨です）との内容から判断し、債務者に契約違反等があった場合の取り決めを行っていると推測することは可能です。

次に、利息および利息支払期の記載についてですが、本件の場合、利息支払期の約定が今まで掲げてきたケースとは異なっています。しかし、その読み方についてには特段説明を加えるまでもないと思われます。

また、本件では、元本利息の支払場所についても特定がなされています。そして、損害金は年○○%、債務者は○○○○株式会社、抵当権者は△△△△株式会社で、共同担保に供されていることも記載されています。

［資料5－10］　抵当権の記載事項の変更が行われている登記事項証明書

権　利　部　（乙区）　（所有権以外の権利に関する事項）			
順位番号	登　記　の　目　的	受付年月日・受付番号	権利者その他の事項
1	抵当権設定	平成○年○月○日 第○○○号	原因　平成○年○月○日金銭消費貸借同年同日設定 債権額　2億5,000万円 弁済期　平成○○年○月○○日 但し、平成○年○月○日付金銭消費貸借および抵当権設定契約証書第22条の事由が生じたときは期限の利益を喪失する 利息　年○.○○% 利息支払期　毎年4月、10月の年2回各15日に、6ケ月分一括後払い 但し、第1回の利息は年365日の日割計算とする 元本利息の支払場所　○○市○○町○丁目○番○号　○○○銀行株式会社 損害金　年○○%　年365日日割計算 債務者　○○市○○町○丁目○番○号 ○○○○株式会社 抵当権者　○○市○○町○丁目○番○号 △△△△株式会社 共同担保　目録（も）第○○○○号
付記1号	1番抵当権変更	平成○○年○月○日 第○○○号	原因　平成○○年○月○日本店移転 債務者の本店　○○市○○町○丁目○番○号
付記2号	1番抵当権変更	平成○○年○月○日 第○○○号	原因　平成○○年○月○○日変更 弁済期　平成○○年○月○○日 但し、平成○年○月○日付金銭消費貸借および抵当権設定契約証書第22条の事由が生じたときは期限の利益を喪失する
2	1番抵当権抹消	平成○○年○月○○日 第○○○号	原因　平成○○年○月○○日弁済

ここで、本件で問題とする抵当権の変更登記に関する個所ですが、同じ「順位番号１番」の欄に「付記１号」として「１番抵当権変更」の記載が行われていることに注目する必要があります。ちなみに、「権利者その他の事項」欄の原因は「平成○○年○月○日本店移転」で、これに続き移転先として「債務者の本店　○○市○○町○丁目○番○号」という記載が行われています。

続いて、この下の欄にも「付記２号」として「１番抵当権変更」という記載がありますが、このような登記が行われた理由は、当初の弁済期（平成○○年○月○○日）が延長され、平成○○年○月○○日まで変更されたことによります（期限の利益に関する記載に関しては変更ありません）。そして、「権利者その他の事項」欄の原因としては、当初の弁済期が到来した平成○○年○月○○日をもって変更の事実が生じた旨が記載されています。

以上のようにして抵当権変更登記が行われたわけですが、次の「順位番号２番」の欄では「１番抵当権抹消」と記載され、その原因は「平成○○年○月○○日弁済」とされています。この記載によるだけでは、一度弁済期の延長が行われているにもかかわらず、○○○○株式会社がなぜ延長後の弁済期を待たずに全額弁済をなし得たのかにつき、詳しい事情を読み取ることはできません。

9　共同担保目録

土地や建物の登記事項証明書のなかに「共同担保目録」という記載をよく見かけますが（土地建物を担保に住宅購入資金や事業資金等の借入れをすることが多いからです）、日常業務では登記事項証明書を取得する際に、その都度、共同担保目録まで取り揃えることは少ないのではないでしょうか。本項ではその様式面を中心に取り上げます。［資料５－11］はその一例です。

ここでは、まず、「記号及び番号」の欄に、「（え）第2704号」と記載されていますが、これが共同担保目録の番号を示します。

次に、「番号」の欄ですが、ここには共同担保に入っている土地や建物を記載した順序が連番で示されています（本件の場合は11件あります）。

続いて、「担保の目的である権利の表示」欄には、土地については所在および地番のみが、建物については所在、地番および家屋番号のみが記載されており、地積

［資料５－11］　共同担保目録

共　同　担　保　目　録			
記号及び番号	㋜第2704号	調製	平成○○年○月○○日
番　号	担保の目的である権利の表示	順位番号	予　備
1	○○市大字○○　3441番３の土地	8	平成15年３月19日受付第2089号抹消
2	○○市大字○○　3446番８の土地	8	平成15年３月19日受付第2089号抹消
3	○○市大字○○　3446番13の土地	8	平成15年３月19日受付第2089号抹消
4	○○市大字○○　3446番16の土地	8	平成15年３月19日受付第2089号抹消
5	○○市大字○○　3447番４の土地	6	平成15年３月19日受付第2089号抹消
6	○○市大字○○　3447番10の土地	8	平成15年３月19日受付第2089号抹消
7	○○市大字○○　3447番11の土地	8	平成15年３月19日受付第2089号抹消
8	○○市大字○○　3448番４の土地	6	平成15年３月19日受付第2089号抹消
9	○○市大字○○　3448番12の土地	8	平成15年３月19日受付第2089号抹消
10	○○市大字○○　3448番14の土地	8	平成15年３月19日受付第2089号抹消
11	○○市○○○　2434番地、2435番地１、2435番地２　家屋番号　2434番の建物	2	平成15年３月19日受付第2089号抹消
	余白	余白	昭和63年法務省令第37号附則第３条の規定により移記 平成14年９月26日
	余白	余白	平成15年３月19日全部抹消

や床面積等は一切表示されていません。そのため、ここに記載されている土地建物の概要を把握するためには、改めて公図や登記事項証明書を調査する必要があります。

「担保の目的である権利の表示」欄のすぐ右には、「順位番号」という欄が設けられていますが、これは、「番号」欄に「１番」、「２番」……と記載されている土地建物の登記事項証明書の権利部（乙区）欄に表示されている順位番号と対応しています。この順位番号が早いか遅いかは、各々の土地や建物の乙区欄の登記事項が多いか少ないかと関係があります。すなわち、新築建物のように、抵当権が付されて間もない物件については「順位番号１番」という表示がなされます。一方、抵当権の設定や抹消が繰り返された経緯のある土地や建物の場合には、その分だけ順位番号も遅くなるといえます。たとえば、［資料５－11］の場合は、土地について順位番号が「８番」のものと「６番」のものがあり、建物については「２番」という順位番号が付されているのは、上記事情を反映しているものといえます。

最後に、一番右には「予備」という欄が設けられていますが、後から担保が追加されたり変更された場合、あるいは抹消された場合に、その旨を記載することになっています。本件の場合、「平成15年3月19日受付第2089号抹消」と記載されており、最下段には「平成15年3月19日全部抹消」と記載されています。

10 根抵当権設定後における極度額の変更の登記

一度、根抵当権が設定された後に、その内容の一部が変更されることがあります。本項で取り扱う極度額の変更もその一例です。

［資料5－12］は、土地の登記事項証明書（権利部（乙区）欄）ですが、根抵当権の設定後に極度額が変更され、その旨の登記も行われたケースです（併せて、債務者の住所も変更され、新しいものに書き換えられています）。

これによれば、まず、「順位番号1番」の欄に、債務者を夏目行男さん、根抵当権者を○○信用金庫とする根抵当権が設定されています。その際の極度額は1,000万円（すなわち、利息や損害金を含めてこの金額以内であれば、繰り返し担保の設

［資料5－12］ 根抵当権設定後に極度額の変更が行われている登記事項証明書の例

権　利　部　（乙区）　（所有権以外の権利に関する事項）			
順位番号	登　記　の　目　的	受付年月日・受付番号	権利者その他の事項
1	根抵当権設定	令和○年○月○日 第○○○号	原因　令和○年○月○日設定 極度額　金1,000万円 債権の範囲　信用金庫取引　手形債権 小切手債権 債務者　○○市○○町○丁目○○○番 夏目　行男 根抵当権者　○○市○○町○丁目○番○号 ○○信用金庫 （取扱店　○○支店） 共同担保　目録（ね）第○○○○号 原因　令和○年○月○日住居表示実施 債務者の住所　○○市○○町○丁目○番○号 極度額　金1,500万円
付記1号	1番根抵当権変更	令和○年○月○日 第○○○号	
付記2号	1番根抵当権変更	令和○年○月○日 第○○○号	

定を行うことが可能となります）で、担保する債権の範囲は信用金庫取引、手形債権および小切手債権にかかるものであると読み取ることができます）。

ここで留意すべきは、同じ「順位番号１番」の「付記２号」の欄で、極度額が1,500万円に変更されている点です（「付記１号」の欄では、住居表示の実施に伴って債務者の住所を変更する旨の登記が行われていますが、このような事項も根抵当権変更登記の対象として扱われています）。

以上のことから、債務者である夏目行男さんが根抵当権者○○信用金庫に対して設定している担保の極度額は500万円だけ増加していることを読み取ることができます（通常、極度額の変更登記は、追加融資を受けた場合や継続的取引にかかる債務がその分だけ増加した場合に行われるからです）。

ただし、極度額が500万円増加しているとはいっても、実際に融資を受けた金額を登記事項証明書の記載内容から読み取ることはできません。また、実際の融資額がこれより低くても、債務額は利息や損害金の計算も含めれば極度額に近い金額となることも考えられます。

11　根抵当権の移転および債権の範囲の変更の登記

一度、根抵当権が設定された後に、その権利が譲渡されて第三者に移転したり、根抵当権の担保する債権の範囲が変更（主に拡大）されて、その旨の変更登記が行われるケースもあります。

［資料５－13］は、土地の登記事項証明書（権利部（乙区）欄）ですが、一度根抵当権が設定された後に、根抵当権者である○○○○株式会社から△△△△株式会社に営業譲渡が行われ、根抵当権も併せて譲渡（移転）されています。それとともに、債権の範囲も変更（拡大）され、その旨が登記されています。ここで営業譲渡とは、その名のごとく事業の全部または一部を他社に譲渡することを意味しますが、会社の有形資産のほか、顧客や組織、人員までをも含んだ包括的な概念です。本項では、この２つを中心に扱います。

なお、具体例の解説に入る前に、根抵当権移転の登記と根抵当権変更（特に債権の範囲の変更）の登記について概要を述べておきます。

まず、根抵当権移転の登記についてですが、根抵当権は、元本の確定する前であ

［資料５－13］　根抵当権の移転・債権の範囲の変更が行われている登記事項証明書の例

権　利　部（乙区）　（所有権以外の権利に関する事項）			
順位番号	登　記　の　目　的	受付年月日・受付番号	権利者その他の事項
		（記載省略）	
3	根抵当権設定	令和○年○月○日 第○○○号	原因　令和○年○月○日設定 極度額　金6,000万円 債権の範囲　商品売買取引　手形債権 小切手債権 債務者　○○市○○町○丁目○○○番 甲野　春男 根抵当権者　○○市○○町○丁目○番○号 ○○○○株式会社 （取扱店　○○支店） 共同担保　目録（ま）第○○○○号
付記１号	３番根抵当権移転	令和○年○月○日 第○○○号	原因　令和○年○月○日譲渡 根抵当権者　○○市○○町○丁目○番○号 △△△△株式会社
付記２号	３番根抵当権変更	令和○年○月○日 第○○○号	原因　令和○年○月○日変更 債権の範囲　商品売買取引　手形債権 小切手債権 令和○年○月○日営業譲渡（譲渡人○○○○株式会社）にかかる債権
4	３番根抵当権抹消	令和○年○月○日 第○○○号	原因　令和○年○月○日解除

（注）　順位番号１番および２番の欄には登記事項が記載されているが、本文の説明とは直接の関係はないため省略した。

れば、設定者（通常は債務者）の承諾を得て、第三者に譲渡（売却）することができるとされています（民法398条の12第１項）。

元本という用語は、実際の借入金額とか投資金額という意味で用いられます。根抵当権が設定されていて通常に取引が行われている限り、極度額の範囲内で不特定の債権が担保されるため、わざわざ元本を確定する必要は生じません。しかし、継続的な取引が終了したり、精算を行って根抵当権を解除する場合には、元本の確定が必要となります。

この場合、根抵当権そのものが債権とは独立した形で処分されることとなり、一般的な抵当権の性格（債権に付随して移転する）とは大きく異なる特徴とされています。

根抵当権が他人に譲渡された場合、譲渡した人が有する債権は従来の根抵当権によって担保されなくなるのは当然ですが、ここで留意すべきは、根抵当権を譲り受けた人が有する債権が､その根抵当権によって担保されることとなるという点です。

根抵当権の移転にも２つの種類があり、その全部を譲渡する場合と、これを２個に分割してその一方を譲渡する場合とが考えられます（前者を全部譲渡、後者を分割譲渡と呼びます)。特に、分割譲渡の場合、従来から存した根抵当権と分割後に譲渡された根抵当権とが同じ順位で扱われるところに特徴があります。

次に、債権の範囲の変更に関してですが、根抵当権は、元本の確定する前であれば担保する範囲（および債務者）の変更が可能です（民法398条の４第１項)。たとえば、当初、登記簿に記載した特定の債権の担保を廃止し、他の債権に変更することも可能です。また、従来の債権はそのままとし、新しく別の債権を追加することもできます。ただし、変更を行った場合でも、元本が確定する前にその旨の登記を行わなければ、変更があったとはみなされない点に留意が必要です（同条３項)。

以上述べた事項を予備知識として、これから具体例の説明に入ります。

［資料５－13］では、(順位番号１番、２番の記載は省略しますが)、順位番号３番の欄に、根抵当権設定の記載が行われ、極度額は6,000万円、債権の範囲は商品売買取引、手形債権および小切手債権とされています。また、債務者は甲野春男さんです（根抵当権者は○○○○株式会社)。

続いて､「順位番号３番」の「付記１号」の欄には「３番根抵当権移転」と記載され、その原因として「令和○年○月○日譲渡」と記載されています。また、「権利者その他の事項」欄の記載から、根抵当権者が△△△△株式会社へと変更され、その旨の登記も行われていることが読み取れます。ここで、根抵当権移転の原因は単に「譲渡」と記載されていますが、これは（先ほど述べた）全部譲渡を指して用いられています。

なお、全部譲渡の場合と分割譲渡の場合とでは、登記事項証明書の記載に次のような相違がみられるため、これにより本件が全部譲渡に該当するといえます。

	登記の目的	原　因
全部譲渡の場合	○番根抵当権移転	令和○年○月○日譲渡
分割譲渡の場合	○番根抵当権分割譲渡	令和○年○月○日分割譲渡

このほか、分割譲渡の場合には、分割譲渡後の根抵当権が担保する極度額と、分割前の根抵当権が担保する極度額とが２本立てで記載されますが、詳細は割愛させていただきます。

さらに、「順位番号３番」の「付記２号」の欄には「３番根抵当権変更」と記載され、原因として「債権の範囲　商品売買取引　手形債権　小切手債権　令和○年○月○日営業譲渡（譲渡人○○○○株式会社）にかかる債権」と記載されています。この記載からも読み取れるとおり、当初設定した債権の範囲に加えて、営業譲渡に伴って引き継いだ債権も担保の対象に組み込まれています。

最後に、「順位番号４番」の欄には「３番根抵当権抹消」の記載があります。これにより、すでに設定された根抵当権が抹消され（原因は「解除」）、その旨の登記も行われています。

12　通行地役権設定の登記

通行地役権については第10章（p. 252参照）でも簡単に述べますが、本項ではこれが設定されている場合の登記事項証明書の一例を紹介しておきます。

地役権とは、ある土地の便益（＝利用価値の増進）のために他人の土地を利用する権利です。なかでも、Ａ地の所有者がＢ地を通行するとか、電力会社が他人の土地上に送電線を架設するために設定することが多いといえます。そして、地役権の設定により便益が向上する土地を要役地（上記例のＡ地）、利用の制限される土地を承役地（上記例のＢ地）と呼んでいます。

地役権の意義を簡潔に表現すれば以上のとおりですが、現実にはその形態はさまざまであり、ケースによっては承役地から要役地まで引水したり（用水地役権）、承役地には要役地の眺望や日照を妨げる建造物を建てないという条件で地役権を設定しているもの（眺望・日照地役権）もあります。

本項では、オーソドックスな例として通行地役権が登記されている登記事項証明書を掲げます。

［資料５－14］は、通行地役権が契約により設定されており、その内容が登記されている場合の登記事項証明書（権利部（乙区）欄）の一例です。ここで、要役地は21番13、承役地は21番15です。

［資料５－14］　地役権設定の記載のある登記事項証明書

要役地（21番13）の権利部（乙区欄）

権　利　部　（乙区）	（所有権以外の権利に関する事項）		
順位番号	登　記　の　目　的	受付年月日・受付番号	権利者その他の事項
1	要役地地役権	（注）	承役地　○○市○○町○丁目21番15 目的　　通行 範囲　　全部 令和○年○月○日登記

（注）　要役地の場合、ここは空白です。

承役地（21番15）の権利部（乙区欄）

権　利　部　（乙区）	（所有権以外の権利に関する事項）		
順位番号	登　記　の　目　的	受付年月日・受付番号	権利者その他の事項
1	地役権設定	令和○年○月○日 第○○○号	原因　令和○年○月○日設定 目的　通行 範囲　全部 要役地　○○市○○町○丁目21番13

また、［資料５－15］はこれに対応する個所の公図写し（抜粋）です。

本ケースでは、21番13の土地所有者と21番15の土地所有者（21番15と21番12の所有者は同一人）とが話し合って通行に関する合意をし、契約書を取り交わして通行地役権を設定したものです。その結果が［資料５－14］の登記事項証明書に反映されています。

なお、地役権の設定対象となる承役地は21番15の全部であり、このように一筆の全部が対象となる場合には地役権図面は作成されない仕組みとなっています（公図

［資料５－15］　公図写し

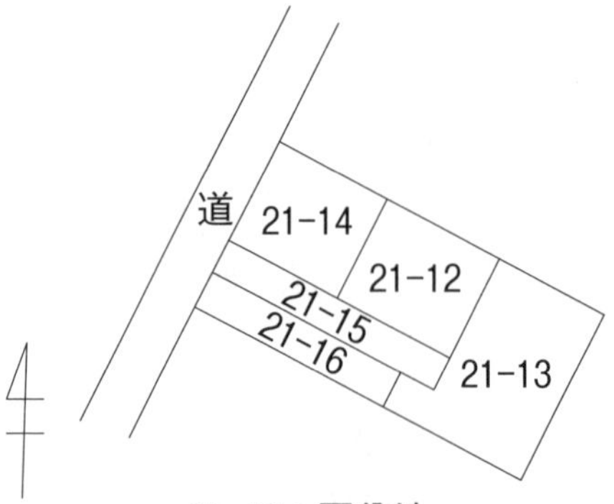

21-13：要役地
21-15：承役地

によりその範囲が特定できるためです)。ちなみに、第10章で紹介する地役権図面は、一筆の一部に地役権が設定されているため作成されたものです。

13　事業用定期借地権の登記

平成4（1992）年8月、借地借家法により創設された定期借地権は、普通借地権とは異なり借地契約の更新がなく、当初定められた契約期間が満了すれば、地主が正当事由を有するか否かにかかわりなく借地関係が終了するものです。このような定期借地権には三つの種類がありますが、これらの概要を要約したものが［資料5－16］です。

［資料5－16］　定期借地権の種類

種　類	一般定期借地権(注1)	事業用定期借地権	建物譲渡特約付借地権
根拠条文	借地借家法22条	借地借家法23条	借地借家法24条
借地期間	50年以上	10年以上50年未満	30年以上
利用目的	限定なし	事業用（居住用には利用できない）	限定なし
手　続	更新等の排除の特約を公正証書等の書面(注2)で行う必要がある。	公正証書(注3)により借地権設定契約を行う必要がある。	契約後30年以上経過した時点で土地所有者が建物を買い取ることをあらかじめ約束しておく必要がある。
活用例	戸建住宅の敷地 マンションの敷地	ファミリーレストラン等の外食店、量販店から工場、倉庫等の敷地に至るまで幅広く利用されている。	事例はきわめて少ない。
備　考	借地期間満了に伴い借主は建物を取り壊して土地を返還する必要がある。	借地期間満了に伴い借主は建物を取り壊して土地を返還する必要がある。	契約後30年以上経過し、土地所有者が建物を買い取った時点で借地権が消滅する。

（注1）　条文（第22条）には単に「定期借地権」と規定されているが、他の種類の定期借地権と区別する意味で上記のとおり表示した。

（注2）　一般定期借地権の場合、契約書の作成は公正証書で行うことが望ましいが、必ずしも公正証書によらなければならないとは規定されていない（普通の書面でも有効）。そのため、条文では「公正証書等の書面」という表現がされている。

（注3）　一般定期借地権に対し、事業用定期借地権の場合は必ず公正証書によらなければならない（すなわち、公正証書でなければその効力を生じない）とされている。

ここでは、事業用定期借地権の登記が行われている登記事項証明書の例を［資料5－17］に掲げておきます。

［資料5－17］　事業用定期借地権が設定された土地の登記事項証明書

権　利　部　（乙区）　　（所有権以外の権利に関する事項）			
順位番号	登　記　の　目　的	受付年月日・受付番号	権利者その他の事項
1	賃借権設定	令和○年○月○日 第○○○号	原因　令和○年○月○日設定 目的　借地借家法第23条第２項の建物所有 借賃　１ケ月金○○万円 支払期　毎月末日 存続期間　令和○年○月○日から令和○○年○月○日まで(注) 賃借権者　○○市○○町○丁目○○番 ○○○株式会社

（注）　本ケースの場合、20年となっている。

第6章

区分建物の登記事項証明書の読み方

本章では区分建物(いわゆるマンション)の登記事項証明書の特徴を述べた後に、具体例をもとにその読み方を解説します。区分建物の登記事項証明書には一般の土地や建物の登記事項証明書には登場しない項目がありますので、これらの項目を中心に解説を加えることとします。

なお、最初に「区分所有建物」と「区分建物」の用語の使い分けについて説明したうえで、本文に入っていきます。

マンションのような一棟の建物を二つ以上の独立した部分に分けた建物のことを「区分所有建物」といいます。

区分所有建物とは、被災区分所有建物の再建等に関する特別措置法（被災マンション法）2条によれば、「建物の区分所有等に関する法律（昭和37年法律第69号。以下、「区分所有法」という）第2条第3項に規定する専有部分が属する一棟の建物」と定義されています。そして、専有部分とは「区分所有権の目的たる建物の部分」（区分所有法2条3項）を指すことから、専有部分を含む一棟の建物全体が「区分所有建物」ということになります。

これに対して、区分建物は、不動産登記法2条22号で「一棟の建物の構造上区分された部分で独立して住居、店舗、事務所又は倉庫その他建物としての用途に供することができるものであって、区分所有法第2条第3項に規定する専有部分であるものをいう」とされています。

【基礎編】 区分建物の登記事項証明書の特徴

通常の建物の場合には、一棟全体を一人が単独で所有するのか、あるいは複数の人が共有持分という形態で所有するのかという相違はあるものの、建物全体が一個の所有権の対象としてとらえられています。したがって、登記簿の構成や記載も、それほど複雑になるというケースは少ないといえます。

これに対し、区分所有建物の場合は一棟の建物のなかが構造上区分されたいくつもの部分から構成され、しかも、それぞれの部分の所有者が異なっているのが一般的です。このため、物件の特定にあたっては、○○市○○町○丁目○○番地という場所にある一棟の建物のうち、何階のどこの部分に所在する物件であるのかを明らかにしなければなりません。

これに対応して、区分建物の登記簿には一棟全体の建物の表示の後に、区分された各部屋の表示や、これらに関する権利関係の記載が(所有権は権利部の甲区欄に、所有権以外の権利は権利部の乙区欄に）行われます。それだけでなく、(後掲のとおり）敷地の利用権を登記した場合にはその内容も建物登記簿に併せて記載する仕組みとなっています。

このように、区分建物の登記簿は通常の建物と比べて複雑となっているため、これを読むためには区分建物の登記簿に特有な個所を十分理解しておく必要があります。

1　区分建物とは

先ほど述べたとおり、マンションをはじめ、一棟の建物に構造上区分された数個の部分があり、これが独立して住居、店舗、事務所等の用途に供される場合には、それぞれの部分を一個の建物とみなし、所有権の対象として扱うことができます。これが区分建物の特徴です（区分所有法２条１項によります)。

このように、それぞれ独立して所有権の対象とされる部分（通常は、各部屋がこれに該当します）が専有部分となります（これに対して、玄関ホール、階段部分等をはじめ、独立した所有権の対象とならない部分は「共用部分」と呼ばれます。なお、「専有部分」という用語は区分建物の登記簿に登場しますが、「共用部分」という用語は登場しないことに留意が必要です)。

2　敷地利用権と敷地権

1敷地利用権

専有部分を所有するための建物の敷地に関する権利のことを敷地利用権と呼んでいます（区分建物であっても、土地上に建物が存在するためには、区分所有者は土地の所有権または借地権を有しなければならないからです)。

そして、その権利の所有割合のことを、①敷地利用権が所有権の場合は「共有持分」、②敷地利用権が借地権の場合は「準共有持分」と呼んで区別しています。

ここで留意すべきことは、敷地利用権という権利が、所有権や借地権とは別扱いのものとして新たに設けられているわけではないという点です。

さらに、敷地利用権が数人で有する所有権その他の権利である場合には、区分所有者は原則として、専有部分と敷地利用権とを分離して処分することができないとされています（区分所有法22条１項。ただし、規約で例外を定めた場合は別です）。

規約は「管理規約」とも呼ばれ、マンション等の管理組合が共同で維持管理を行う際の規範となるものです。区分所有法では必ずしも規約の作成を義務付けているわけではありませんが、良好な維持管理を行うためには必要不可欠なものといえます。

❷敷地権

敷地利用権のうち、登記の行われたものを敷地権と呼んでいます（登記簿における敷地権の記載事項として、敷地権の目的となる土地の表示や敷地権の内容（所有権、賃借権等の種類や持分割合等）があげられます）。

❸登記簿上の取扱い

敷地権の場合、上記のごとく区分建物の登記簿にも目的たる土地の表示が行われますが、登記されていない敷地利用権の場合には、区分建物の登記簿に土地の表示は行われません。このため、後者のケースにおいて土地の共有持分を把握するためには、建物の所在地に対応する土地の登記簿を改めて調査しなければ用が足りません。

❹区分建物の登記簿の構成

上記の特徴を踏まえたうえで、区分建物の登記簿の特徴を、敷地権の記載が行われている場合と行われていない場合とに分けて図示すれば［資料６－１］のとおりです。

このように、区分建物の登記簿の構成は通常の建物と比べて複雑になっています。

特に、敷地利用権について登記が行われた場合（すなわち敷地権として扱われている場合）には、土地に権利変動が生じたとしてもその事実が土地の登記簿に反映されず、すべてが建物の登記簿に集約されてしまう点に留意が必要です。

このような仕組みを念頭に置くことなく、区分建物の取引や評価、さらには融資等を行うことはできません。また、区分建物の場合、土地は共有となっていることが通常であるため、共有持分の割合に関する表示の欄を確認しておく必要があります。

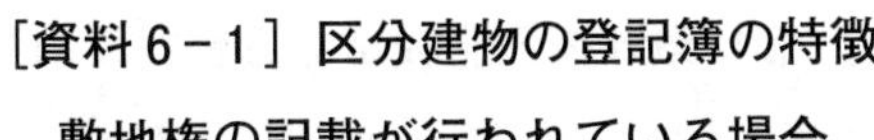

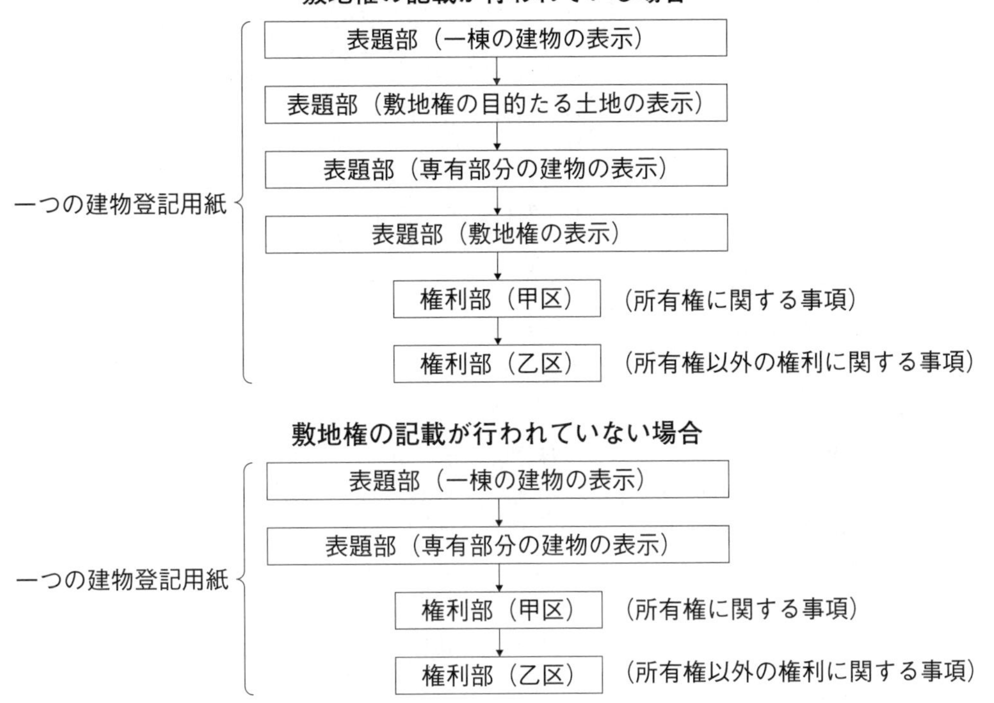

【実践編】　区分建物の登記事項証明書の読み方

以下、敷地権の登記のある場合とない場合とに分けて、それぞれ具体例をもとに読み方を解説します。

1　敷地権の登記がある場合

［資料６－２］は、居住用の区分建物（マンション）の登記事項証明書（敷地権の記載あり）の一例です。

このような登記簿（登記事項証明書）は、一般の建物の場合と比較して記載事項も多く、その分だけ煩雑なものとなっています。

❶表題部（一棟の建物の表示）

ここでは、最初に「専有部分の家屋番号」の欄が設けられており、「35－1」か

［資料６－２］敷地権の記載がある登記事項証明書

専有部分の家屋番号	35－1　～　35－14　35－101　～　35－110　35－201　～　35－214 35－301　35－401　～　35－409　35－501　～　35－511　35－601 ～　35－611　35－701　～　35－711　35－801　～　35－811 35－901　～　35－911　35－1001　～　35－1011　35－1101　～ 35－1111　35－1201　～　35－1211　35－1301　～　35－1311 35－1401　～　35－1411　35－1501　～　35－1511　35－1601　～ 35－1611　35－1701　～　35－1711　35－1801　～　35－1811 35－1901　～　35－1911　35－2001　～　35－2011　35－2101　～ 35－2111　35－2201　～　35－2211　35－2301　～　35－2311 35－2401　～　35－2411　35－2501　～　35－2511　35－2601　～ 35－2611　35－2701　～　35－2711　35－2801　～　35－2811 35－2901　～　35－2911　35－3001　～　35－3011　35－3101　～ 35－3107

表題部（一棟の建物の表示）	調製	余 白	所在図番号	余 白
所在	○○市○○区○○○○○丁目　35番地		余 白	
建物の名称	○○○○○○		余 白	

①　構　　造	②　床　面　積　㎡			原因及びその日付〔登記の日付〕
鉄筋コンクリート・鉄骨鉄筋コンクリート・鉄骨造陸屋根地下１階付31階建	１階	6347	24	〔平成22年10月１日〕
	２階	5809	11	
	３階	5488	60	
	４階	4045	49	
	５階	1809	76	
	６階	1832	90	
	７階	1511	29	
	８階	1366	87	
	９階	1366	87	
	10階	896	63	
	11階	896	63	
	12階	896	63	
	13階	896	63	
	14階	896	63	
	15階	896	63	
	16階	896	63	
	17階	896	63	
	18階	896	63	
	19階	896	63	
	20階	896	63	
	21階	896	63	
	22階	896	63	
	23階	896	63	
	24階	896	63	
	25階	896	63	
	26階	896	63	
	27階	896	63	
	28階	896	63	
	29階	894	51	
	30階	894	51	
	31階	694	41	
	地下１階	2453	34	

表題部（敷地権の目的である土地の表示）					
①土地の符号	②所在及び地番	③地　目	④　地　積　㎡		登　記　の　日　付
1	○○市○○区○○○○○丁目35番	宅地	8101	73	平成22年10月１日

表　題　部（専有部分の建物の表示）			不動産番号	
家屋番号	○○○○○丁目　35番の○○○○		余 白	
建物の名称	○○○○		余 白	
①　種　類	②　構　造	③　床　面　積　㎡	原因及びその日付〔登記の日付〕	
居宅	鉄筋コンクリート造1階建	23階部分　72｜56	平成22年9月30日新築 〔平成22年10月1日〕	

表題部（敷地権の表示）			
①土地の符号	②敷地権の種類	③敷地権の割合	原因及びその日付〔登記の日付〕
1	所有権	1000000分の1811	平成22年9月30日敷地権 〔平成22年10月1日〕

権　利　部　（甲区）　（所有権に関する事項）			
順位番号	登　記　の　目　的	受付年月日・受付番号	権利者その他の事項
1	所有権保存	平成22年10月1日 第48577号	所有者○○市○区○町○丁目50番地1 ○○○○○○
2	所有権移転	平成22年10月29日 第53276号	原因　平成○○年○○月○○日売買 所有者　○○市○○区○○○○四丁目33番1号 ○○○○株式会社
3	所有権移転	平成23年3月3日 第10764号	原因　平成○○年○月○日売買 所有者　○○市○○区○○○○○丁目○○番○○―○○○○号 ○○○○
付記1号	3番登記名義人住所変更	平成24年6月4日 第31434号	原因　平成○○年○月○○日住所移転 住所　○○市○○区○○町○○番○○号

権　利　部　（乙区）　（所有権以外の権利に関する事項）			
順位番号	登　記　の　目　的	受付年月日・受付番号	権利者その他の事項
1	抵当権設定	平成23年3月3日 第10765号	原因　平成○○年○月○○日保証委託契約による求償債権平成○○年○月○日設定 債権額　金○，○○○万円 損害金　年14％（年365日日割計算） 債務者　○○市○○区○○○○○丁目○○番○○―○○○○号 ○　○　○　○ 抵当権者　東京都○区○○○○丁目○番○○号 ○○○○信用保証株式会社 共同担保　目録(れ)第○○○○号
2	1番抵当権抹消	平成24年6月4日 第31435号	原因　平成24年5月25日解除

(注)　下線のあるものは抹消事項であることを示す（以下同）。

ら「35－3107」までの表示が行われています。これは、一棟の建物のなかにある各専有部分に付された家屋番号が何番から何番までであるかを表わすものです。

そして、「35」の「-」の後に記載されている数字が専有部分を特定するために付された番号ということになります。たとえば、「35－101」であれば、１階にある「101号室」を、「35－1201」であれば、12階にある「1201号室」という具合です。

以下、所在欄にはこの建物の敷地となっている地番までが記載され、建物の名称欄には「○○○○○○」というマンション名が記載されています。なお、「建物の名称」という欄は「一棟の建物の表示」と「専有部分の建物の表示」の２か所に設けられていますが、「一棟の建物の表示」の欄にはマンション名（ビルの場合はビル名）が記載されます。

構造、床面積、原因及びその日付［登記の日付］の記載については一般の建物と同じです。

❷表題部（敷地権の目的である土地の表示）

ここでは、「土地の符号」欄に「１」という数字のみが記載され、敷地権の目的となっている土地の「所在及び地番」、「地目」、「地積」、「登記の日付」が記載されています。

［資料６－２］の場合、敷地権の目的となっている土地は１筆のみであることから、「土地の符号」欄にはこのような記載が行われていますが、これが複数筆の場合は「土地の符号」欄に「２、３……」と記載され、それぞれの筆について「所在及び地番」等の記載が行われることになっています。

❸表題部（専有部分の建物の表示）

ここでは、まず、専有部分の家屋番号が「○○○○○丁目　35番の○○○○」と記載されています。

次に、「建物の名称」欄には「○○○○」と記載されています。なお、「○○○○」は部屋番号であり、本件の場合は2310号室です。

従来の登記簿では、ここが「建物の番号」という表示となっていましたが、現在は「建物の名称」という表示に変更されています（部屋番号が記載されていても、それが「建物の名称」という欄に表示されている点に留意が必要です）。

さらに、その下の欄には種類（居宅）、構造（鉄筋コンクリート造１階建）、床面積（23階部分、72.56m²）、原因及びその日付［登記の日付］が記載されています。

ここで疑問に感ずることは、登記事項証明書に記載されている本件専有部分が23階にあるにもかかわらず、なぜ「鉄筋コンクリート造1階建」と表示されているのかという点です。その理由は、この部分が上下の階とは独立した形で（すなわち単独で）所有権の対象とされており、その意味で23階にありながらも「1階建」と表示されていることにあります。

これに対して、メゾネット形式のマンションのように、建物の内部が2階建となっており（内部に階段等があります）、両方の階をセットにして一つの所有権の対象としてとらえている場合には、専有部分の構造欄には「2階建」と表示されることになります。メゾネット形式とは、一棟の建物内にありながら、上下2階を合わせて一戸の建物（専有部分）とみなすものです。

❹表題部（敷地権の表示）

「土地の符号」欄には「1」という数字のみが記載されていますが、この番号は、先ほど「敷地権の目的である土地の表示」の欄に掲げた土地の符号「1」に対応するものです。これが複数筆の場合は「土地の符号」欄に「2、3……」と記載されることはすでに述べたとおりです。

次に、「敷地権の種類」の欄には「所有権」と記載されています。仮に、敷地権が賃借権である場合は、「敷地権の種類」の欄には「賃借権」と記載されます。

続いて、「敷地権の割合」が記載されています（本件の場合、「1000000分の1811」です）。

なお、原因及びその日付［登記の日付］の欄には、対象マンションの敷地に敷地権が設定され、その旨の登記が行われた事実が記載されています。

❺権利部（甲区欄）

順位番号1番の記載から、当該マンションの新築時に所有権保存登記が行われ、その後間もなく○○○○株式会社に対し売買による所有権移転登記が行われ、さらに○○○○さんが○○○○株式会社から区分建物を購入のうえ、所有権移転登記が行われた事実を読み取ることができます（○○○○さんは、その後に住所移転も行っています）。

❻権利部（乙区欄）

順位番号1番の欄では、本物件に対して抵当権設定登記が行われ、続く2番の欄ではその抹消登記が行われています。これに関しては、本章で特段の追加説明は要しないことと思います。

2 敷地権の登記がない場合

［資料６－３］は、事務所使用（ワンルーム形式）の区分建物で敷地権の記載のない登記事項証明書の一例です。

実際には、このように敷地権として取り扱われていない、単なる敷地利用権に基づいた区分建物も多く存在します。ここに記載されている各項目の読み方は、［資料６－２］の場合と何ら変わるものはありません。

以下、全体の概要を示した後に、敷地権の記載が行われている場合との相違点を取り上げます。

まず、この登記事項証明書に記載されている専有部分は、全体の専有部分（家屋番号「317－7－1」から「317－7－44」）のうち、「317－7－1」であることを読み取ることができます。

そして、一棟の建物の所在、構造、床面積は、表題部に記載のとおりです。なお、ここでは、［資料６－２］に掲げた登記事項証明書とは異なり、「建物の名称」の欄が存在しない点に留意が必要です。

また、専有部分の表題部の記載から、家屋番号以外の記載事項として、建物の名称（101号室）、種類（事務所）、構造（鉄骨鉄筋コンクリート造１階建）、床面積（１階部分、12.03㎡）に続き、原因及びその日付［登記の日付］を読み取ることができます。

次に、権利部（甲区）欄の記載から、本件が新築時に所有権保存登記がなされてから相当の期間が経過した後に、所有者から○○○○さんに死因贈与を登記原因とする始期付所有権移転仮登記が行われたこと（順位番号２番）、そして、それが錯誤を原因として後日抹消された（順位番号５番）事実を読み取ることができます。始期付所有権移転仮登記とは、条件付の仮登記であり、被相続人が生存中は不動産の所有権はその者にありますが、被相続人が死亡した場合、所有権が相続人に移る登記のことです。遺贈の場合、始期付所有権移転仮登記はできませんが、死因贈与の場合は行うことができます。

さらに、順位番号４番の記載のとおり、信託による所有権移転登記（順位番号３

［資料６－３］敷地権の記載がない登記事項証明書

専有部分の家屋番号	317－7－1　～　317－7－44			
表題部（一棟の建物の表示）		調製	平成８年６月20日	所在図番号　余白
所在	○区○○○丁目　317番地７			余白
①　構　造	②　床　面　積　㎡			原因及びその日付〔登記の日付〕
鉄骨鉄筋コンクリート造陸屋根 13階建	１階　108:09 ２階　208:34 ３階　208:34 ４階　208:34 ５階　200:19 ６階　200:19 ７階　200:19 ８階　200:19 ９階　200:19 10階　200:19 11階　200:19 12階　165:94 13階　103:48			②昭和49年12月30日増築
余白	余白			昭和63年法務省令第37号附則第２条第２項の規定により移記 平成８年６月20日

表　題　部（専有部分の建物の表示）				不動産番号　○○○○○○○○○○○○○○
家屋番号	○○○丁目　317番７の１			余白
建物の名称	101			余白
①　種　類	②　構　造	③　床　面　積　㎡		原因及びその日付〔登記の日付〕
事務所	鉄骨鉄筋コンクリート造１階建	１階部分	12:03	昭和49年５月23日新築
余白	余白	余白		昭和63年法務省令第37号附則第２条第２項の規定により移記 平成８年６月20日

表　題　部（附属建物の表示）					
符号	①種類	②　構　造	③　床　面　積　㎡		原因及びその日付〔登記の日付〕
1	倉庫	鉄骨鉄筋コンクリート造１階建	１階部分	20:68	昭和49年12月30日新築

権　利　部　(甲区)　　(所有権に関する事項)			
順位番号	登　記　の　目　的	受付年月日・受付番号	権利者その他の事項
1	所有権保存	昭和49年6月19日 第10809号	所有者　○○市○○区○○○○町○○番地 ○○○ 順位1番の登記を移記
2	始期付所有権移転仮登記	平成5年2月23日 第3449号	原因　平成○年○月○○日贈与（始期　○○○死亡） 権利者　○○市○○区○○○○町○○番地 ○○○○ 順位6番の登記を移記
	余白抹消	余白抹消	余白抹消
3	所有権移転	平成5年2月23日 第3451号	原因　平成○年○月○○日信託 受託者　○○市○○区○○○○町○○番地 ○○○○ 順位7番の登記を移記
	信託	余　白	信託原簿第15号 順位7番の登記を移記
4	3番登記抹消	平成7年12月5日 第24583号	原因　錯誤 順位8番の登記を移記
5	2番仮登記抹消	平成7年12月5日 第24584号	原因　錯誤 順位9番の登記を移記
6	所有権移転	平成7年12月5日 第24586号	原因　平成○年○月○○日相続 所有者　○○市○○区○○○○町○○番地 ○○○○ 順位10番の登記を移記
	余　白	余　白	昭和63年法務省令第37号附則第2条第2項の規定により移記 平成8年6月20日
7	所有権移転	平成20年1月25日 第1642号	原因　平成○年○月○○日相続 所有者　○○市○○区○○○○町○○番地 ○○○○

番）についても抹消されています。

なお、［資料6－3］の登記事項証明書には乙区欄が存在しません（抵当権等の所有権以外の権利は設定されていないためです）。

以上のとおり、敷地権の記載の行われていない場合には、これが行われている場合と比べ、記載事項もその分だけ少ないものとなっています。しかし、これとは裏腹に、［資料6－3］の登記事項証明書だけでは敷地利用権の目的となっている土地の概要を把握することができません（建物と土地とがセットになっていないためです）。

そのため、これを把握しようとすれば、別途、一棟の建物の所在に対応する土地の所在地番の登記事項証明書を取得し、確認を行うことが必要となります。

本項では、土地の登記事項証明書の掲載は省略しますが、敷地権の記載のない場合、その敷地となっている土地の権利部（甲区）欄には、区分建物を取得した人が敷地利用権を得るために敷地の持分を譲り受けた事実が記載されているのが通常です。

3 敷地権の記載がある登記事項証明書の留意点

区分建物の調査に際しては、上記のとおり、その建物の敷地が敷地権という扱いを受けているかどうかを十分に確認する必要があります（その如何により、調査の方法にも違いが生じてきます）。

また、建物の登記簿のなかに敷地権の記載が行われている場合には、土地の登記簿はさしたる意味をなさなくなっている（＝事実上、閉鎖状態に近い）点にも留意が必要です。その理由は、敷地権の記載が行われた場合、土地と建物は一体化されたものとみなされ、権利変動の状況は建物の登記簿にのみ反映されることとなるからです。

なお、建物の登記簿に敷地権の記載が行われた場合、その敷地に相当する土地の登記簿には「所有権敷地権」または「賃借権敷地権」等の記載が行われ、それ以降、土地の登記簿は事実上休眠状態と化すことになります。

以上のことから、敷地権の記載が行われている登記簿は、一般の登記簿と比べて大きな特徴を有しているといえます。

第7章

特殊な登記事項証明書

本章では、土地賃借権等が登記されているなど、日常取得する登記事項証明書ではめったに見かけない記載例を紹介していきます。

1 土地賃借権の登記

借地借家法（旧法も含みます）の条文上は、「建物の所有を目的とする地上権又は土地の賃借権」（2条1号）を借地権と定義しており、借地権の対象となる権利として地上権が土地の賃借権よりも先に掲げられています。しかし、実際に地上権が設定されている例は稀であり、ほとんどの借地契約は賃借権によるものです（すなわち、地上権設定契約ではなく土地賃貸借契約という形態をとるものが圧倒的に多いということです）。

さらに、土地賃貸借契約に基づき建物所有を目的とする土地賃借権が設定されていても、それが登記まで至っているケースは稀です。その理由は、賃借権は債権であるため賃貸人に登記の協力義務はないこと、賃貸人が登記に協力することにより自己の土地に他人の賃借権が付着していることを知られるのを嫌がる人が多いこと等によるものです。

このため、借地借家法は、「借地権は、その登記がなくても、土地の上に借地権者が登記されている建物を所有するときは、これをもって第三者に対抗することができる」（10条1項）と規定して、借地権者の保護を図っています。

このような事情により、土地の賃借権が登記されているケースはきわめて少ないことから、不動産の登記簿調査の際に賃借権の記載を見かけた経験のある人は少ないと思われます（ほとんどのケースでは、土地賃貸借契約書をもとに土地の登記簿と建物の登記簿で所有者が異なることを確認し、借地権の存在を確認することとなります）。

しかし、数多い借地契約のなかには実際に土地賃借権の登記が行われている珍しいケースもあります。筆者が物件調査で経験したなかからこれに該当する登記事項証明書の記載例を［資料7－1］から［資料7－3］に掲げます（ただし、様式を簡素化し権利部の乙区欄のみとしています）。

［資料7－1］は、共同住宅の敷地に賃借権が設定されているケースです。本件は、平成4年8月1日に借地借家法が施行される前の旧借地法の時代に設定された土地

賃借権であり、建物の構造(登記簿は省略)が鉄筋コンクリート造であることから、約定で30年の存続期間が定められています（旧法下の借地契約であり、契約期間が満了した場合は貸主に更新を拒絶する正当な事由がない限り契約は更新されます)。

なお、本件の賃借権設定時の賃借権者は当該建物を建設分譲した業者であり、その後に個人が当該建物を借地権付で購入しています。順位番号１番の欄に賃借権の「譲渡、転貸ができる」旨の特約が記載されており、付記１号の記載から当該賃借権が売買により個人に移転した事実を読み取ることができます。

［資料７−２］は、小規模事務所の敷地に賃借権が設定されているケースです。

本件も旧借地法の時代に設定された土地賃借権であり、建物の構造（登記事項証明書は省略します）が鉄筋コンクリート造であることから、約定で40年の存続期間

［資料７−１］土地賃借権が設定されている登記事項証明書の例（その１）

権　利　部　（乙区）　　（所有権以外の権利に関する事項）			
順位番号	登　記　の　目　的	受付年月日・受付番号	権利者その他の事項
1	賃借権設定	昭和○○年○月○日 第○○○号	原因　昭和○○年○月○日設定 借賃　１か月金○○○○円 支払期　毎月末日 存続期間　昭和○○年○月○日から30年 特約　譲渡、転貸ができる 賃借権者　○○市○○町○丁目○番 ○○○○株式会社
付記１号	１番賃借権移転	昭和○○年○月○日 第○○○号	原因　昭和○○年○月○日売買 賃借権者　○○市○○町○丁目○番 △△△△

［資料７−２］土地賃借権が設定されている登記事項証明書の例（その２）

権　利　部　（乙区）　　（所有権以外の権利に関する事項）			
順位番号	登　記　の　目　的	受付年月日・受付番号	権利者その他の事項
1	賃借権設定	昭和○○年○月○日 第○○○号	原因　昭和○○年○月○日設定 借賃　借地の当該年度の固定資産税と都市計画税の合計額の2.99倍を年額 支払期　翌月分を毎月末日（年額の12分の１） 存続期間　40年 賃借権者　○○市○○町○丁目○番 ○○○○株式会社

が定められています（旧借地法における契約の最短期間は30年ですが、本件の場合は当初から40年とされています）。

また、本件では地代（借賃）を月額（あるいは年額）○○○○○円という形で明確に定めておらず、当該年度の固定資産税・都市計画税の2.99倍と定めていることも特徴的です（借地契約で地代を定めるに当たり、賃貸人は固定資産税・都市計画税の３倍の金額を一つの目安にするという話もしばしば耳にします。これは理論的根拠に基づくものではありませんが、地主にとって少なくとも公租公課の３倍相当額を地代として徴収したいという考え方に基づくものと推察されます）。なお、本件が［資料７−１］と大きく異なる点は、譲渡・転貸の特約が付されていないところにあります。

［資料７−３］は、リゾート地にある別荘の管理事務所の敷地に賃借権が設定されているケースです。本件も旧借地法の時代に設定された土地賃借権ですが、建物の構造（登記簿は省略）が軽量鉄骨造であることから、約定で20年の存続期間が定められています。本件では地代（借賃）に関する登記簿の記載が坪当たり単価で行われていることも特徴的です。

また、本件では賃借権の「譲渡、転貸ができる」旨の特約が記載されていますが、管理事務所の敷地という性格上、譲渡・転貸は行われたことがなく、当初より賃借権者が継続して敷地を使用しています（登記事項証明書の記載は省略しますが、本件別荘地内においては借地権付建物が譲渡され、登記簿の賃借権者の名義が書き換えられている例は多くあります）。

［資料７−３］土地賃借権が設定されている登記事項証明書の例（その３）

権　利　部　（乙区）　（所有権以外の権利に関する事項）			
順位番号	登　記　の　目　的	受付年月日・受付番号	権利者その他の事項
1	賃借権設定	昭和○○年○月○日 第○○○号	原因　昭和○○年○月○日設定 借賃　１坪１年金13円 支払期　毎年９月30日 存続期間　20年 特約　譲渡、転貸ができる 賃借権者　○○市○○町○丁目○番 ○○○○株式会社

2　一度設定された土地賃借権に質権が設定されているケース

［資料７−４］は、賃貸事務所の敷地に賃借権が設定されているケースですが、今まで掲げた例と異なるところは、一度設定された賃借権に質権が設定されている点です。

本件も旧借地法の時代に設定された土地賃借権であり、建物の構造（登記事項証明書は省略します）は鉄筋コンクリート造で、約定で40年の存続期間が定められています。

また、本件における地代（借賃）の定め方も［資料７−２］と同様です。

不動産質権についてはあまり不動産実務に登場しませんが、その特徴としては「不動産質権者は質権の効力として、質権設定者の承諾なしに、自由に目的物を賃貸することができ、これをなすときは、物上代位の規定によって差押をするまでもなく、みずから賃料を収受することができる」（我妻栄『新訂担保物権法（民法講義Ⅲ）』岩波書店、1986年３月、p. 173）ことが指摘されています。

［資料７−４］一度設定された賃借権に質権が設定されている登記事項証明書の例

権　利　部　（乙区）　　（所有権以外の権利に関する事項）			
順位番号	登　記　の　目　的	受付年月日・受付番号	権利者その他の事項
1	賃借権設定	昭和○○年○月○日 第○○○号	原因　昭和○○年○月○日設定 借賃　１か月　固定資産税と都市計画税の合計額の2. 99倍の12分の１ 支払期　毎月末日 存続期間　昭和○○年○月○日から40年 特約　転貸ができる 賃借権者　○○市○○町○丁目○番 ○○○○株式会社
付記１号	１番賃借権質権設定	昭和○○年○月○日 第○○○号	原因　昭和○○年○月○日分割貸付契約同年○月○日設定 債権額　金○○○○○万円 利息　年5. 8％　年365日日割計算 債務者　○○市○○町○丁目○番 ○○○○株式会社 質権者　○○市○○町○丁目○番 ○○○○銀行株式会社

質権にはこのような特徴があるため、不動産抵当としては普遍的ではなく、もっぱら抵当権の設定による方法が用いられているのが実情です。

3 地上権設定仮登記

［資料７−５］は、地上権設定仮登記の記載が行われた登記事項証明書の例ですが、本件の場合、設定されてから半年後にその登記が抹消されています。順位番号２番の記載より、建物所有を目的として60年の存続期間を定めて設定されたものであることが読み取れますが、半年後に登記が抹消されており、その原因は順位番号３番の欄に「解除」と記載されています。

［資料７−５］のなかでは記載を省略しましたが、本件の場合、順位番号１番の欄に抵当権設定登記が行われており、連帯債務者の中に地上権設定仮登記の権利者である○○○○株式会社の名前が登場します。すなわち、○○○○株式会社は本件の登記簿上の所有者とともに金銭消費貸借にかかる債務を負っていますが、その担保として地代を無償とする地上権設定の権利を押さえておくことを狙いとして、その旨の仮登記を行っているわけです。そのためか、何らかの理由で抵当権設定登記が抹消されたのと時期を合わせて、地上権設定仮登記も抹消されています。

このようなケースでは、建物所有を目的として地上権設定仮登記が行われているとはいっても、本来の目的はそこにあるわけではなく、金融上の担保目的の色彩が強いということになります。借地契約の際、賃貸人が最初から地上権設定を行うケー

［資料７−５］ 地上権設定仮登記の記載のある登記事項証明書の例

権　利　部　（乙区）　（所有権以外の権利に関する事項）			
順位番号	登　記　の　目　的	受付年月日・受付番号	権利者その他の事項
2	地上権設定仮登記	平成○○年○月○日 第○○○号	原因　平成○○年○月○日設定 目的　建物所有のため 存続期間　契約日から60年 地代　無償 権利者　○○市○○町○丁目○番 ○○○○株式会社
3	２番仮登記抹消	平成○○年○月○日 第○○○号	原因　平成○○年○月○日解除

（注）　順位番号１番の欄の記載は省略。

スはきわめて稀なことです。

4 工作物の設置を目的とする地上権設定登記

一概に地上権設定登記といっても、地上や地下の一部の使用を目的とする区分地上権（民法269条の2）が登記されているケースは多くあります。

たとえば、送電線の架設を目的としたり、地下鉄や下水道施設の設置を目的とするものがこれに該当します。これらは、あくまでも地表の空間や地下の一部を、使用範囲を限定して地上権設定を行うものであり、通常の場合、土地所有者は地上権設定範囲以外の空間を支障なく使用することができます。

民法269条の2（地下又は空間を目的とする地上権）

1　地下又は空間は、工作物を所有するため、上下の範囲を定めて地上権の目的とすることができる。この場合においては、設定行為で、地上権の行使のためにその土地の使用に制限を加えることができる。

2　前項の地上権は、第三者がその土地の使用又は収益をする権利を有する場合においても、その権利又はこれを目的とする権利を有するすべての者の承諾があるときは、設定することができる。この場合において、土地の使用又は収益をする権利を有する者は、その地上権の行使を妨げることができない。

しかし、区分地上権ではなく、本来の地上権（民法265条）が設定されている場合には、土地所有者は使用面において大きな犠牲を伴うこととなります。

民法265条は、「地上権者は、他人の土地において工作物又は竹木を所有するため、その土地を使用する権利を有する。」と定めており、地上権の効力はその土地の所有権の効力の及ぶ範囲と同一、すなわち土地の上下に及ぶとされています。

改めて述べるまでもなく、地上権は物権であり、土地を直接支配できる強い権利であるため、土地所有者はこのような権利の設定を極力避けているのが実情です。

地上権は賃借権と異なり土地所有者との人的な関係はなく、地上権者は土地所有者の承諾を得ずに第三者に地上権を譲渡したり転貸することが可能となります。地上権といえども登記なくして第三者に対抗することはできませんが、このような権利が設定された場合、土地所有者には登記協力義務が生ずることとなります（これに対して、賃借権の場合は土地所有者に登記協力義務は生じません）。また、地上

［資料７−６］工作物の設置を目的とする地上権設定登記が行われている例

権　利　部　（乙区）　（所有権以外の権利に関する事項）			
順位番号	登　記　の　目　的	受付年月日・受付番号	権利者その他の事項
1	地上権設定	令和○年○月○日 第○○○号	原因　令和○年○月○日設定 目的　集落排水路の所有及び維持管理 存続期間　永久 地代　１平方メートル当たり800円 支払期　一時払 地上権者　○○市

権の場合、地代の支払いは必ずしも要件とはされていません。

このような特徴を有する地上権ですが、稀に登記簿で地上権の記載を目にすることがあります。［資料７−６］はその一例です。ここでは「集落排水路の所有及び維持管理」を目的とする地上権の記載が行われています。

集落排水路とは、集落内の生活排水（便所、台所、風呂場等の汚水）を集めて浄化し、これを下流の河川に流すための施設です。本件の場合、当該地域の実情からして必要期間を限定することはできず、存続期間は永久とされたうえで、その旨が登記されています。

対象地内にこのような権利の設定がされた土地が介在する場合、当該土地は事実上永久に所有者による利用ができないことから、その価値はゼロと考えることとなります。

5　建物は現存せず実体のない賃借権登記が抹消されていないケース

筆者が物件調査で経験したきわめて珍しいケースとして、対象地上には建物が現存せず、かつ借地権の存続期間も相当前に終了しているにもかかわらず、［資料７−７］のように賃借権登記がいまだに抹消されていない事例がありました。

当時の関係者は他界し、過去の経緯等を聞き出すことはできませんでしたが、何らかの事情により抹消登記がなされないまま今日に至ってしまったものと推察されます。調査の依頼者も、筆者が登記簿を調査した時点でこのような事実に気付いた次第です。そのため、賃借権は間違いなく実体のないものに相違ないという推測が働きました。

［資料7－7］建物は現存せず実体のない賃借権登記がいまだに抹消されていない例

権　利　部　（乙区）　　（所有権以外の権利に関する事項）			
順位番号	登　記　の　目　的	受付年月日・受付番号	権利者その他の事項
1	賃借権設定	明治○○年○月○日 第○○○号	原因　明治○○年○月○日設定 借賃　1年　15銭 支払期　毎年12月25日 存続期間　明治○○年○○月○○日から 明治○○年○○月○○日まで 特約　譲渡、転貸ができる 賃借権者　○○郡○○村大字○○○○番地 ○○○○

しかし、建物が現存せず賃借権登記も実体のないものであるとはいっても、登記官の職権でこれが抹消できるわけではありません。賃借権登記を抹消するためには、賃貸借の終了や解除により賃借権が消滅した旨の書類を添付して登記申請をしなければその目的を果たすことはできません。そして、そのためには賃借人の協力を得なければならないことになります（賃借権の抹消登記のためには貸主・借主の共同申請が求められるからです）。

［資料7－7］のようなケースでは、登記簿に記載されている賃借人の相続人をたどり、賃借権の抹消に関する承諾書を登記申請情報に添付するか、相続人の所在が知れない場合には公示催告の申立てをなし、除権決定を得た後にそれを証する情報を登記申請情報に添付するなどの方法をとらなければ賃借権登記を抹消することはできないことになります。

第8章

相続による各種の登記

1 相続による所有権移転登記

(1) 相続登記とは

人の死亡により相続が発生します。そして、相続の開始により、相続人は死亡した人(被相続人)の有していた一切の財産上の権利義務を引き継ぐこととなります。

不動産に関していえば、登記事項証明書の権利部(甲区欄)に相続を原因とする所有権移転の記載をよく見かけるのもこのためです。これがいわゆる相続登記ですが、本書執筆時点において施行されている不動産登記法には、相続登記はいつまでに行わなければならないという規定は存在しません。そして、なかには相続が行われているものの、登記は行っていないというケースも少なからずあります。そのため、相続が生じてもその登記がなされないこと等により、不動産登記簿を調査しても所有者が直ちに判明しない土地(いわゆる「所有者不明土地」)が多く発生し、これが大きな社会問題に発展するとともに、その解決が緊急の課題となっています。

このような事情を背景に、令和3年4月21日に、「民法等の一部を改正する法律」(令和3年法律第24号)および「相続等により取得した土地所有権の国庫への帰属に関する法律」(令和3年法律第25号。以下、「相続土地国庫帰属法」といいます)が成立しました(令和3年4月28日公布)。

これにより、不動産を取得した相続人に対し、その取得を知った日(被相続人の死亡を知った日ではありません)から3年以内に相続登記の申請をすることが義務付けられました(令和6年4月1日施行予定)。

相続登記の義務化をはじめとする不動産登記法の改正の概要は第12章で改めて取り上げることとし、本章では、本書執筆時点において施行されている不動産登記法における相続登記に関連する必要な知識について述べていきます。

なお、従来、法定相続分を超える財産の承継について第三者に対抗するためには、遺産分割による場合は登記が必要であり、遺言等による場合は登記不要とされていましたが、令和元年7月1日の民法改正により、双方の場合とも登記が必要となりました。

これにより、法定相続分を超えた分の権利の取得について第三者に対抗するには、例外なく対抗要件を備える必要が生じます（これは、あくまでも法定相続分を超える場合の規定であり、法定相続分については従来どおり対抗要件なくして第三者に対抗することができる点に注意が必要です）。

民法899条の２（共同相続における権利の承継の対抗要件）

1　相続による権利の承継は、遺産の分割によるものかどうかにかかわらず、次条及び第901条の規定（筆者注：法定相続分に関する規定）により算定した相続分を超える部分については、登記、登録その他の対抗要件を備えなければ、第三者に対抗することができない。

（第２項省略）

相続登記は、上記の場合だけでなく、対象不動産を売却する際にも必要となります。また、何代にもわたり相続登記を放置していた場合、過去に遡って必要書類を収集する手間もかかるため、相続登記は早めに行っておいたほうがいいでしょう。

これに対し、権利部（乙区欄）における相続の場合の合意の登記は、後ほど述べるように、相続開始後６か月以内にしなければ、相続開始時に元本が確定したものとみなされるため、注意が必要です（民法398条の８第４項）。

（２）法定相続

❶法定相続の順位

法定相続とは、相続人が、死亡した人（被相続人）の一切の財産を法律（民法）の定めに従って承継することを意味します。そして、承継する権利を有する人を法定相続人と呼びますが、その優先順位は法律によって定められています。

遺言がない場合、相続財産は相続発生時点で、ひとまず法定相続割合による共有の状態となり、その後の遺産分割協議により各々の相続人の帰属分が確定することとなります。

ちなみに、法定相続分を要約すれば次のとおりです。

- 死亡した人の配偶者（夫・妻）……常に相続人となります。
- 配偶者とともに相続人となる人

第１順位：子（子がいない場合は孫、孫がいない場合はひ孫）

第２順位：父母（父母がいない場合は祖父母、祖父母がいない場合は曾祖父母）

第３順位：兄弟姉妹（兄弟姉妹がいない場合は甥、姪）

❷法定相続分

以下、いくつかのケースに分けて述べていきます（民法900条も参照ください）。

⑴　**被相続人に配偶者と子がいる場合**

この場合の関係図および相続割合は［資料８−１］に掲げたとおりです。

［資料８−１］被相続人に配偶者（妻）と子（２名）がいる場合

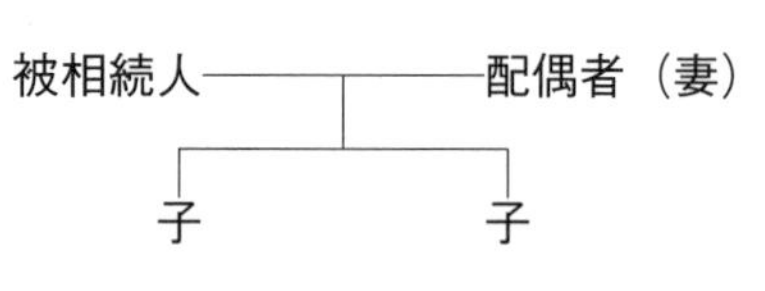

法定相続人	法定相続分
配偶者（妻）	４分の２（１／２）
子	４分の１（１／２×１／２）
子	４分の１（１／２×１／２）

このケースでは、配偶者の相続分は２分の１となり、残りの２分の１を２人の子で均等に分けることとなります。なお、配偶者がいない場合は、子がすべてを相続し、これを何人かの子で均等割りすることになります。

ここで留意すべきは、養子も相続人になるということであり、しかも実親と養子縁組をした養親の両方の相続人になるという点です。

⑵　**被相続人に子がなく、配偶者と父母がいる場合**

この場合の関係図および相続割合は［資料８−２］に掲げたとおりです。
このケースにおいては、配偶者の相続分は３分の２となり、残りの３分の１を父母が均等に分けることとなります。

なお、配偶者がいない場合は、父母がすべてを相続し、これを父母で均等割りすることになります。

［資料８−２］被相続人に子がなく、配偶者（妻）と父母がいる場合

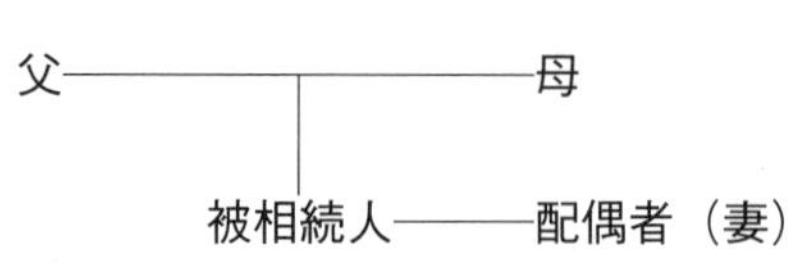

法定相続人	法定相続分
配偶者（妻）	６分の４（２／３）
父	６分の１（１／３×１／２）
母	６分の１（１／３×１／２）

⑶　**被相続人に子も父母もなく、配偶者と兄弟がいる場合**

この場合の関係図および相続割合は［資料８−３］に掲げたとおりです。

このケースでは、配偶者の相続分は４分の３となり、残りの４分の１を２人の兄弟で均等に分けることとなります（兄弟姉妹が何人かいる場合は、その分だけ相続分は減少します）。

なお、配偶者がいない場合は、兄弟姉妹がすべてを相続し、これを兄弟姉妹で均等割りすることになります。

［資料８－３］被相続人に子も父母もなく、配偶者（妻）と兄弟（２名）がいる場合

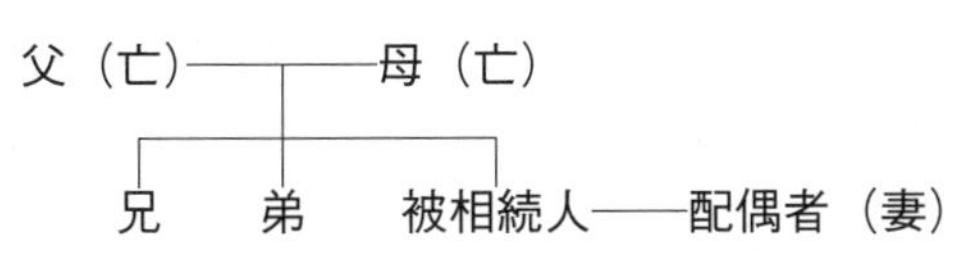

法定相続人	法定相続分
配偶者（妻）	８分の６（３/４）
兄	８分の１（１/４×１/２）
弟	８分の１（１/４×１/２）

⑷　代襲相続の場合

代襲（だいしゅう）相続とは、その文言からも推察されるとおり、本来であれば相続人となる者が相続開始前に死亡した場合、その者の直系卑属が本来の相続人が相続すべきであった順位と同一順位で相続人になることを指します。相続欠格または相続人の廃除により相続権を失った場合も同様です（民法887条）。

民法887条（子及びその代襲者等の相続権）

1　被相続人の子は、相続人となる。

2　被相続人の子が、相続の開始以前に死亡したとき、又は第891条の規定に該当し、若しくは廃除によって、その相続権を失ったときは、その者の子がこれを代襲して相続人となる。ただし、被相続人の直系卑属でない者は、この限りでない。

3　前項の規定は、代襲者が、相続の開始以前に死亡し、又は第891条の規定に該当し、若しくは廃除によって、その代襲相続権を失った場合について準用する。

民法891条（相続人の欠格事由）

次に掲げる者は、相続人となることができない。

一　故意に被相続人又は相続について先順位若しくは同順位にある者を死亡するに至らせ、又は至らせようとしたために、刑に処せられた者

二　被相続人の殺害されたことを知って、これを告発せず、又は告訴しなかった者。ただし、その者に是非の弁別がないとき、又は殺害者が自己の配偶者若しくは直系血族であったときは、この限りでない。

三　詐欺又は強迫によって、被相続人が相続に関する遺言をし、撤回し、取り消し、又は変更することを妨げた者

四　詐欺又は強迫によって、被相続人に相続に関する遺言をさせ、撤回させ、取り消

させ、又は変更させた者

五　相続に関する被相続人の遺言書を偽造し、変造し、破棄し、又は隠匿した者

また、相続人の廃除に関しては「法定相続情報証明制度」の項（211頁参照）でも登場しますが、これに関して民法892条では次の規定を置いています。

民法892条（推定相続人の廃除）

遺留分（筆者注：p. 209参照）を有する推定相続人（相続が開始した場合に相続人となるべき者をいう。以下同じ。）が、被相続人に対して虐待をし、若しくはこれに重大な侮辱を加えたとき、又は推定相続人にその他の著しい非行があったときは、被相続人は、その推定相続人の廃除を家庭裁判所に請求することができる。

次に、代襲相続の場合の相続割合はどのようになるでしょうか。代襲相続人の相続分について、［資料８－４］と［資料８－５］の２つのケースで考えてみましょう。

［資料８－４］被相続人の死亡前に子が死亡した場合

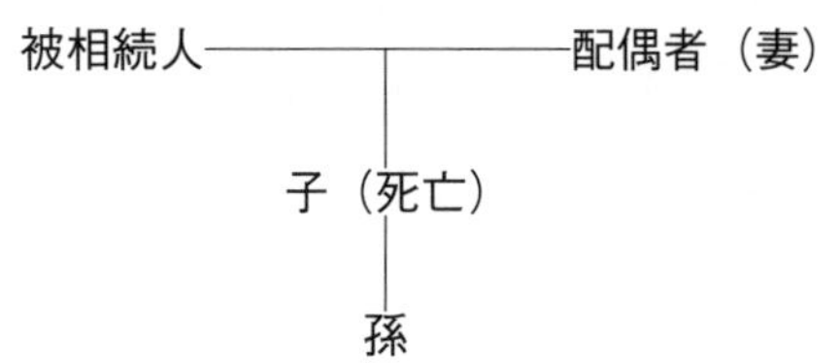

法定相続人	法定相続分
配偶者（妻）	２分の１
孫	２分の１

※孫が複数の場合は均等割りします。

［資料８－５］被相続人の死亡前に姉が死亡した場合

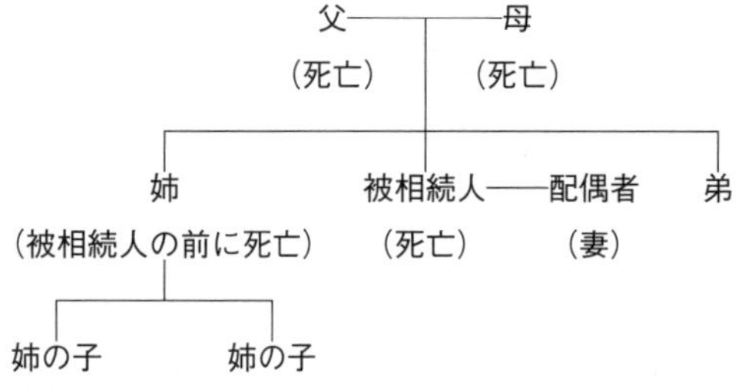

法定相続人	法定相続分
配偶者（妻）	16分の12（３／４）
弟	16分の２（１／４×１／２）
姉の子	16分の１（1/4×1/2×1/2）
姉の子	16分の１（1/4×1/2×1/2）

❸法定相続の登記までの流れと法定相続分による共有の登記

ここでは、法定相続の場合の登記までの流れと、法定相続分による共有の登記を行った場合の登記事項証明書の記載例（必要個所のみ抜粋）を［資料８－６］に示します。

［資料８－６］法定相続の登記までの流れと法定相続分による共有の登記がされた登記事項証明書

必要書類の収集 ⇒ 相続人の確定 ⇒ 相続人による登記申請

権　利　部　（甲区）　　（所有権に関する事項）			
順位番号	登　記　の　目　的	受付年月日・受付番号	権利者その他の事項
1	所有権移転	令和○年○月○日 第○○○号	原因　令和○年○月○日売買 所有者　○○市○○町○丁目○番○号 甲野　太郎
2	所有権移転	令和○年○月○日 第○○○号	原因　令和○年○月○日相続 共有者 ○○市○○町○丁目○番○号 持分４分の２ 甲野　花子 ○○市○○町○丁目○番○号 持分４分の１ 甲野　一郎 ○○市○○町○丁目○番○号 持分４分の１ 甲野　二郎

（３）遺産分割協議による相続

❶遺産分割協議に基づく相続の登記までの順序

相続人が複数いる場合は、法定相続の解説で述べたとおり、相続財産は相続開始と同時に相続人の共同所有となります。しかし、この状態は暫定的なものにすぎず、その後の遺産分割協議により、各相続人の帰属分が確定することとなります（単独所有に移行する場合もあれば、共有のまま持分の一部が他の相続人に移転する場合もあります）。

民法907条（遺産の分割の協議又は審判等）

1　共同相続人は、次条の規定により被相続人が遺言で禁じた場合を除き、いつでも、その協議で、遺産の全部又は一部の分割をすることができる。

2　遺産の分割について、共同相続人間に協議が調わないとき、又は協議をすることができないときは、各共同相続人は、その全部又は一部の分割を家庭裁判所に請求することができる。ただし、遺産の一部を分割することにより他の共同相続人の利益を害するおそれがある場合におけるその一部の分割については、この限りでない。

3　前項本文の場合において特別の事由があるときは、家庭裁判所は、期間を定めて、遺産の全部又は一部について、その分割を禁ずることができる。

同法908条（遺産の分割の方法の指定及び遺産の分割の禁止）

被相続人は、遺言で、遺産の分割の方法を定め、若しくはこれを定めることを第三者に委託し、又は相続開始の時から５年を超えない期間を定めて、遺産の分割を禁ずることができる。

なお、相続登記の順序としては、最初に法定相続分による登記を行い、その後で遺産分割協議により決定した各相続人について持分移転登記を行うことが考えられますが、実際には遺産分割協議が成立した後で、その内容に従って一度に相続登記を行うケースのほうが多いようです。

❷相続登記の実際と登記事項証明書（記載例）

上記❶で述べたことからすればむしろ例は少ないと思われますが、筆者の経験によれば、［資料８－７］に掲げるように、法定相続分による登記を行った後に遺産分割協議の結果に基づいた登記を行っているケースもありました。

［資料８－７］法定相続分による登記後に遺産分割協議の結果に基づく登記を行った例

権　利　部（甲　区）（所有権に関する事項）			
順位番号	登　記　の　目　的	受付年月日・受付番号	権利者その他の事項
1	所有権移転	令和○年○月○日 第○○○号	原因　令和○年○月○日相続 共有者 ○○市○○町○丁目○番○号 持分８分の２ 甲野　一郎 ○○市○○町○丁目○番○号 持分８分の２ 甲野　太郎 ○○市○○町○丁目○番○号 持分８分の２ 甲野　次郎 ○○市○○町○丁目○番○号 持分８分の１ 山川　花子 ○○市○○町○丁目○番○号 持分８分の１ 海野　咲子
2	甲野一郎持分	令和○年○月○日	原因　令和○年○月○日遺産分割

	全部移転	第○○○号	共有者 　○○市○○町○丁目○番○号 　持分８分の２ 　山川　花子
3	甲野太郎持分 全部移転	令和○年○月○日 第○○○号	原因　令和○年○月○日遺産分割 共有者 　○○市○○町○丁目○番○号 　持分８分の２ 　山川　花子
4	甲野次郎持分 全部移転	令和○年○月○日 第○○○号	原因　令和○年○月○日遺産分割 共有者 　○○市○○町○丁目○番○号 　持分８分の２ 　山川　花子
5	海野咲子持分 全部移転	令和○年○月○日 第○○○号	原因　令和○年○月○日遺産分割 共有者 　○○市○○町○丁目○番○号 　持分８分の１ 　山川　花子

［資料８－８］遺産分割協議の成立後に、一度に相続登記を行ったケース

権　利　部　（甲区）　　（所有権に関する事項）			
順位番号	登　記　の　目　的	受付年月日・受付番号	権利者その他の事項
1	所有権移転	平成○○年○月○日 第○○○号	原因　平成○○年○月○日相続 所有者　○○市○○町○丁目○番○号 　　　　甲野　太郎
2	所有権移転	令和○年○月○日 第○○○号	原因　令和○年○月○日相続 共有者 　○○市○○町○丁目○番○号 　持分４分の１ 　甲野　花子 　○○市○○町○丁目○番○号 　持分４分の１ 　甲野　一郎 　○○市○○町○丁目○番○号 　持分４分の１ 　甲野　二郎 　○○市○○町○丁目○番○号 　持分４分の１ 　山川　行代

また、[資料8－8]は、遺産分割協議の成立後に、一度に相続登記を行ったケースです（ここには[資料8－7]のように、登記原因に「遺産分割」ということばは登場してきませんが、法定相続分による登記を経由せず直接遺産分割協議に基づく登記をする場合、登記原因は単に「相続」と記載される点に留意が必要です）。

3遺産分割による相続の登記までの流れと遺産分割協議書

今まで述べてきたことを整理する意味で、相続登記までの流れと遺産分割協議書、登記申請書の例を掲げれば[資料8－9]のとおりです。

この登記申請書は、法務太郎（夫）、法務花子（妻）、法務一郎（長男）、法務温子（長女）の4人家族の場合で、法務太郎（夫）が亡くなり（この場合の法務太郎のことを「被相続人」といいます。）、遺産分割協議の結果、法務太郎（夫）が単独で所有していた土地・建物について、法務一郎（長男）と法務温子（長女）が権利を2分の1ずつ相続し、法務花子（妻）は相続しないというケースを例に作成しています。法務一郎（長男）と法務温子（長女）の2分の1ずつの共有名義となる相続登記の申請です。

（4）遺言に基づき相続人が財産を引き継ぐ場合

1遺言とは

遺言（いごん、ゆいごん）とは、被相続人の生前の最終の意思表示のことを指し、被相続人の死後にその実現を図ることを狙いとしています。

なお、遺言による意思表示は相手方のいない単独行為であり、遺産を受領することの承諾は不要です。また、遺言は本人の意思に基づくことを要します（代理人による作成は不可）が、遺言により、法定相続分とは異なる相続分を指定したり、法定相続人とは異なる者に財産を贈与すること（遺贈）もできます。

遺言は、遺言者が生前に撤回（変更）することも可能であり、このような場合には、原則として最後に作成されたものが有効となります。

2遺言に基づく登記手続の流れ

遺言は、法律の定めに従った方式で作成しなければ効果を生じません。すなわち、被相続人が記した単なるメモ程度のものでは法的な効力は生じないということです。遺言書の作成方式としては、公正証書による遺言書とそれ以外の遺言書（自筆証書遺言、秘密証書遺言）があるため、以下、それぞれの方式による登記手続の流

[資料8－9]　遺産分割に基づく相続登記までの流れと遺産分割協議書・登記申請書の記載例

必要書類の収集	⇒	相続人の確定	⇒	法定相続人全員の協議による相続分の確定	⇒	相続人による登記申請

遺　産　分　割　協　議　書

令和○年○○日、○○市○○町○番地　法務太郎　の死亡によって開始した相続の共同相続人である法務花子、法務一郎及び法務温子は、本日、その相続財産について、次のとおり遺産分割の協議を行った。

相続財産のうち、下記の不動産は、法務一郎（持分2分の1）及び法務温子（持分2分の1）が相続する。

この協議を証するため、本協議書を3通作成して、それぞれに署名、押印し、各自1通を保有するものとする。

令和○年○月○日

○○市○○町二丁目12番地　　法　務　花　子　実印（※）
○○郡○○町○○34番地　　法　務　一　郎　実印（※）
○○市○○町三丁目45番6号　　法　務　温　子　実印（※）

記

不動産
所　　在　○○市○○町一丁目
地　　番　23番
地　　目　宅地
地　　積　123・45平方メートル

所　　在　○○市○○町一丁目23番地
家屋番号　23番
種　　類　居宅
構　　造　木造かわらぶき2階建
床 面 積　1階　43・00平方メートル
　　　　　2階　21・34平方メートル

(注)　遺産分割協議書には、印鑑証明書と同じ印（実印）を押し、印鑑証明書を各1通添付します（3か月以内に作成されたものでなくても可）。
(出所)　法務局ホームページ「相続登記申請手続のご案内（相続登記①／遺産分割協議編）」

登　記　申　請　書

登記の目的　　所有権移転

原　　　因　　令和２年３月20日相続

相　続　人　　（被相続人　法　務　太　郎）

○○郡○○町○○34番地（住民票コード１２３４５６７８９０１）

（申請人）持分２分の１　　法　務　一　郎　印

○○市○○町三丁目45番６号

（申請人）持分２分の１　　法　務　温　子　印

連絡先の電話番号００－００００－００００

添付情報

登記原因証明情報　住所証明情報

□登記識別情報の通知を希望しません。

令和２年７月１日申請　○○法務局（又は地方法務局）○○支局（又は出張所）

課 税 価 格　　金2,000万円

登録免許税　　金８万円

不動産の表示

不動産番号　　１２３４５６７８９０１２３

所　　　在　　○○市○○町一丁目

地　　　番　　23番

地　　　目　　宅地

地　　　積　　123・45平方メートル

不動産番号　　０９８７６５４３２１０１２

所　　　在　　○○市○○町一丁目23番地

家 屋 番 号　　23番

種　　　類　　居宅

構　　　造　　木造かわらぶき２階建

床　面　積　　１階43・00平方メートル

２階21・34平方メートル

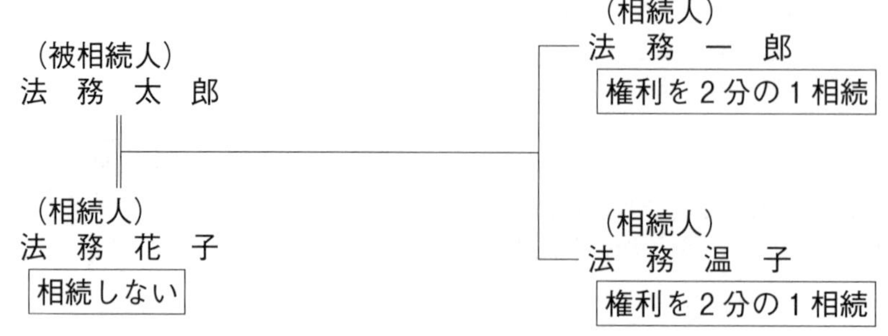

れを対比させておきます。なお、以下は遺言書に基づき相続人が財産を引き継ぐ場合を前提としています。

●公正証書による遺言の場合

この方式の場合、遺言者の死亡により、遺言により指定された相続人による登記申請を行います。

●公正証書以外による遺言の場合

この方式の場合、家庭裁判所による遺言書の検認が行われ、その後に、遺言により指定された相続人による登記申請を行います。ちなみに、遺言書を発見した者や保管を依頼された者は、相続の開始を知ったときには遺言書を開封せず家庭裁判所に提出し、家庭裁判所は相続人（または代理人）立会いのもとにこれを開封のうえ、

［資料8－10］遺言の種類とその特徴

	公正証書遺言	自筆証書遺言	秘密証書遺言
遺言の作成方法	証人２人の立会いのもとで、遺言者の口述に基づき公証人が作成する。遺言者・証人が署名押印し、公証人は方式に従って作成した旨を付記し署名押印する。	遺言者が全文自筆で書き、日付を記載し署名押印する。 ※ワープロ不可。なお、自筆証書遺言に添付する財産目録については、自署は要求されない。ただし、財産目録の毎葉に署名押印を要する。	遺言者が作成し、押印した遺言書を封印し、証人２人ともに公証人へ提出する。提出の日付・遺言者の申述を封書に記載し、全員が署名押印する。
無効の可能性	ほとんどない	書式違反・内容不明のため無効となることもある。	書式違反・内容不明のため無効になることもある。
紛失隠匿の可能性	無し	有り	有り
偽造変造の可能性	無し	有り	少ない
保管場所	原本は公証役場 正本は遺言者	遺言者	遺言者
未発見の可能性	無し	有り	無し
家裁の検認	不要	必要	必要

（出所）　公益社団法人日本不動産鑑定士協会連合会『不動産鑑定評価の実務に関する講義テキスト』「不動産登記の概要」を参照。

その方式や内容を調査して検認調書を作成することとなります（これが「検認手続」です）。なお、検認手続を受けていない遺言書をもとに不動産の名義変更をすることはできないため、留意が必要です。

その点、公正証書による遺言は公証人による記録が残されており、検認手続は不要であるため、確実な方法といえます。

なお、遺言の種類とその特徴について整理したものが［資料 8－10］です。

（5）遺言に基づき相続人以外の者が財産の贈与を受ける場合（遺贈）

❶遺贈が行われる場合は

遺贈（いぞう）とは、遺言により財産を他人に贈与することを指します（その意味で、生前贈与とは異なります）。そして、遺贈する側を「遺言者」、遺贈を受ける側を「受遺者」と呼んでいます。

受遺者には制限がなく、法定相続人以外の者でも受遺者となることが可能です。また、個人だけでなく、法人や団体が受遺者となり財産を引き継ぐこともできます。

たとえば、被相続人が生前に介護の面倒をみていただいた長男の妻は相続人ではありませんが、遺言により財産を引き継がせることもできます。［資料 8－11］は、遺言により長男の妻に土地を贈与した場合の登記事項証明書の一例（必要個所のみ抜粋）です。

ここで、しばしば相続と遺贈との違いが話題となります。

「相続」という場合は、あくまでも相続人が財産を引き継ぐ対象者であり、相続人でない者に財産を相続させることはできません。相続人以外の者が財産を引き継ぐこととなった場合は、登記原因は「遺贈」と記載されます。

［資料 8－11］遺贈の記載がある登記事項証明書（一部抜粋）

権　利　部　（甲区）　　　（所有権に関する事項）			
順位番号	登　記　の　目　的	受付年月日・受付番号	権利者その他の事項
1	所有権移転	令和○年○月○日 第○○○号	原因　令和○年○月○日売買 所有者　○○市○○町○丁目○番○号 甲野　花子
2	所有権移転	令和○年○月○日 第○○○号	原因　令和○年○月○日遺贈 所有者 ○○市○○町○丁目○番○号 甲野　咲子

一方、理屈のうえでは、相続人に対しては、財産を相続させることも、遺贈することもできますが、相続人が財産を引き継いだ場合の登記原因をあえて「遺贈」とする理由もなく、通常、登記原因は「相続」と記載されています。

❷遺贈と生前贈与の違い

生前贈与とは、文字どおり生前に財産を無償で他人に譲り渡す契約を意味します。

契約であるということは相手の承諾が必要であり、承諾があれば生前に財産の移転が生ずることとなります。また、契約は口頭でも成立します。

これに対し、遺贈の場合は遺言者の一方的な意思表示による単独行為であることから、受遺者の合意は不要とされています（ただし、受贈者が遺贈を放棄した場合は、その効果は生じません）。また、遺贈の場合は、[資料8－10]に掲げたとおり、一定の要件を備えた遺言書で行わなければ効力は生じません。

❸遺贈と死因贈与の違い

死因贈与とは、遺産を贈与する被相続人の死亡を条件として効果を生じさせる贈与契約を意味します。契約であるため受贈者の承諾が必要となります。また、契約は口頭でも成立します。

これに対し、上記②で述べたとおり、遺贈の場合は遺言者の一方的な意思表示による単独行為であることから、受遺者の合意は不要とされています（その他の点に関しても上記②と同じです）。

なお、死因贈与を確実に行うための方法として次の記述が参考になります。

「死因贈与契約は、贈与者の死亡により有効となり、贈与対象財産は、受贈者のものとなります。しかし、相続人が死因贈与契約が存在することを知らないことも多く、受贈者と相続人との間でトラブルが生じる可能性があります。そのため死因贈与契約は書面で行い、同時に贈与を受ける者を執行者に定めておくことが確実な方法です。」（杉本幸雄監修、飯川洋一、官澤里美、高橋一秀著『読解　不動産登記Q&A（6訂版）』清文社、2022年3月、p. 291）

（6）相続登記の申請に必要な書類

登記申請書に添付するために必要な書類は、以下のとおりです。

登記原因証明情報として、

- 遺産分割による相続の場合は、遺産分割協議書（遺産分割協議を行った相続人

全員の印鑑証明書（当該協議書に押印された印鑑の証明書で、作成後３か月以内のものでなくても差し支えありません）

- 遺言による相続の場合は、遺言書
- 被相続人（死亡した人）の出生から死亡までの経過がわかる戸籍全部事項証明書（戸籍謄本）または除籍全部事項証明書（除籍謄本）
- 相続人であることがわかる相続人（遺産分割に基づく相続の場合は、遺産分割協議の当事者である相続人全員）の戸籍全部（個人）事項証明書（戸籍謄抄本）（被相続人が死亡した日以後の証明日のもの）。被相続人の死亡の記載がある戸籍全部事項証明書（戸籍謄本）等と重複するものがある場合は、重ねて提出は不要。
- 法定相続情報証明制度を利用している場合には、法定相続情報一覧図の写しを提出することで、被相続人が死亡した事実がわかる被相続人の戸籍全部事項証明書（戸籍謄本）または除籍全部事項証明書（除籍謄本）ならびに相続人であることがわかる相続人の戸籍全部（個人）事項証明書（戸籍謄抄本）の添付に代えることができます。
- 被相続人の最後の氏名・住所が登記記録上の氏名・住所と異なる場合や被相続人の本籍が登記記録上の住所と異なる場合には、被相続人が登記記録上の登記名義人であることがわかる被相続人の本籍の記載のある住民票の除票または戸籍の表示の記載のある戸籍の附表の写し等が必要となります。
- 「相続関係説明図」を提出した場合には、戸籍全部事項証明書（戸籍謄本）等の原本の返還を受けることができます。遺産分割協議書または遺言書については、別にその謄本を提出する必要があります。

住所証明情報として、相続人全員の住民票の写しが必要です。ただし、住民票コード（住民基本台帳法７条13号に規定されているもの）を記載した場合は、提出する必要はありません。なお、住民票の写しは、マイナンバー（個人番号）が記載されていないものを提出することになります。

また、登記原因証明情報として法定相続情報一覧図の写しを提出する場合において、当該一覧図の写しに相続人の現在の住所が記載されている場合には、住所証明書の添付に代えることができます。

(7) 法務局による遺言書保管制度

法務局による自筆証書遺言書保管制度が創設され、令和2年7月10日から運用が開始されています。その目的は、遺言者本人の死亡後に遺言書が相続人等に発見されなかったり、一部の相続人等により改ざんされる等のおそれが指摘されていることから、これらの問題点を解消することにあります。また、通常の自筆証書遺言は、相続が開始した場合には家庭裁判所で「検認手続」を受ける必要がありますが、自筆証書遺言保管制度を用いた場合は検認手続を省略することができます。

遺言は相続をめぐる紛争を防止するために有用な手段ですが、[資料8-12]のとおり、自筆証書遺言書保管制度の運用にあたって法務局としてできること、できないことが区別されているため、これらを理解しておく必要があります。その他、手続等に関しては法務省ホームページを参照ください(詳細な解説があります)。

(8) 相続分に影響を及ぼすその他の事情

1 特別受益がある場合

相続人のなかに、被相続人から生前贈与または遺贈を受けていた者がある場合、これらの者は、いわゆる特別受益者に該当します。たとえば、相続人のなかには、親から住宅購入にあたっての資金援助を受けるなど、贈与を受けている人もいます。このような事実を考慮することなく相続時の財産を分割した場合、贈与を受けた者とそうでない者との間に不公平が生じます。そのため、相続人が受けた生前贈与等の分については遺産の前受けとみなし、相続時の財産に加えたうえで相続分を計算する仕組みとなっています(生前贈与を受けた分のすべてが加算の対象とはなりませんが、詳細は割愛させていただきます)。

ちなみに、相続人のなかに特別受益者がいる場合の相続分の計算例を[資料8-13]に掲げておきます(イメージを把握するため簡素なものとしました)。

そのポイント(手順)は以下のとおりです。

① 相続開始時の財産に特別受益者の贈与財産を加算する(⇒これを相続財産とみなします)

② 上記①の結果を法定相続分(または指定相続分)に応じて分割する。

③ 特別受益者については、上記②の結果から贈与分(または遺贈分)を控除し

［資料8－12］自筆証書遺言書保管制度の概要
「法務局ができること」と「法務局ができないこと」

法務局ができること（本制度のメリット）		法務局ができないこと
遺言者の死亡前	遺言者の死亡後	
①法務局（遺言書保管所）において自筆証書遺言書原本及びデータを、長期間大切に保管するので、本人による紛失や亡失の防止、第三者による破棄や改ざんがなくなること	①本制度を利用した自筆証書遺言書は家庭裁判所における検認が不要であって、各相続人が遺言書情報証明書の交付を受けることにより、これまでのような検認を受けた原本の相続人等間での持ち回りがなくなること	①遺言書の内容等について法務局が相談に応じること・関与すること **→自筆証書遺言書は遺言者自身が作成するものであり、遺言書の内容及び具体的な作成方法については弁護士、司法書士などに相談し、公正証書遺言によりたいときは公証人に相談する。**
②遺言者の住所地、本籍地、遺言者が所有する不動産の所在地のいずれかを管轄する法務局に遺言書の保管の申請ができること	②これまで遺言書の原本を必要としていた相続登記手続や、銀行での各種手続において、遺言書情報証明書、遺言書保管事実証明書を使用していただけることを制度として想定していること	②保管した遺言書の有効性を保証すること **→遺言書の内容について、法務局が有効性を保証するものではないので、関係相続人等間で争いが生じたときの解決は、裁判所において行う。**
③自筆証書遺言の方式について、遺言書保管官が、外形的な確認（全文、日付及び氏名の自署、押印の有無等）をするので、この不備による無効原因がなくなること	③相続人等が遺言書情報証明書の交付を受けたりした場合などには、その他の全ての関係相続人等に対して関係遺言書が保管されている旨の通知がされること	③保管の申請を郵送や代理で行うこと **→保管の申請は、本人の法務局への来庁が必要（遺言書保管官が本人確認をする。）。遺言者死亡後の証明書の請求は郵送可能。**
	④手続の順番をお待ちいただくことのないよう、法務局手続き案内予約サービスを一元管理するシステムにより、24時間365日申請等の予約をすることができること（業務時間中は、電話により法務局職員による予約代行を依頼することができる。）。	

（出所）　法務局ホームページ

たものを相続分とする（結果がマイナスとなる場合は特別受益者の相続分はありません)。

なお、自分の相続分以上の相続財産をすでに受領している場合は、遺産相続の権利はないことになります。このような場合に作成される特別受益証明書（相続分のないことの証明書）の例を［資料8－14］に掲げます（定型的な様式はありません)。

[資料8－13] 特別受益がある場合の相続分（計算例）

・相続人……配偶者および子2名
・相続開始時の財産……8,000万円
・生前に受けた資金援助……（長男）住宅取得資金として1,000万円
（長女）結婚のための支度金として300万円
（次女）なし

・みなし相続財産
（相続開始時の財産8,000万円＋長男への援助1,000万円＋長女への援助300万円）
＝みなし相続財産9,300万円

・各相続人の相続分
（配偶者）9,300万円×1／2＝4,650万円
（長男）　9,300万円×1／2×1／3－1,000万円＝550万円
（長女）　9,300万円×1／2×1／3－300万円＝1,250万円
（次女）　9,300万円×1／2×1／3＝1,550万円

[資料8－14] 特別受益証明書の例

特別受益証明書（例）

私は、○○○○と婚姻の際、被相続人△△△△の生存中、既に相続分以上の財産の贈与を受けており、令和○年○月○日、被相続人△△△△の死亡による相続については、相続する相続分の存しないことを証明します。

令和○年○月○日

○○県○○市○○町一丁目1番1号
被相続人　△△△△
○○県○○市○○町三丁目3番3号
相続人　□□□□　（印）

本証明書には特別受益者の印鑑証明書の添付が必要ですが、作成後３カ月以内のものであることは不要とされています。上記事情のある場合には特別受益証明書を添付して相続登記が行われます。

❷相続放棄がある場合

被相続人に相続が発生した場合で、しかも負の財産が多いときには、相続人は相続を放棄することもできるとされています（このように、相続人がすべての財産を相続せず、その権利を放棄することを「相続放棄」と呼んでいます）。

なお、相続放棄の手続ですが、相続人が相続の開始を知った日から３か月以内に、家庭裁判所に相続放棄の申述書を提出し、これが受理されれば相続放棄申述受理証明書が交付される仕組みとなっています。その結果、相続を放棄した者は、最初から相続人とならなかったものとみなされます（民法939条）。

そのため、相続の放棄をした者がいる場合は、相続登記に際しては戸籍謄本だけでなく相続放棄申述受理証明書を添付する必要があります。

なお、相続人が一人も存しない場合またはすべての相続人が相続を放棄した場合には、相続人不存在となり、相続財産は国庫に帰属することとなります（民法959条）。

❸寄与分がある場合

寄与の代表的な例は被相続人の療養看護ですが、被相続人に対して特別な寄与をした相続人については、それに値する分を相続分に加えることとされています（これを「寄与分」といいます）。

ここでは、「特別の寄与」ということばから推察されるとおり、通常の範囲内の世話をしたというだけでは「特別の寄与」とは認められない点に注意が必要です（対価を得ている場合も同様です）。また、寄与分は相続人だけに認められている点も併せて留意しなければなりません。

なお、寄与分の金額は相続人間の協議により決定されますが、協議が成立しない場合は寄与をなした相続人の請求に基づき家庭裁判所が定めることとなっています。

民法904条の２（寄与分）

1　共同相続人中に、被相続人の事業に関する労務の提供又は財産上の給付、被相続人の療養看護その他の方法により被相続人の財産の維持又は増加について特別の寄与をした者があるときは、被相続人が相続開始の時において有した財産の価額から共同相続人の協議で定めたその者の寄与分を控除したものを相続財産とみなし、第900条から第902条までの規定により算定した相続分に寄与分を加えた額をもってその者の相続分とする。

2　前項の協議が調わないとき、又は協議をすることができないときは、家庭裁判所は、同項に規定する寄与をした者の請求により、寄与の時期、方法及び程度、相続財産の額その他一切の事情を考慮して、寄与分を定める。

（第３項・第４項省略）

参考までに、相続人のなかに特別の寄与をした者がおり、相続人間で協議した結果、その一人が寄与分を認められた場合の相続分の計算例（民法の上記規定に則ったもの）を［資料８－15］に掲げておきます（ここでも簡素な例としてあります）。

［資料８－15］寄与分がある場合の相続分（計算例）

・相続人……子３名（長男、長女、次女）
・相続開始時の財産……6,000万円
・次女に寄与分を認定（被相続人の介護のため）……600万円
・寄与分を除いた残余の財産……6,000万円－600万円＝5,400万円
・各相続人の相続分
　（長男）　5,400万円×１／３＝1,800万円
　（長女）　5,400万円×１／３＝1,800万円
　（次女）　5,400万円×１／３＋600万円＝2,400万円

４遺留分の侵害請求がある場合

(1)　遺留分とは

遺留分とは、被相続人が相続人（ただし、兄弟姉妹を除きます）に対して、法律上最低限残さなければならない相続財産全体に対する割合のことです。

被相続人は遺言によって自由に相続分を指定できるため、相続人のなかには遺言に基づき財産をまったく手に入れることができない人もあり得ます。しかし、このような場合でも遺留分に相当する財産を請求することが可能です。

遺留分は、民法の規定（1042条）によれば、次のとおりとなっています。

①　父母・祖父母等直系尊属のみが相続人である場合……法定相続分の３分の１

②　上記①以外の場合……法定相続分の２分の１

各相続人が取得できる分は、遺留分に法定相続分を乗じたものであることから、

たとえば、配偶者と３名の子（長男・長女・次女）が相続人となる場合の遺留分は次のとおり計算されます。

- 配偶者の遺留分
  総財産×（遺留分）１/２×（法定相続分）１/２＝１/４
- 長男・長女・次女それぞれの遺留分
  総財産×（遺留分）１/２×（法定相続分）１/２×（均等割）１/３＝１/12

⑵　遺留分侵害請求権とは

被相続人が財産を遺留分権利者以外の者に贈与または遺贈し、遺留分権利者が遺留分に相当する財産を受け取ることができなかった場合、遺留分権利者は贈与または遺贈を受けた者に対し、遺留分を侵害されたとして侵害額に相当する金銭の支払を請求することできます。これを遺留分侵害額の請求と呼んでいますが、侵害額を取り戻すためには相手方に対して遺留分侵害の請求をすることが必要となります。

また、その請求は、相続の開始および遺留分があることを知ったときから１年以内にしなければならず、この期間内に請求しない場合には権利は消滅します（相続開始の時から10年を経過した場合も同様です。民法1048条）。

なお、遺留分は放棄することもできますが、その場合は家庭裁判所の許可を得なければならないとされています。

ここで留意すべきことは、平成30年の民法改正により遺留分減殺請求は金銭での請求に一本化され、名称も遺留分侵害額請求となっている点です。

民法1046条（遺留分侵害額の請求）

１　遺留分権利者及びその承継人は、受遺者（特定財産承継遺言により財産を承継し又は相続分の指定を受けた相続人を含む。以下この章において同じ。）又は受贈者に対し、遺留分侵害額に相当する金銭の支払を請求することができる。

（第２項省略）

2　法定相続情報証明制度

法定相続情報証明制度は、平成29年５月29日に運用が開始されました。この制度が創設された背景には、近時、相続登記が未了のまま放置されている不動産が増加し、これがいわゆる所有者不明土地問題や空き家問題の一因となっていることが指摘されています。

不動産の登記名義人（所有者）が死亡した場合、所有権移転登記（相続登記）が必要となりますが、さまざまな理由によりこれが行われていないところに問題が潜んでおり、相続登記の促進のため、法務省がこの制度を新設したものです。以下、制度の概要と留意点を述べておきます。

（１）法定相続情報証明制度の概要

相続が発生した場合、まず相続人が法務局に対し、以下の書類（必要な添付書類を含みます）を提出します。

①　被相続人が生まれてから亡くなるまでの戸籍関係の書類等

②　上記の記載に基づく法定相続情報一覧図（被相続人の氏名・最後の住所・最後の本籍・生年月日・死亡年月日、相続人の氏名・住所・生年月日・続柄を記載した情報）

これを受けて、登記官は上記の内容を確認し、認証文付きの法定相続情報一覧図の写しを相続人に交付します（[資料８－16]）。なお、その際の手数料は不要とされています。

［資料８－16］法定相続情報一覧図（写し）交付までの流れ

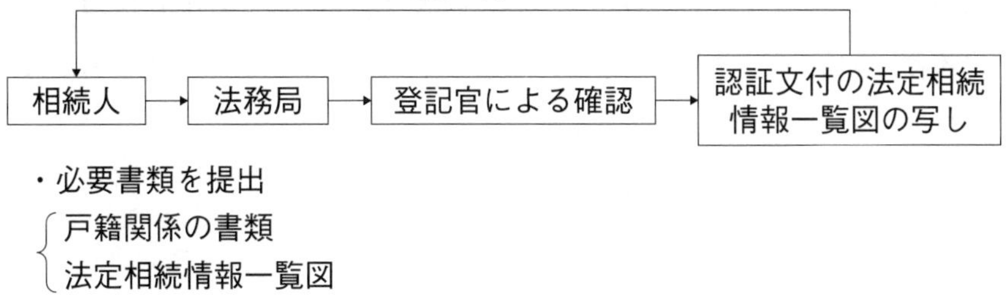

［資料8－17］法定相続情報一覧図の記載例

✓ 相続人又は代理人が以下のような法定相続情報一覧図を作成

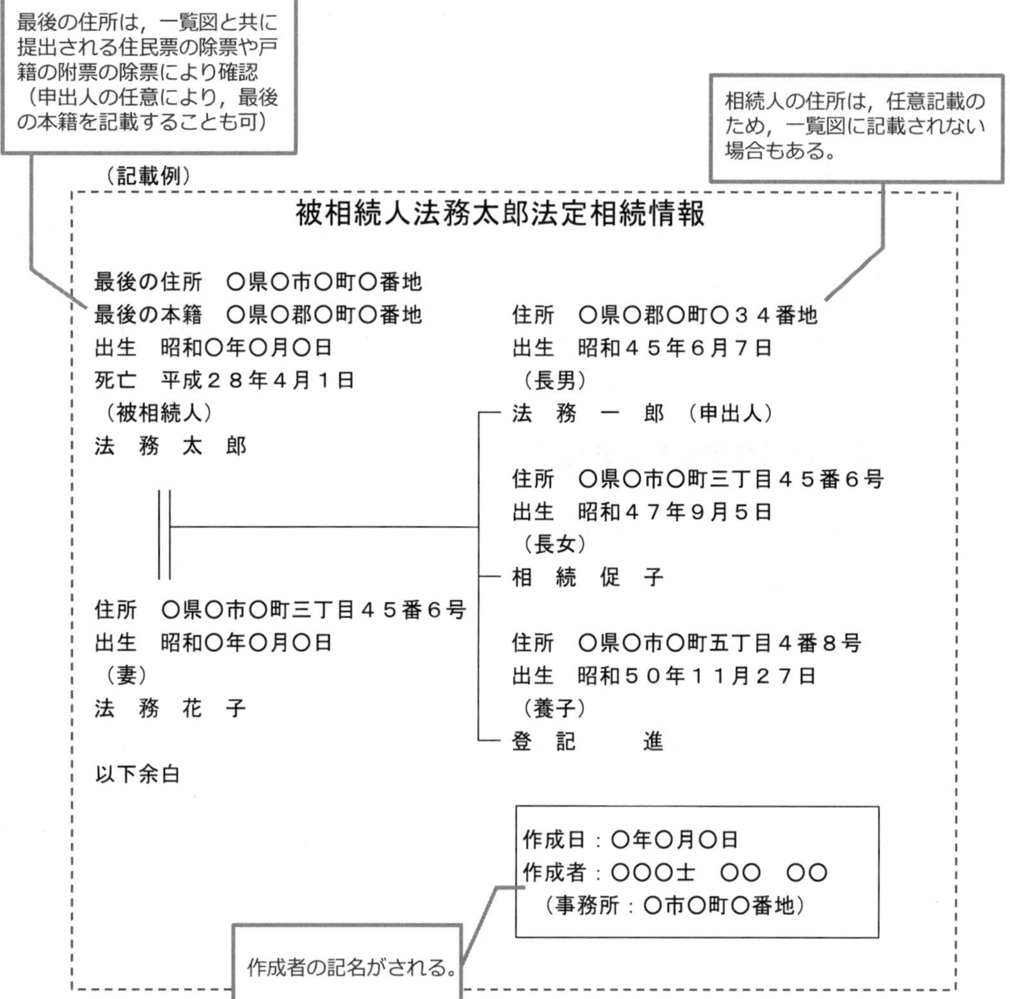

✓ 上記のような図形式のほか，被相続人及び相続人を単に列挙する記載の場合もある。
✓ 作成はＡ４の丈夫な白紙に。手書きも“明瞭に判読”できるものであれば可とする。

（出所）　法務省民事局「～法定相続情報証明制度について～」（令和３年４月１日改訂）

［資料８－18］登記官による認証文の記載された例

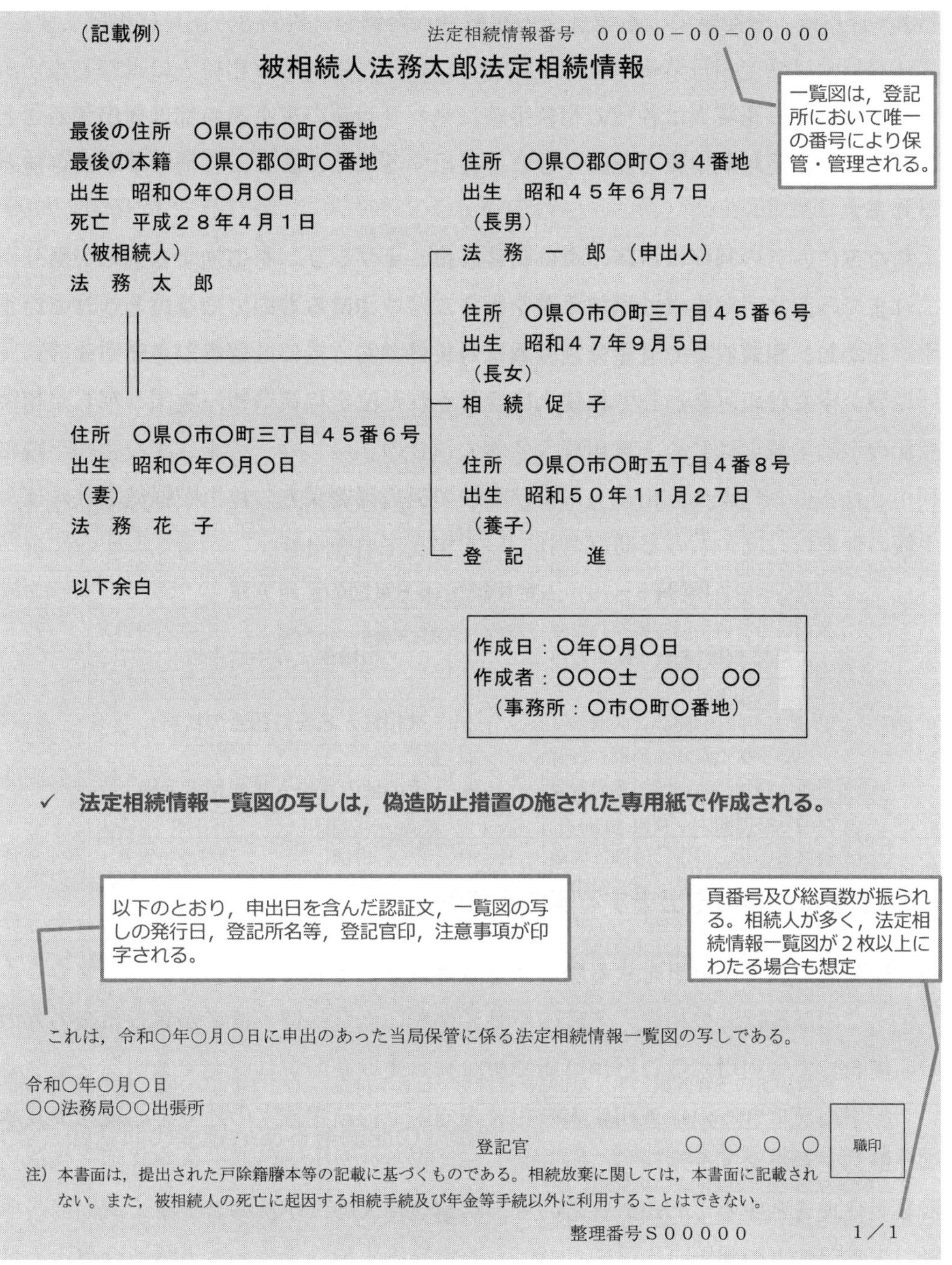

（記載例）　法定相続情報番号　0000－00－00000

被相続人法務太郎法定相続情報

最後の住所　〇県〇市〇町〇番地
最後の本籍　〇県〇郡〇町〇番地
出生　昭和〇年〇月〇日
死亡　平成２８年４月１日
（被相続人）
法　務　太　郎

住所　〇県〇市〇町三丁目４５番６号
出生　昭和〇年〇月〇日
（妻）
法　務　花　子

住所　〇県〇郡〇町〇３４番地
出生　昭和４５年６月７日
（長男）
法　務　一　郎　（申出人）

住所　〇県〇市〇町三丁目４５番６号
出生　昭和４７年９月５日
（長女）
相　続　促　子

住所　〇県〇市〇町五丁目４番８号
出生　昭和５０年１１月２７日
（養子）
登　記　　進

以下余白

作成日：〇年〇月〇日
作成者：〇〇〇士　〇〇　〇〇
（事務所：〇市〇町〇番地）

これは，令和〇年〇月〇日に申出のあった当局保管に係る法定相続情報一覧図の写しである。

令和〇年〇月〇日
〇〇法務局〇〇出張所

登記官　〇　〇　〇　〇　職印

注）本書面は，提出された戸除籍謄本等の記載に基づくものである。相続放棄に関しては，本書面に記載されない。また，被相続人の死亡に起因する相続手続及び年金等手続以外に利用することはできない。

整理番号S００００００　1／1

（出所）　法務省民事局「～法定相続情報証明制度について～」（令和３年４月１日改訂）

参考までに、相続人または代理人が作成する法定相続情報一覧図の記載例を［資料8－17］に、登記官による認証文の記載された例を［資料8－18］に掲げます。

法務局では法定相続情報一覧図を保管し、戸除籍謄本等は相続人に返却します。

これにより、相続人は各種の相続手続に当たり戸籍の束をその都度提出することに代えて、法定相続情報一覧図の写しを提出することにより、各種の手続が可能となります。

ちなみに、この制度は戸籍の束に代替し得るオプションを追加するものであり、これまでどおり戸籍の束で相続手続を行うことを妨げるものではないとされています。しかし、相続放棄や遺産分割協議は対象外である点には留意が必要です。

このような仕組みを通じて相続人に交付された法定相続情報一覧図の写しが相続登記の申請手続をはじめ、被相続人名義の預金の払戻し等、さまざまな相続手続に利用されることにより、相続人および手続の担当部署双方の負担が軽減されれば、手続の促進に役立つものと期待されています（［資料8－19］）。

［資料8－19］法定相続情報一覧図の活用方法

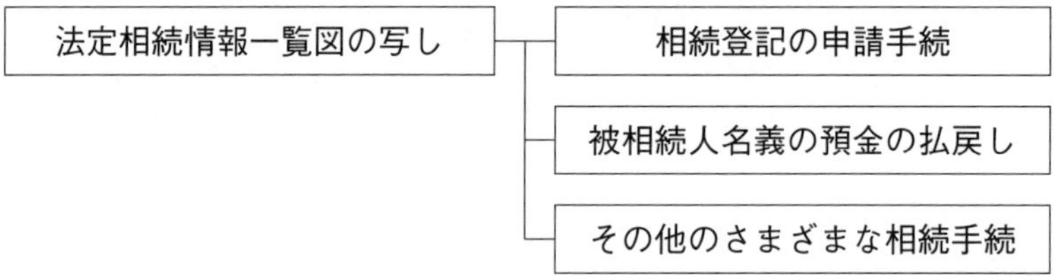

法定相続情報一覧図の写し
- 相続登記の申請手続
- 被相続人名義の預金の払戻し
- その他のさまざまな相続手続

（2）制度の利用の申出をする際の留意点

この制度の利用の申出をする際の留意点は以下のとおりです。

① この制度は、被相続人名義の不動産がない場合（例：遺産が銀行預金のみの場合）でも利用することが可能です。

② 申出ができるのは被相続人の相続人です（当該相続人の地位を相続により承継した者を含みます）。

③ 代理人となることができるのは、法定代理人のほか次の者です。

1）民法上の親族

2）資格者代理人

弁護士、司法書士、土地家屋調査士、税理士、社会保険労務士、弁理士、

海事代理士、行政書士に限定されています。

④　申出をすることができる登記所は、次の地を管轄する法務局のいずれかです(不動産登記の管轄区域によります)。

1）被相続人の本籍地

2）被相続人の最後の住所地

3）申出人の住所地

4）被相続人名義の不動産の所在地

⑤　申出は郵送によることも可能です。

(3) 法定相続情報一覧図

①　法定相続情報一覧図の写しは、相続手続に必要な範囲で複数通発行が可能です。

②　法務局が法定相続情報一覧図を保管期間中（5年間）は、一覧図の写しを再交付することが可能とされています。ただし、再交付を申出することができるのは、当初、一覧図の保管等申出をした申出人に限られます（他の相続人が再交付を希望する場合は、当初の申出人からの委任が必要となります)。

③　推定相続人の廃除（被相続人が相続人から虐待や非行等の行為を受けた場合に、被相続人から家庭裁判所に請求することによって相続権を略奪する制度のこと）があった場合、法定相続情報一覧図には、原則として廃除された者の記載はされません。

(4) その他の留意点

①　被相続人や相続人が日本国籍を有しないなど、戸除籍謄抄本を添付することができない場合は、この制度は利用できません。

②　次に該当する場合、すなわち被相続人の死亡時点に遡って相続人の範囲が変わるようなときは、当初の申出人は再度、法定相続情報一覧図の保管等の申出をすることができます。

1）被相続人の死亡後に子の認知があった場合

2）被相続人の死亡時に胎児であった者が生まれた場合

3）一覧図の写しが交付された後に廃除があった場合等

（5）手続に必要な書類

法定相続情報一覧図の保管および一覧図の写しの交付の申出の手続にあたっての必要書類は［資料8－20］に掲げるとおりです。

（6）法定相続情報一覧図の保管及び交付の申出書の様式

法定相続情報一覧図の保管及び交付の申出書の様式を［資料8－21］に、その記入例を［資料8－22］に掲げます。

（7）長期間相続登記等がされていないことの通知および法定相続人情報の閲覧

法務局では、所有者不明土地の利用の円滑化等に関する特別措置法（平成30年法律第49号）に基づき、長期間にわたって相続登記が行われていない登記情報上の所有者の法定相続人を調査し、そのうちの１名に対して、「長期間相続登記等がされていないことの通知書」を発送しています（通知を発送した人に対し、他の法定相続人と協力するなどして相続登記の申請の検討を促すことがその狙いです）。

なお、通知を受けた人がその土地の相続人として選ばれたわけではなく、法務局ではあくまでも法定相続人のうち任意の１名に対して通知しているため、相続人を誰にするかは法定相続人全員で決定する必要があります。

その際、通知を受けた人は他に相続人がいるかどうか（いる場合は誰なのか）を調査する必要がありますが、これは通知書に記載された不動産を管轄する法務局の窓口で「法定相続人情報」の閲覧を請求することにより確認することができます（「法定相続人情報」の閲覧を郵送で請求することはできないこととされています）。

［資料8－23］は、「法定相続人情報等閲覧申請書」の様式で、［資料8－24］は長期相続登記等未了土地である旨の付記登記の記載例です。

［資料８－20］法定相続情報一覧図の保管・一覧図の写しの交付の申出に必要となる書類

【必ず用意する書類】

番号	書類名	取得先
①	被相続人（死亡した人）の戸除籍謄本 （出生から死亡するまでの連続した戸籍謄本および除籍謄本）	被相続人の本籍地の市区町村役場
②	被相続人（死亡した人）の住民票の除票	被相続人の最後の住所地の市区町村役場
③	相続人の戸籍謄抄本 （相続人全員の現在の戸籍謄本または抄本）	各相続人の本籍地の市区町村役場
④	申出人（相続人の代表となって手続を進める人）の氏名・住所を確認することができる公的書類 具体的には、以下に例示（※）する書類のいずれか一つ。 ・運転免許証のコピー（原本と相違がない旨を記載し、申出人が記名） ・マイナンバーカードの表面のコピー（同上） ・住民票記載事項証明書（住民票の写し）など ※　上記以外の書類については、法務局に確認が必要。	—

（注）被相続人の兄弟姉妹が法定相続人となるときなど、法定相続人の確認のために上記①の書類に加えて被相続人の親等に係る戸除籍謄本の添付が必要な場合があります。

【必要となる場合がある書類】

番号	書類名	取得先
⑤	（法定相続情報一覧図に相続人の住所を記載する場合） 各相続人の住民票記載事項証明書（住民票の写し）（法定相続情報一覧図に相続人の住所を記載するかどうかは相続人の任意）	各相続人の住所地の市区町村役場
⑥	（委任による代理人が申出の手続をする場合） ⑥－１　委任状　⑥－２（親族が代理する場合）申出人と代理人が親族関係にあることが分かる戸籍謄本（①または③の書類で親族関係が分かる場合は不要）⑥－３（資格者代理人が代理する場合）資格者代理人団体所定の身分証明書の写し等	⑥－２について市区町村役場
⑦	（②の書類を取得することができない場合） 被相続人の戸籍の附票（被相続人の住民票の除票が市区町村において廃棄され取得することができない場合は被相続人の戸籍の附票	被相続人の本籍地の市区町村役場

（出所）法務局ホームページ掲載資料を参照のうえ作成。

［資料８－21］法定相続情報一覧図の保管及び交付の申出書の様式

（補完年月日　令和　　年　　月　　日）

申出年月日	令和　　年　　月　　日	法定相続情報番号	-　　-
被相続人の表示	氏　　名 最後の住所 生年月日　　　年　　月　　日 死亡年月日　　　年　　月　　日		
申出人の表示	住所 氏名 連絡先　　－　　－ 被相続人との続柄　（　　　　　）		
代理人の表示	住所（事務所） 氏名 連絡先　　－　　－ 申出人との関係　□法定代理人　□委任による代理人		
利用目的	□不動産登記　□預貯金の払戻し　□相続税の申告 □年金等手続 □その他（　　　　　　　　　　）		
必要な写しの通数・交付方法	通　（□窓口で受取　□郵送　） ※郵送の場合，送付先は申出人（又は代理人）の表示欄にある住所（事務所）となる。		
被相続人名義の不動産の有無	□有 □無	（有の場合，不動産所在事項又は不動産番号を以下に記載する。）	
申出先登記所の種別	□被相続人の本籍地　□被相続人の最後の住所地 □申出人の住所地　□被相続人名義の不動産の所在地		

上記被相続人の法定相続情報一覧図を別添のとおり提出し，上記通数の一覧図の写しの交付を申出します。交付を受けた一覧図の写しについては，被相続人の死亡に起因する相続手続及び年金等手続においてのみ使用し，その他の用途には使用しません。

申出の日から３か月以内に一覧図の写し及び返却書類を受け取らない場合は，廃棄して差し支えありません。

（地方）法務局　　　　支局・出張所　　　　宛

※受領確認書類（不動産登記規則第２４７条第６項の規定により返却する書類に限る。）
戸籍（個人）全部事項証明書（　通），除籍事項証明書（　通）戸籍謄本（　通）
除籍謄本（　通），改製原戸籍謄本（　通）戸籍の附票の写し（　通）
戸籍の附票の除票の写し（　通）住民票の写し（　通），住民票の除票の写し（　通）

受領	確認１	確認２	スキャナ・入力	交付

受取

（出所）［資料８－22］と併せて法務局ホームページ

[資料8－22] 申出書の記入例

●申出書の記入例

法定相続情報一覧図の保管及び交付の申出書

（補完年月日 令和　　年　　月　　日）

申出年月日	令和　○年　○月　○日	法定相続情報番号	－　　－
被相続人の表示	氏　　名　法務　太郎 最後の住所　○県○市○町○番地 生年月日　昭和○年　○月　○日 死亡年月日　平成○年　○月　○日		
申出人の表示	住所　○県○市○町○番地 氏名　法務　次郎 連絡先　090－1234－5678 被相続人との続柄　（　　子　　）		
代理人の表示	住所（事務所） 氏名 連絡先　　－　　－ 申出人との関係　□法定代理人　□委任による代理人		
利用目的	☑不動産登記　☑預貯金の払戻し　□相続税の申告 □年金等手続 □その他（　　　　）		
必要な写しの通数・交付方法	４通　（　□窓口で受取　□郵送　） ※郵送の場合，送付先は申出人（又は代理人）の表示欄にある住所（事務所）となる。		
被相続人名義の不動産の有無	☑有 □無 （有の場合，不動産所在事項又は不動産番号を以下に記載する。） ○市○町○丁目○番		
申出先登記所の種別	□被相続人の本籍地　□被相続人の最後の住所地 ☑申出人の住所地　□被相続人名義の不動産の所在地		

上記被相続人の法定相続情報一覧図を別添のとおり提出し，上記通数の一覧図の写しの交付を申出します。交付を受けた一覧図の写しについては，被相続人の死亡に起因する相続手続及び年金等手続においてのみ使用し，その他の用途には使用しません。

申出の日から３か月以内に一覧図の写し及び返却書類を受け取らない場合は，廃棄して差し支えありません。

○○（地方）法務局　　○○　支局・出張所　　　　宛

※受領確認書類（不動産登記規則第２４７条第６項の規定により返却する書類に限る。）
戸籍（個人）全部事項証明書（　通），除籍事項証明書（　通）　戸籍謄本（　通）
除籍謄本（　通），改製原戸籍謄本（　通）　戸籍の附票の写し（　通）
戸籍の附票の除票の写し（　通）住民票の写し（　通），住民票の除票の写し（　通）

受領	確認１	確認２	スキャナ・入力	交付

受取

申出をする年月日を記入してください。なお，郵送による申出の場合には，登記所に申出書等が届いた日を申出年月日として取り扱いますので，ご了承をお願いします。

申出人の住所，氏名，連絡先及び被相続人との続柄を記入してください。

一覧図の写しの利用目的をチェック✓又は記入してください。その他欄に記入する場合は，単に「相続手続」とせず，具体的な相続手続の名称（例えば，「株式の相続手続」等）を記入してください。

被相続人名義の不動産の有無をチェック✓してください。有をチェック✓した場合は，不動産所在事項又は不動産番号を記入してください。
なお，不動産が複数ある場合は，そのうちの一つを記入することで差し支えありませんが，「申出先登記所の種別」欄において申出先登記所を「被相続人名義の不動産の所在地」と選択した場合は，記入した被相続人名義の不動産が申出先登記所の管轄内のものである必要があります。

申出先登記所の登記所名を具体的に記入してください。なお，管轄の登記所は，法務局ホームページの「管轄のご案内」からお調べいただけます。

黒太枠内の事項を記入してください。

被相続人（亡くなられた方）の氏名，最後の住所，生年月日及び死亡年月日を記入してください。

（代理によって申出をする場合）代理人の住所，氏名，連絡先を記入し，申出人との関係が法定代理人・委任による代理人のどちらであるかをチェック✓してください。

一覧図の写しの必要通数を記入するとともに，一覧図の写しの受取（戸除籍謄抄本の返却を含む）方法について，窓口で受取・郵送のどちらであるかをチェック✓してください。
なお，郵送による場合は，返信用の封筒及び郵便切手が必要です。
また，窓口で受取をする場合は，受取人の確認のため，「申出人の表示」欄に記載した住所及び氏名と同一のものが記載された公的書類を持参してください。

申出をする登記所は，以下の地を管轄する登記所のいずれかを選択してください。
①被相続人の本籍地（死亡時の本籍）
②被相続人の最後の住所地
③申出人の住所地
④被相続人名義の不動産の所在地

［資料８－23］法定相続人情報等閲覧申請書

不動産用　法定相続人情報等閲覧申請書

請求人	住所	収入印紙欄
	氏名	収入印紙 収入印紙 （450円） 割印をしないでください。

☑　法定相続人情報（写しをお渡しします。）

① 利害関係　所有権登記名義人＿＿＿＿＿の相続人
（相続人でない場合）＿＿＿＿＿＿＿＿＿＿＿＿＿＿

② 作成番号　＿＿＿＿＿—＿＿＿＿—＿＿＿＿＿

（「長期間相続登記がされていないことの通知」の記３に記載されている作成番号を記載してください。）

注意事項

請求できるのは，登記名義人の相続人等の利害関係を有する方に限られます。

請求人の運転免許証等の本人確認書類の提示が必要です。

相続人以外の方が代理人として窓口に来られる場合は，相続人の方の本人確認書類（写し）のほかに委任状及び窓口に来られる方の本人確認書類が必要です。

□　法定相続人情報つづり込み帳（閲覧のみです。）

交付通数	交付枚数	手数料	受付・交付年月日

神戸地方法務局

（出所）　法務局ホームページ

［資料８－24］長期相続登記等未了土地である旨の付記登記の記載例

１　所有権の保存の登記

権　利　部　（甲区）　　（所有権に関する事項）			
順位番号	登　記　の　目　的	受付年月日・受付番号	権利者その他の事項
1	所有権保存	昭和何年何月何日 第何号	所有者　何市何町何番地 　甲　某
付記１号	長期相続登記等未了土地	余白	作成番号　第5100-2018-0001号 平成30年何月何日付記

（相続人の全部又は一部が判明しないとき）

権　利　部　（甲区）　　（所有権に関する事項）			
順位番号	登　記　の　目　的	受付年月日・受付番号	権利者その他の事項
1	所有権保存	昭和何年何月何日 第何号	所有者　何市何町何番地 　甲　某
付記１号	長期相続登記等未了土地	余白	作成番号　第5100-2018-0002号 （相続人の全部（又は一部）不掲載） 平成30年何月何日付記

２　所有権の移転の登記（単有）

権　利　部　（甲区）　　（所有権に関する事項）			
順位番号	登　記　の　目　的	受付年月日・受付番号	権利者その他の事項
2	所有権移転	昭和何年何月何日 第何号	原因　昭和何年何月何日売買 所有者　何市何町何番地 　甲　某
付記１号	長期相続登記等未了土地	余白	作成番号　第5100-2018-0003号 平成30年何月何日付記

３　所有権の移転の登記（共有）

権　利　部　（甲区）　　（所有権に関する事項）			
順位番号	登　記　の　目　的	受付年月日・受付番号	権利者その他の事項
2	所有権移転	昭和何年何月何日 第何号	原因　昭和何年何月何日売買 共有者 　何市何町何番地 　持分２分の１ 　甲　某 　何市何町何番地 　２分の１ 　乙　某
付記１号	２番共有者乙某につき長期相続登記等未了土地	余白	作成番号　第5100-2018-0004号 平成30年何月何日付記
付記２号	２番共有者甲某につき長期相続登記等未了土地	余白	作成番号　第5100-2018-0005号 平成30年何月何日付記

（出所）　法務局ホームページ

3 相続の場合に権利部（乙区）欄にされる登記

（1）元本確定前の相続による根抵当権の移転と指定根抵当権者の合意の登記

根抵当権の設定されている不動産につき、元本の確定前に根抵当権者が死亡し、相続が開始した場合には、相続による根抵当権の移転登記を行うこととなります（［資料8－25］の順位番号1番の付記1号欄を参照）。

［資料8－25］根抵当権者の相続と合意の登記（一部抜粋）

権　利　部（乙区）　（所有権以外の権利に関する事項）			
順位番号	登　記　の　目　的	受付年月日・受付番号	権利者その他の事項
1	根抵当権設定	令和○年○月○日 第○○○号	原因　令和○年○月○日設定 （中略） 根抵当権者　○○市○○町○丁目○番 甲
付記1号	1番根抵当権移転	令和○年○月○日 第○○○号	原因　令和○年○月○日相続 根抵当権者 A B
付記2号	1番根抵当権変更	令和○年○月○日 第○○○号	原因　令和○年○月○日合意 指定根抵当権者 A

しかし、相続開始後に根抵当権者の相続人が取得する新たな債権を同じ根抵当権によって担保させるためには、根抵当権者の相続人と根抵当権設定者との間でその旨の合意をすることが必要となります（民法398条の8第1項）。

民法398条の8（根抵当権者又は債務者の相続）

1　元本の確定前に根抵当権者について相続が開始したときは、根抵当権は、相続開始の時に存する債権のほか、相続人と根抵当権設定者との合意により定めた相続人が相続の開始後に取得する債権を担保する。

2　元本の確定前にその債務者について相続が開始したときは、根抵当権は、相続開始の時に存する債務のほか、根抵当権者と根抵当権設定者との合意により定めた相続人が相続の開始後に負担する債務を担保する。

3　第398条の4第2項の規定は、前2項の合意をする場合について準用する。

4　第１項及び第２項の合意について相続の開始後６箇月以内に登記をしないときは、担保すべき元本は、相続開始の時に確定したものとみなす。

双方の間で合意が成立した場合、指定根抵当権者の合意の登記を行いますが、これは新たな債権も担保する（＝追加する）という意味で根抵当権の変更となり（[資料８－26］の順位番号１番の付記２号欄を参照)、相続開始後６か月以内に根抵当権の変更登記が必要となります。仮に、６か月以内に変更登記を行わなかった場合は、担保すべき元本は相続開始時にさかのぼって確定し（同法398条の８第４項)、相続開始時の債権のみが担保されることとなります（新たな債権は担保されません)。

なお、合意に際しては後順位担保権者の承諾は不要とされていますが、これは上記条文（同条３項）に基づいています。すなわち、ここにいう398条の４第２項の規定とは次の下線部のものを指すからです。

民法398条の４（根抵当権の被担保債権の範囲及び債務者の変更)

1　元本の確定前においては、根抵当権の担保すべき債権の範囲の変更をすることができる。債務者の変更についても、同様とする。

2　前項の変更をするには、後順位の抵当権者その他の第三者の承諾を得ることを要しない。

3　第１項の変更について元本の確定前に登記をしなかったときは、その変更をしなかったものとみなす。

（２）元本確定前の根抵当権の債務者の相続と指定債務者の合意の登記

上記（１）で述べた内容は、根抵当権者に関して相続が発生したケースを前提としていました。これに対し、以下に述べる内容は根抵当権設定者（債務者）に相続が発生した場合を想定しています。

根抵当権の設定されている不動産につき、元本の確定前に根抵当権設定者（債務者）が死亡し、相続が開始した場合には、相続による根抵当権の債務者の変更登記を行うこととなります（[資料８－26］の順位番号１番の付記１号欄を参照)。

しかし、債務者の相続人が相続開始後に負担する債務を同じ根抵当権によって担保させるためには、根抵当権者と指定債務者（相続による根抵当権の債務者の変更登記により債務者とされた相続人のなかから選任します）との間でその旨の合意をすることが必要となります（民法398条の８第２項)。

［資料８－26］根抵当権の債務者の相続と合意の登記（一部抜粋）

権　利　部　（甲区）　　（所有権に関する事項）			
順位番号	登　記　の　目　的	受付年月日・受付番号	権利者その他の事項
1	所有権保存	令和○年○月○日 第○○○号	所有者　○○市○○町○丁目○番 A
2	所有権移転	令和○年○月○日 第○○○号	原因　令和○年○月○日相続 （中略） 所有者　B

権　利　部　（乙区）　　（所有権以外の権利に関する事項）			
順位番号	登　記　の　目　的	受付年月日・受付番号	権利者その他の事項
1	根抵当権設定	令和○年○月○日 第○○○号	原因　令和○年○月○日設定 （中略） 債務者　A 根抵当権者　○○市○○町○丁目○番 甲銀行
付記１号	１番根抵当権変更	令和○年○月○日 第○○○号	原因　令和○年○月○日相続 債務者　B C
付記２号	１番根抵当権変更	令和○年○月○日 第○○○号	原因　令和○年○月○日合意 指定債務者　B

そして、その合意の登記（＝変更の登記）（［資料８－26］の順位番号１番の付記２号欄を参照）は、上記（１）で述べたことと同じく、相続開始後６か月以内に行うことが必要となります（仮に、６か月以内に変更登記を行わなかった場合は、担保すべき元本は相続開始時にさかのぼって確定します（同条４項））。

［資料８－26］のケースでは、合意の当事者は、根抵当権者（甲銀行）と担保の対象となっている不動産（所有権）を相続した者（B）ということになります。なお、指定債務者は、相続による根抵当権の債務者の変更登記により債務者とされた相続人のなかから選定します（本ケースでは、Bが指定債務者となっています）。

また、指定債務者の合意に関しても、利害関係人等の第三者の承諾は不要とされています（同条３項）。

4　根抵当権者または債務者の合併による登記

（１）元本確定前の根抵当権者の合併による根抵当権移転登記

根抵当権の元本確定前に、根抵当権者である法人について合併があった場合、根抵当権は当然に合併後の法人に移転し、合併時に存在する債権のほか、その法人が合併後に取得する債権も担保することとなります（民法398条の９第１項）。

しかし、根抵当権設定者にとっては、合併後の法人に根抵当権が当然に移転することとなれば、まったく見ず知らずの債権者のために根抵当権を設定したことと同じとなります。そのため、根抵当権設定者の利益保護もあり、このような状況下においては、根抵当権設定者は合併後の法人に対し、元本の確定を請求できるとされています（同条３項）。

この請求は、根抵当権設定者が合併を知った日から２週間以内に、しかも、合併の日から１か月以内に行わなければなりません（同条５項）。

なお、根抵当権設定者からの確定請求があった場合、担保すべき元本は合併の時に確定したものとみなされます（同条４項）。

民法398条の９（根抵当権者又は債務者の合併）

1　元本の確定前に根抵当権者について合併があったときは、根抵当権は、合併の時に存する債権のほか、合併後存続する法人又は合併によって設立された法人が合併後に取得する債権を担保する。

2　元本の確定前にその債務者について合併があったときは、根抵当権は、合併の時に存する債務のほか、合併後存続する法人又は合併によって設立された法人が合併後に負担する債務を担保する。

3　前二項の場合には、根抵当権設定者は、担保すべき元本の確定を請求することができる。ただし、前項の場合において、その債務者が根抵当権設定者であるときは、この限りでない。

4　前項の規定による請求があったときは、担保すべき元本は、合併の時に確定したものとみなす。

5　第３項の規定による請求は、根抵当権設定者が合併のあったことを知った日から２週間を経過したときは、することができない。合併の日から１箇月を経過したときも、同様とする。

ちなみに、[資料8－27]は、法人の合併があった場合の根抵当権の移転登記の一例です。

[資料8－27] 根抵当権者（法人）の合併があった場合の根抵当権の移転登記（一部抜粋）

権　利　部　（乙区）　　（所有権以外の権利に関する事項）			
順位番号	登　記　の　目　的	受付年月日・受付番号	権利者その他の事項
1	根抵当権設定	令和○年○月○日 第○○○号	原因　令和○年○月○日設定 （中略） 根抵当権者　○○区○○一丁目一番一号 株式会社甲銀行
付記1号	1番根抵当権移転	令和○年○月○日 第○○○号	原因　令和○年○月○日合併 根抵当権者　○○区○○四丁目二番三号 株式会社乙銀行

（2）元本確定前の根抵当権の債務者の合併による変更登記

上記（1）で述べた内容は、根抵当権者である法人につき合併が発生したケースを前提としていました。これに対し、以下に述べる内容は根抵当権設定者(債務者)である法人に合併が発生した場合を想定しています。

根抵当権の元本確定前に、根抵当権の債務者である法人について合併があった場合、合併後の法人が根抵当権設定者（債務者）の地位を承継し、合併前の法人が負担していた債務と合併後の法人が合併後に負担する債務が根抵当権によって担保されることとなります（民法398条の9第2項）。

しかし、このようなケースについても、上記（1）と同様に（＝根抵当権設定者の利益保護もあり）、根抵当権設定者は根抵当権者に対し元本の確定を請求できる

[資料8－28] 債務者（法人）の合併があった場合の根抵当権の変更登記（一部抜粋）

権　利　部　（乙区）　　（所有権以外の権利に関する事項）			
順位番号	登　記　の　目　的	受付年月日・受付番号	権利者その他の事項
1	根抵当権設定	令和○年○月○日 第○○○号	原因　令和○年○月○日設定 （中略） 債務者　○○区○○五丁目八番一号 A株式会社
付記1号	1番根抵当権変更	令和○年○月○日 第○○○号	原因　令和○年○月○日合併 債務者　○○区○○三丁目五番七号 B株式会社

とされています(同条3項)。なお、請求期間については上記(1)と同じ扱いです。

ちなみに、[資料8－28]は、債務者である法人の合併があった場合の根抵当権の変更登記の一例です。

5　配偶者居住権の登記

(1)配偶者居住権とは

令和2年4月1日から施行された改正民法により、配偶者居住権の制度が適用されています。ここで、配偶者居住権とは、相続開始時に被相続人所有の建物に居住する配偶者が、相続開始後、終身にわたりその建物を無償で使用することができる権利を指します。

ただし、配偶者居住権が成立するためには、次の要件を満たすことが必要となります。

① 残された配偶者が、亡くなった人の法律上の配偶者であること

② 相続開始時に配偶者が被相続人の所有する建物に居住していたこと。

③ 配偶者に配偶者居住権を取得させる旨の遺産分割、遺贈または死因贈与がなされたこと。

民法1028条(配偶者居住権)

1　被相続人の配偶者(以下この章において単に「配偶者」という。)は、被相続人の財産に属した建物に相続開始の時に居住していた場合において、次の各号のいずれかに該当するときは、その居住していた建物(以下この節において「居住建物」という。)の全部について無償で使用及び収益をする権利(以下この章において「配偶者居住権」という。)を取得する。ただし、被相続人が相続開始の時に居住建物を配偶者以外の者と共有していた場合にあっては、この限りでない。

一　遺産の分割によって配偶者居住権を取得するものとされたとき。

二　配偶者居住権が遺贈の目的とされたとき。

2　居住建物が配偶者の財産に属することとなった場合であっても、他の者がその共有持分を有するときは、配偶者居住権は、消滅しない。

3　第903条第4項の規定は、配偶者居住権の遺贈について準用する。

また、上記以外の場合でも、配偶者居住権の取得に関する家庭裁判所の決定がな

されたときには配偶者居住権が成立します（下記条文を参照）。

民法1029条（審判による配偶者居住権の取得）

遺産の分割の請求を受けた家庭裁判所は、次に掲げる場合に限り、配偶者が配偶者居住権を取得する旨を定めることができる。

一　共同相続人間に配偶者が配偶者居住権を取得することについて合意が成立しているとき。

二　配偶者が家庭裁判所に対して配偶者居住権の取得を希望する旨を申し出た場合において、居住建物の所有者の受ける不利益の程度を考慮してもなお配偶者の生活を維持するために特に必要があると認めるとき（前号に掲げる場合を除く。）。

（２）配偶者居住権の登記

居住建物の所有者は、配偶者に対し、配偶者居住権の設定の登記を備えさせる義務を負います（民法1031条）。配偶者居住権の登記がなされていれば、建物が第三者に譲渡された場合でも、配偶者は第三者に対して配偶者居住権を主張することができます。

民法1031条（配偶者居住権の登記等）

1　居住建物の所有者は、配偶者（配偶者居住権を取得した配偶者に限る。以下この節において同じ。）に対し、配偶者居住権の設定の登記を備えさせる義務を負う。

（第２項省略）

また、配偶者居住権の存続期間は、遺言書による別段の定めがない限り、配偶者の終身の間となります（同法1030条）。なお、配偶者居住権は、配偶者の居住権を保護するため特に認められた権利であるため、配偶者は配偶者居住権を他人に譲渡することはできません（同法1032条２項）。

次に、配偶者居住権の登記事項ですが、これに関しては不動産登記法に次のとおり定められています。

不動産登記法81条の２（配偶者居住権の登記の登記事項）

配偶者居住権の登記の登記事項は、第59条各号に掲げるもの（筆者注：権利に関する登記の登記事項）のほか、次のとおりとする。

一　存続期間

二　第三者に居住建物（民法第1028条第１項に規定する居住建物をいう。）の使用又は収益をさせることを許す旨の定めがあるときは、その定め

参考までに、配偶者居住権の登記されている登記事項証明書（乙区）欄の一例を［資料８－29］に掲げます。

［資料８－29］遺産分割協議に基づく配偶者居住権の登記

権　利　部　（乙区）　　（所有権以外の権利に関する事項）			
順位番号	登　記　の　目　的	受付年月日・受付番号	権利者その他の事項
1	配偶者居住権設定	令和○年○月○日 第○○○号	原因　令和○年○月○日遺産分割 存続期間　令和○年○月○日から配偶者居住権者の死亡時まで 特約　第三者に居住建物の使用又は収益をさせることができる 配偶者居住権者 ○○市○○町○丁目○番○号 甲野　花子

（３）配偶者短期居住権とは

配偶者短期居住権とは、残された配偶者が被相続人所有の建物に居住していた場合、遺産分割協議が成立するまで、あるいは協議が早く成立した場合でも、被相続人が亡くなってから６か月間は無償で当該建物に住み続けることができる権利のことです（遺言等で配偶者以外の第三者が建物の所有権を相続した場合、第三者はいつでも配偶者短期居住権を消滅させるよう申し入れができますが、その場合であっても、残された配偶者は申し入れを受けた日から６か月間は無償で建物に住み続けることができるというものです）。

民法1037条（配偶者短期居住権）

1　配偶者は、被相続人の財産に属した建物に相続開始の時に無償で居住していた場合には、次の各号に掲げる区分に応じてそれぞれ当該各号に定める日までの間、その居住していた建物（以下この節において「居住建物」という。）の所有権を相続又は遺贈により取得した者（以下この節において「居住建物取得者」という。）に対し、居住建物について無償で使用する権利（居住建物の一部のみを無償で使用していた場合にあっては、その部分について無償で使用する権利。以下この節において「配偶者短期居住権」という。）を有する。ただし、配偶者が、相続開始の時において居住建物にかかる配偶者居住権を取得したとき、又は第891条の規定に該当し若しくは廃除に

よってその相続権を失ったときは、この限りでない。

一　居住建物について配偶者を含む共同相続人間で遺産の分割をすべき場合　遺産の分割により居住建物の帰属が確定した日又は相続開始の時から6箇月を経過する日のいずれか遅い日

二　前号に掲げる場合以外の場合　第3項の申入れの日から6箇月を経過する日

2　前項本文の場合においては、居住建物取得者は、第三者に対する居住建物の譲渡その他の方法により配偶者の居住建物の使用を妨げてはならない。

3　居住建物取得者は、第1項第1号に掲げる場合を除くほか、いつでも配偶者短期居住権の消滅の申入れをすることができる。

なお、配偶者短期居住権は登記をすることができません。これに関しては法務省ホームページ（https://www.moj.go.jp/MINJI/minji07_00028.html）に次の解説があります。

「**Q14：配偶者短期居住権が存続している間、配偶者と居住建物取得者には、どのような法律関係が生じますか**

配偶者短期居住権が存続している間の配偶者短期居住権者と居住建物の所有者と間の主な法律関係は、次のとおりです。

（1）～（4）省略

（5）登記について

配偶者居住権と異なり、配偶者短期居住権は、登記することはできません。万が一、建物が第三者に譲渡されてしまった場合には、その第三者に対して、配偶者短期居住権を主張することができません。配偶者は、建物を譲渡した者に対して、債務不履行に基づく損害賠償を請求することが考えられます。」

6　相続税の申告

相続登記とともに、相続税の申告・納付が大きな問題となります。これに関しては税理士等の専門家に相談する必要がありますが、最低限知っておくべき基本知識を以下に掲げておきます。

1 相続税の申告が必要な場合とは

相続税の申告は、相続または遺贈により取得した財産（被相続人の死亡前3年以内に被相続人から贈与により取得した財産を含みます）および相続時精算課税の適用を受けて贈与により取得した財産の額(相続時精算課税にかかる贈与については、贈与時の価額)の合計額が遺産にかかる基礎控除額を超える場合に必要となります。

したがって、その遺産にかかる基礎控除額の範囲内であれば申告は不要となります。

❷申告の期限

相続税の申告は、被相続人が死亡したことを知った日（通常の場合は、被相続人の死亡の日）の翌日から10か月以内に行うこととされています（たとえば、１月６日に死亡した場合にはその年の11月６日が申告期限となります)。

申告期限までに申告をしなかった場合や、実際に取得した財産の額より少ない額で申告をした場合には、加算税や延滞税の対象となります。なお、申告書の提出先は、被相続人の死亡の時における住所が日本国内にある場合は、被相続人の住所地を所轄する税務署であり、財産を取得した人の住所地を所轄する税務署ではない点に留意が必要です。

❸基礎控除額の計算式

基礎控除額は以下の計算式によって求めます。

基礎控除額＝3,000万円＋（600万円×法定相続人の数）

たとえば、法定相続人が３名（配偶者、子２名）の場合は、

3,000万円＋（600万円×３名）＝4,800万円

と計算されます。

相続財産から債務の額（借入金等）を控除した残りの金額が正味の相続財産の額となり、これと基礎控除額を比較して、正味相続財産の額のほうが少なければ相続税の申告義務は生じないということになります。

❹相続税額の計算方法

基礎控除額の計算は上記のとおり簡単にできるにしても、正味相続財産を算定するまでの過程は複雑であり、土地や建物については財産評価基本通達に基づく評価方法に則って算定しなければなりません。それだけでなく、相続財産の金額を求めた後に行う税額計算の方法もかなり細かなものとなっています。ここでは、国税庁ホームページに掲載されている相続税の一般的な計算方法を紹介しておきます。

⑴　各人の課税価格の計算

まず、相続や遺贈および相続時精算課税の適用を受ける贈与によって財産を取得

した人ごとに、課税価格を次のように計算します。

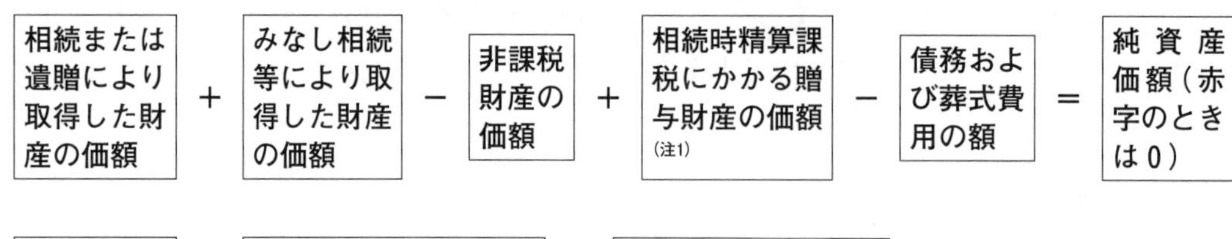

純資産価額 ＋ 相続開始前３年以内の贈与財産の価額(注2) ＝ 各人の課税価格（千円未満切り捨て）

（注１） 相続時精算課税の特定贈与者（相続時精算課税に係る贈与者を）が死亡した場合には、相続時精算課税の適用者（受贈者）が特定贈与者から相続または遺贈により財産を取得しない場合であっても、相続時精算課税の適用を受けた贈与財産は相続または遺贈により取得したものとみなされ、贈与の時の価額で相続税の課税価格に算入されることになる。

また、令和５年度税制改正により、令和６年１月１日以後に相続時精算課税の適用者がその年中において特定贈与者からの贈与により取得した財産に係るその年分の贈与税については、相続時精算課税に係る贈与税の課税価格から110万円を控除することとされた（租税特別措置法70条の３の２）。

（注２） 相続または遺贈により財産を取得した相続人等が、相続開始前３年以内にその被相続人からの暦年課税に係る贈与によって取得した財産の価額をいう。

また、令和５年度税制改正により、相続または遺贈により財産を取得した者が当該相続の開始前７年以内に当該相続に係る被相続人から贈与により財産を取得したことがある場合には、当該贈与により取得した財産を相続税の課税価格に算入する制度が令和６年１月１日以降適用される（相続税法19条）。

(2) 相続税の総額の計算

相続税の総額は、次のように計算します。

1） 上記の「各人の課税価格の計算」で計算した各人の課税価格を合計して、課税価格の合計額を計算します。

各相続人の課税価格の合計＝課税価格の合計額

2） 課税価格の合計額から基礎控除額を差し引いて、課税される遺産の総額を計算します。

課税価格の合計額－基礎控除額（3,000万円＋600万円×法定相続人の数）

＝課税遺産総額

（注１） 法定相続人の数は、相続の放棄をした人がいても、その放棄がなかったものとした場合の相続人の数をいいます。

（注２） 法定相続人のなかに養子がいる場合の法定相続人の数は、次のとおりとなります。

（1）　被相続人に実子がいる場合は、養子のうち１人までを法定相続人に含めます。

（2）　被相続人に実子がいない場合は、養子のうち２人までを法定相続人に含めます。

3）　上記ロで計算した課税遺産総額を、各法定相続人が民法に定める法定相続分に従って取得したものとして、各法定相続人の取得金額を計算します。

課税遺産総額×各法定相続人の法定相続分＝法定相続分に応ずる各法定相続人の取得金額（千円未満切り捨て）

4）　上記３）で計算した各法定相続人の取得金額に税率を乗じて相続税の総額のもととなる税額を算出します。

法定相続分に応ずる各法定相続人の取得金額×税率＝算出税額

5）　上記４）で計算した各法定相続人の算出税額を合計して相続税の総額を計算します。

各法定相続人の算出税額の合計＝相続税の総額

(3)　各人の相続税額の計算

上記の「相続税の総額の計算」で計算した相続税の総額を、財産を取得した人の課税価格に応じて割り振って、財産を取得した人ごとの税額を計算します。

相続税の総額×各人の課税価格÷課税価格の合計額＝各相続人等の税額

(4)　各人の納付税額の計算

上記の「各人ごとの相続税額の計算」で計算した各相続人等の税額から各種の税額控除額を差し引いた残りの額が各人の納付税額になります。ただし、財産を取得した人が被相続人の配偶者、父母、子供以外の者である場合、税額控除を差し引く前の相続税額にその20パーセント相当額を加算した後､税額控除額を差し引きます。

なお、子供が被相続人の死亡以前に死亡しているときの孫（その子供の子）については、相続税額にその20％相当額を加算する必要はありませんが、子供が被相続人の死亡以前に死亡していない場合の被相続人の養子である孫については加算する必要があります。

各種の税額控除等は次の順序で計算します。

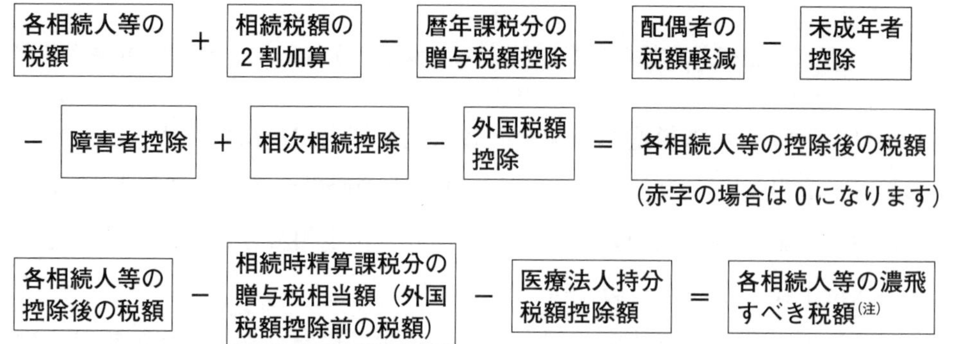

（注） 相続時精算課税分の贈与税相当額を控除した結果、赤字の場合または「０」のときには、医療法人持分税額控除額は「０」となります。

（出所） 国税庁ホームページ「タックスアンサー」No. 4152（相続税の計算）

第9章

閉鎖登記簿および土地台帳の記載事項の調査——土壌汚染物質の調査等との関連

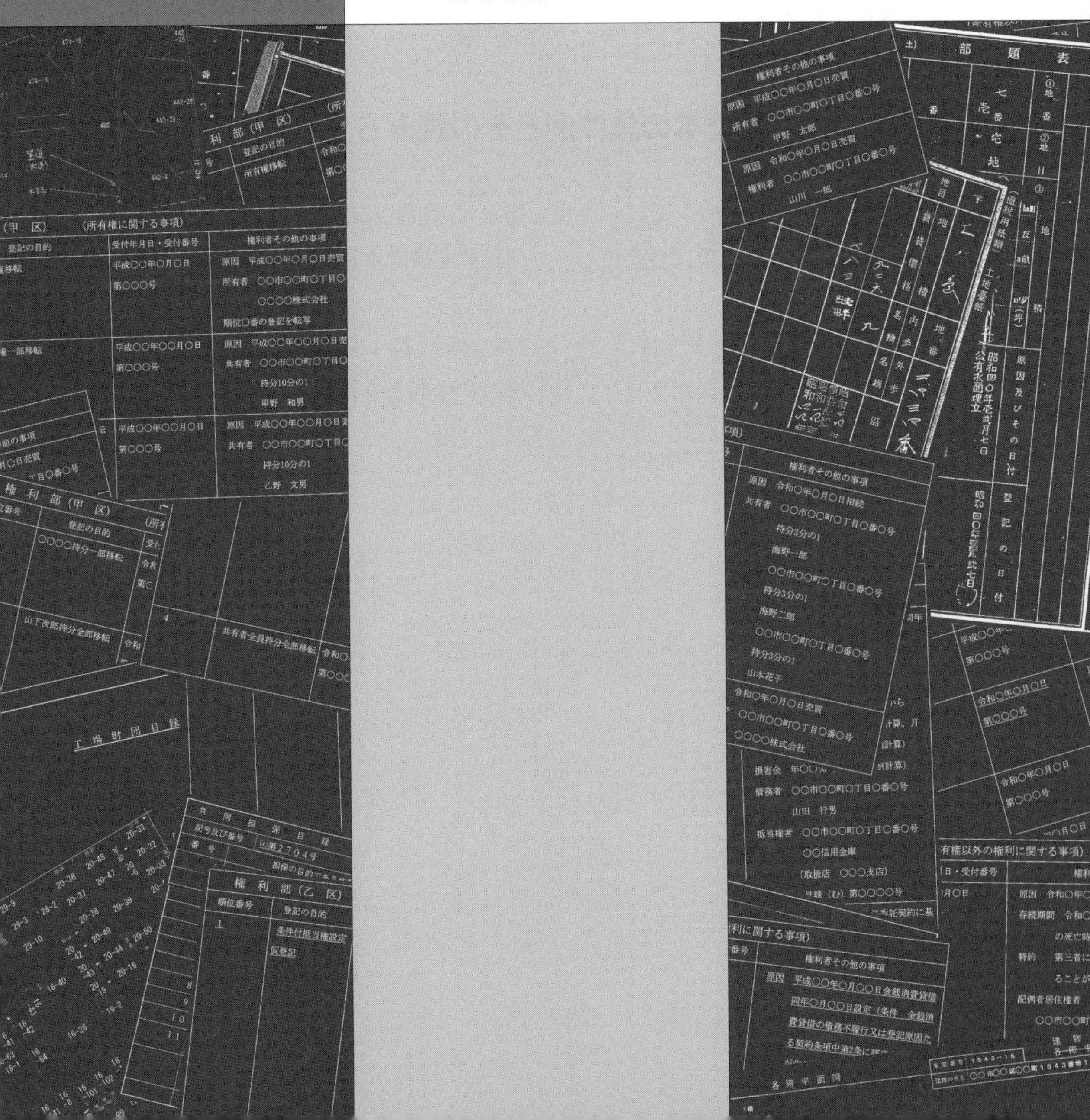

今日では、土壌汚染物質の調査や地下埋設物調査等に伴う過去の使用履歴との関連から、閉鎖登記簿および土地台帳に遡った調査の必要性が生じています。

金融機関で融資や管理、回収等の業務を担当される方にとって、担保価値の把握はきわめて重要であることは改めて述べるまでもありません。そして、これを把握するにあたっては、その減価要因として作用する土壌汚染、地下埋設物、埋蔵文化財包蔵地、PCB含有物質、アスベスト、災害危険区域の指定などさまざまな項目を調査する必要があります。

本章では、これらのうち登記簿調査から過去の使用履歴のヒントを得ることを狙いとして、閉鎖登記簿および土地台帳の記載事項を調査するために必要な知識について述べることとします。

1 閉鎖登記簿謄本の具体例とその読み方

地歴調査のためには、コンピュータ化に伴って閉鎖された登記簿（閉鎖事項証明書）だけでなく、それ以前にさかのぼって閉鎖登記簿謄本を確認する等の調査が必要となります。

閉鎖登記簿の性格と請求方法については第２章で述べましたので、ここでは土地・建物について閉鎖されたブック式登記簿の具体例とその読み方を述べておきます。

［資料９－１］は、分合筆前の元地番（７番１）にさかのぼって取得した土地の閉鎖登記簿謄本（表題部）です。

ここで取り上げている７番１の土地に関しては、何回かにわたり分合筆が繰り返されていますが、当初にさかのぼって調査の必要が生じたため閉鎖謄本を取得したものです（登記原因は「公有水面埋立」となっています。そのため、これ以上さかのぼった登記記録は存在しません）。

［資料９－１］分合筆前の地番にさかのぼって取得した土地の閉鎖登記簿謄本（表題部）

7－1

表題部（土地の表示）

所在　○○市

①地番　七番壱

②地目　宅地

原因及びその日付：昭和四〇年壱弐月七日公有水面埋立
登記の日付：昭和四〇年拾弐月弐七日

原因及びその日付：③七番弐を合筆
登記の日付：昭和四拾七年拾月拾六日

原因及びその日付：③同 七番四壱
登記の日付：昭和六参年六月拾参日

原因及びその日付：③七番壱・七番五～七番六・七番七・七番八に分筆
登記の日付：平成元年六月八日

表題部（土地の表示）

所有者　○○市○○町○丁目○○番地

原因及びその日付：③七番参・七番七を合筆
登記の日付：平成壱七年六月壱七日

原因及びその日付：③錯誤
登記の日付：平成壱七年六月壱七日

原因及びその日付：③七番壱・七番九乃至七番壱弐に分筆
登記の日付：平成壱七年六月壱七日

平成壱七年法務省令第十八号附則第三条第二項の規定により移記
平成壱八年弐月弐参日閉鎖

平成壱七年法務省令第十八号附則第三条第二項の規定により移記
平成壱八年弐月弐参日閉鎖

土地登記用紙（表題部）印登不一五〇

次に、［資料９－２］は、コンピュータ化に伴って閉鎖された土地の登記簿の謄本（表題部）です（［資料９－１］とは別の土地です）。

このケースも登記原因は「公有水面埋立」となっていますので、これ以前の登記簿は存在しません。

［資料９－２］コンピュータ化に伴って閉鎖された土地の登記簿の謄本（表題部）

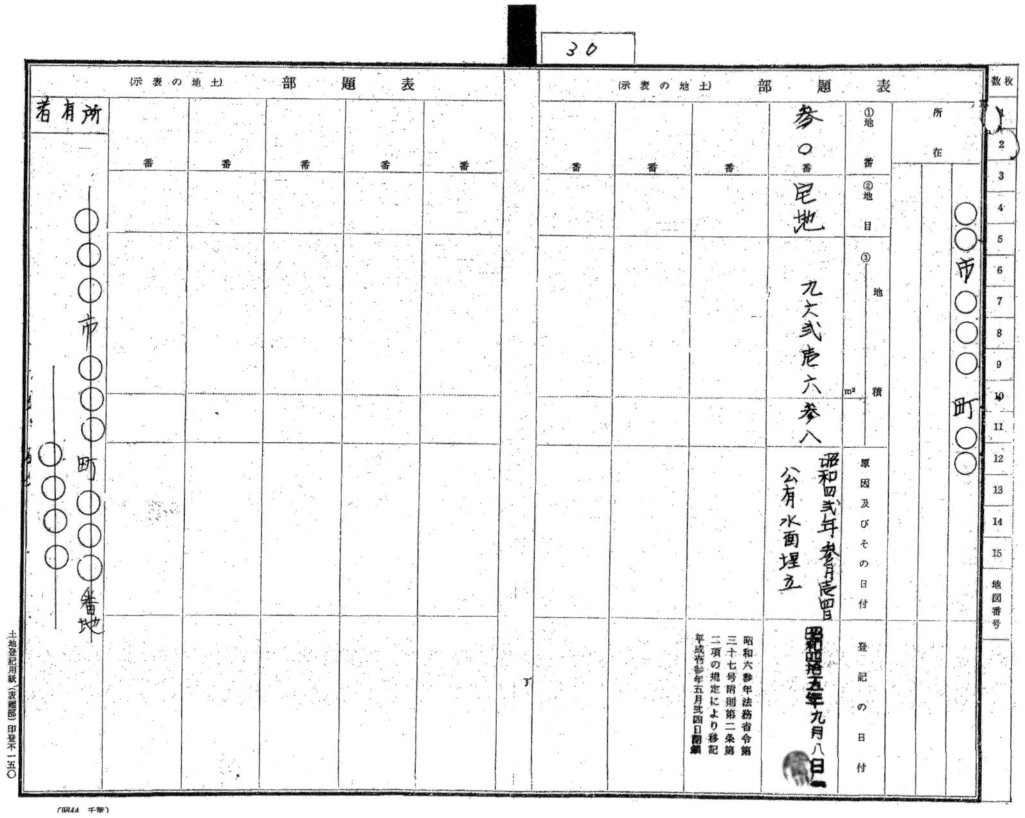

30

表題部（土地の表示）

所在	①地番	②地目	③地積 ㎡	原因及びその日付	登記の日付
○○市○○○○町○○	参〇番	宅地	九六弐壱六参八	昭和四弐年参月壱四日 公有水面埋立	昭和四拾五年九月八日

昭和六参年法務省令第三十七号附則第二条第二項の規定により移記
平成拾参年五月弐四日閉鎖

所有者
○○○市○○○町○○○○番地
○○○○

土地登記用紙（表題部）印登不一五〇

続いて、［資料９−３］は、昭和20年代までさかのぼって取得した土地の閉鎖登記簿謄本（表題部・甲区）です。現時点からこの年代にいたるまでの途中の期間について何通か閉鎖登記簿謄本を取得していますが、掲載は割愛させていただきます。ここまでさかのぼると、登記事項に手書きの記載が目立ちます（登記簿によってはほとんどが達筆の手書きというケースもあり、読むのに一苦労することが多くあります）。

［資料９−３］昭和20年代までさかのぼって取得した土地の閉鎖登記簿謄本（表題部・甲区）

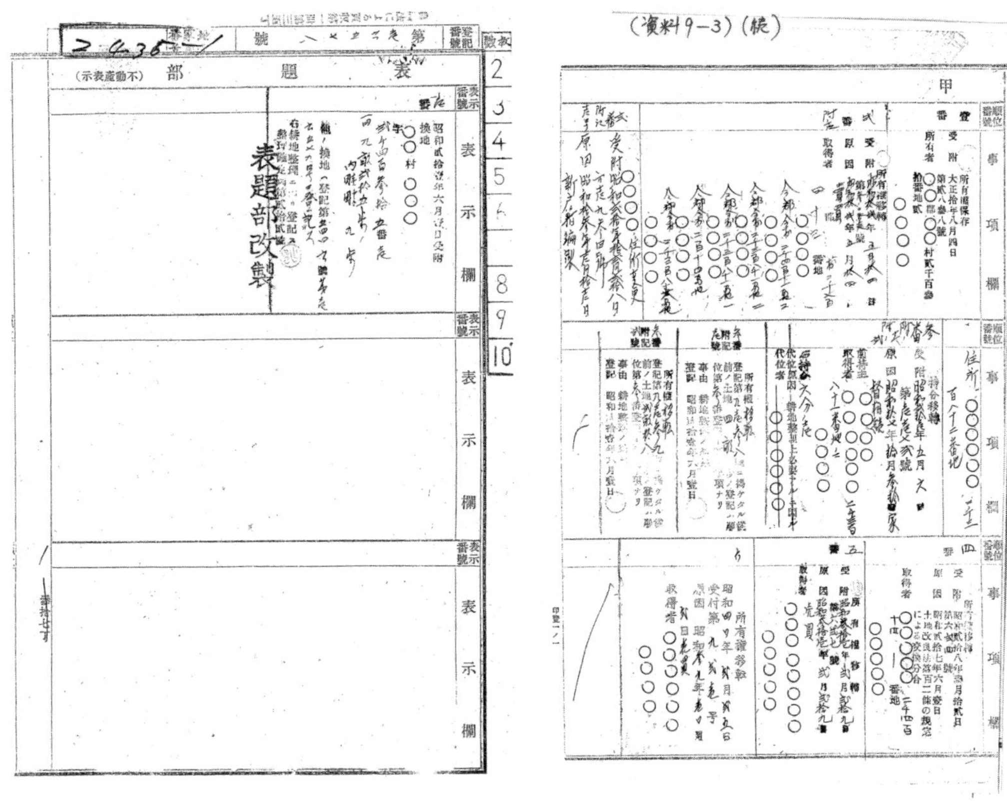

最後に、［資料9－4］は、建物の閉鎖登記簿謄本（表題部）の一例です。

この閉鎖登記簿の内容から、対象建物は建築当時の用途は工場でしたが、その後、事務所・倉庫・車庫に構造変更され、増築されていることがわかります。しかし、当初に工場として使用されていた経緯が読み取れますので、土壌汚染物質の存在の可能性も否定できません。

［資料9－4］建物の閉鎖登記簿謄本（表題部）

表題部（主たる建物の表示）

所在	家屋番号	①種類	②構造	③床面積 ㎡ 坪	原因及びその日付	登記の日付
○○区○○○○丁目	六番地之弐					昭和四弐年弐月壱日変更
○○区○○○○丁目	六番之	工場	鉄筋コンクリート造陸屋根塔屋付弐階建	一階 二階 塔屋	昭和参七年壱〇月参〇日建築	昭和参七年壱壱月壱六日
		事務所 倉庫 車庫	鉄筋コンクリート、鉄骨造陸屋根参階建	壱階 壱〇九六・四弐 弐階 九九六・九九 参階 壱四九・参八 塔屋	①②③昭和五参年弐月八日種類構造変更、増築	昭和五参年参月九日
				壱階 参四〇・壱七 弐階 参四参・壱〇 参階 参四参・壱〇	平方メートルに書換	
						昭和四六年参月壱〇日登

法務大臣の命により移記 昭和六弐年四月九日

表題部（附属建物の表示）

符号	①種類	②構造	③床面積 ㎡ 坪	原因及びその日付	登記の日付

所有者 ○○市○○町○○番地 ○○○○

建物登記用紙（表題部初葉）一五一

2　土地台帳の具体例とその読み方

［資料9－5］は、旧土地台帳の写しです（現在は廃止されていますが、法務局で無料にて取得することができます）。

この台帳からは、対象地の従前の用途は「田」であったことが読み取れます。

当時の制度の名残りから、「賃貸價（価）格」という記載や「畦畔（けいはん）」（水田と水田の境の「あぜ」のこと）という記載も見受けられますが、従前の用途をさかのぼって調査するという目的からすれば、ここまで詳細な内容については気にとめる必要はないと思います。

［資料9－5］旧土地台帳の写し

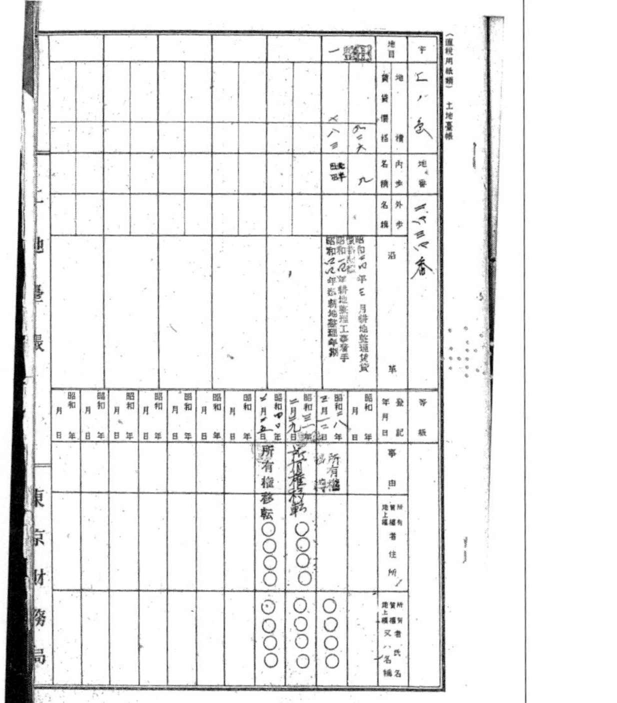

これは旧土地台帳の写しである。

平成30年11月14日

○○地方法務局○○支局
支局長　○○○○　(印)

第10章

法務局備付けの図面の読み方と留意点

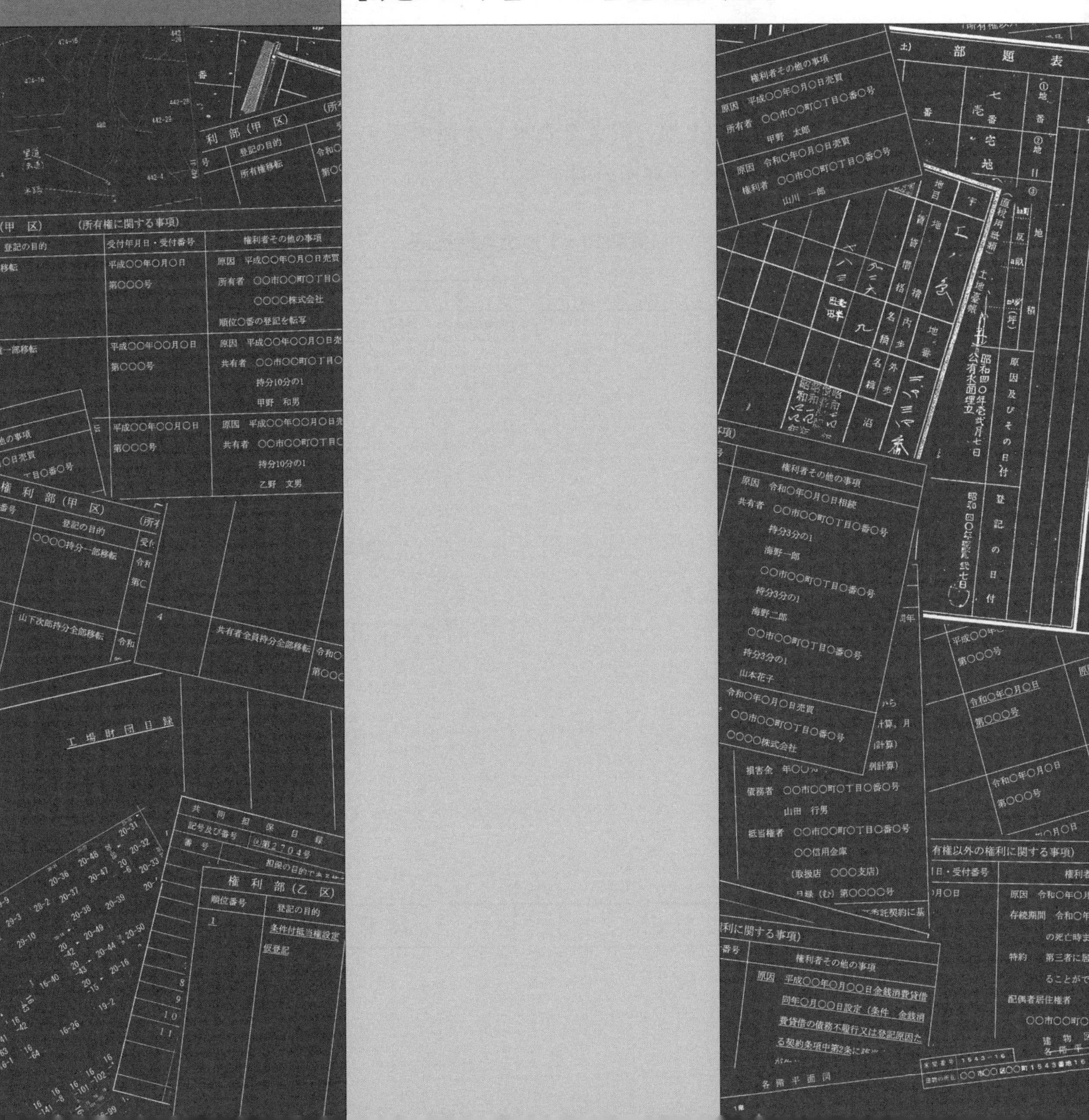

本章では、現在法務局に備え付けられているさまざまな図面について実例を素材に、その読み方と留意点を解説します。

なお、なかには土地所在図や建物所在図のように、不動産登記法には規定されているものの、実際には作成されていないことが多い（＝地積測量図や建物図面で代替がきくためです）図面もありますが、これについても言及することとします。

【基礎編１】 土　地

1　土地所在図

土地所在図は、１筆の土地の所在を表示した図面です（令２条）。［資料10－１］は、実際に作成された土地所在図の例です。

［資料10－１］土地所在図

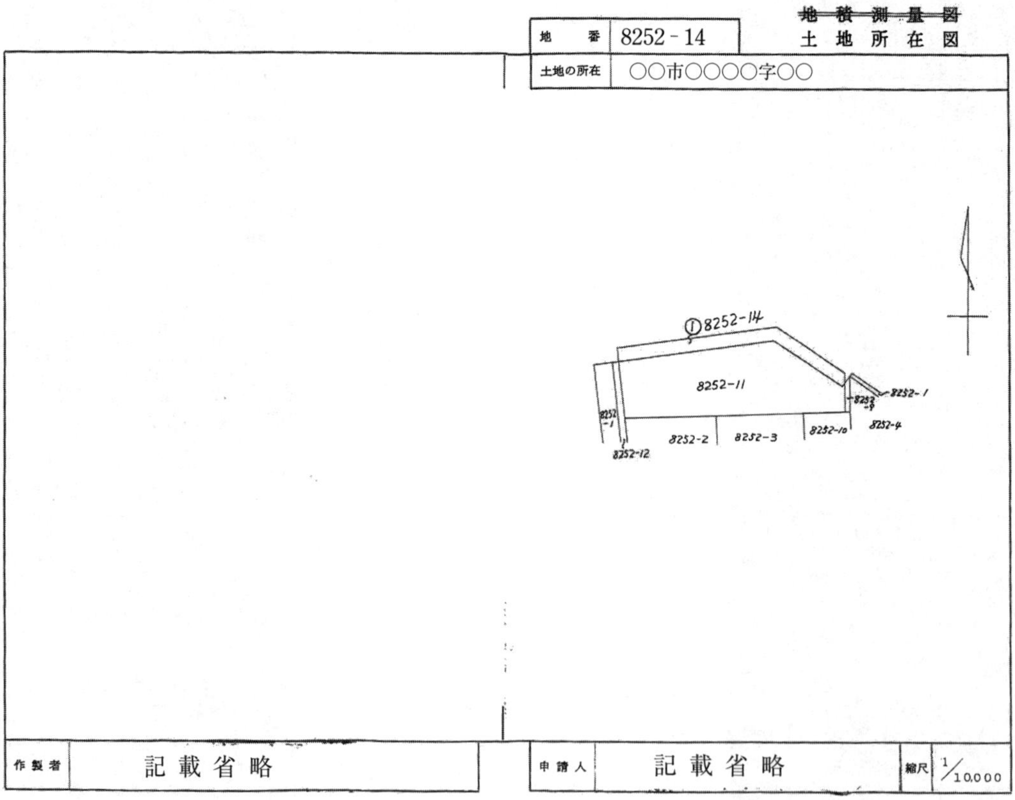

~~地積測量図~~
土地所在図

地番	8252－14
土地の所在	○○市○○○○字○○

①8252-14
8252-11
8252-1
8252-2
8252-3
8252-10
8252-4
8252-12
8252-1

作製者	記載省略	申請人	記載省略	縮尺	1/10,000

このように、土地所在図を見れば隣接地との位置関係が明らかになりますが、位置関係は公図や地積測量図によっても同じように把握することができます。冒頭に述べたとおり、土地所在図が作成されているケースはむしろ少ないのが実情です。

2 公図（土地台帳附属地図）

公図とは俗称であり、正確には明治政府が行った地租改正時に徴税のため作成された土地台帳附属地図が現在の公図の大半を占めています。このような図面が現在でも法務局に備え付けられており、不動産取引や融資をはじめさまざまな場面で活用されていますが、その背景を述べれば以下のとおりです。

地租改正当時、地租徴収のための資料として土地台帳が備え付けられましたが、この台帳に登録された面積は、国民（すなわち徴収を受ける側）が測量を行って申告したものがもとになっており、実際の面積よりも過少となっているケースが多いといわれています。土地台帳附属地図は土地台帳とセットになったものであり、上記のような沿革をたどれば、法14条地図のような精度の高い図面と比べて不正確なところがあることは否定できません。

土地台帳および土地台帳附属地図は一体となって税務署で管理されてきましたが、1950（昭和25）年の税制改革時に、土地家屋に関する台帳事務が税務署から法務局（登記所）に移管されています。そのため、しばらくは土地台帳（附属地図も含む）と不動産登記法に基づく土地登記簿とが併存する形となっていましたが、1960（昭和35）年に不動産登記法の大幅改正が行われ、土地台帳やその附属地図は法的なよりどころを失うこととなりました。これに代わり、法務局には土地台帳附属地図とは別の精度の高い地図（いわゆる「法14条地図」ですが、当時は根拠規定が法17条に基づいていたことから「法17条地図」と呼ばれていました）の備え付けが要求されることとなりましたが、前述のとおりこのような精度の高い地図を備え付けるまでには相当の年月を要します。このような理由により、法14条地図が整備されるまでの間は、旧土地台帳附属地図（いわゆる公図）も「地図に準ずる図面」として取り扱うこととされ、現在に至っています（法14条４項および５項にその根拠規定が置かれていますが、条文については次項に掲げます）。

なお、法務局で公図を取得してみればわかるとおり、図面の下段に「旧土地台帳

［資料10－2］ 公図写

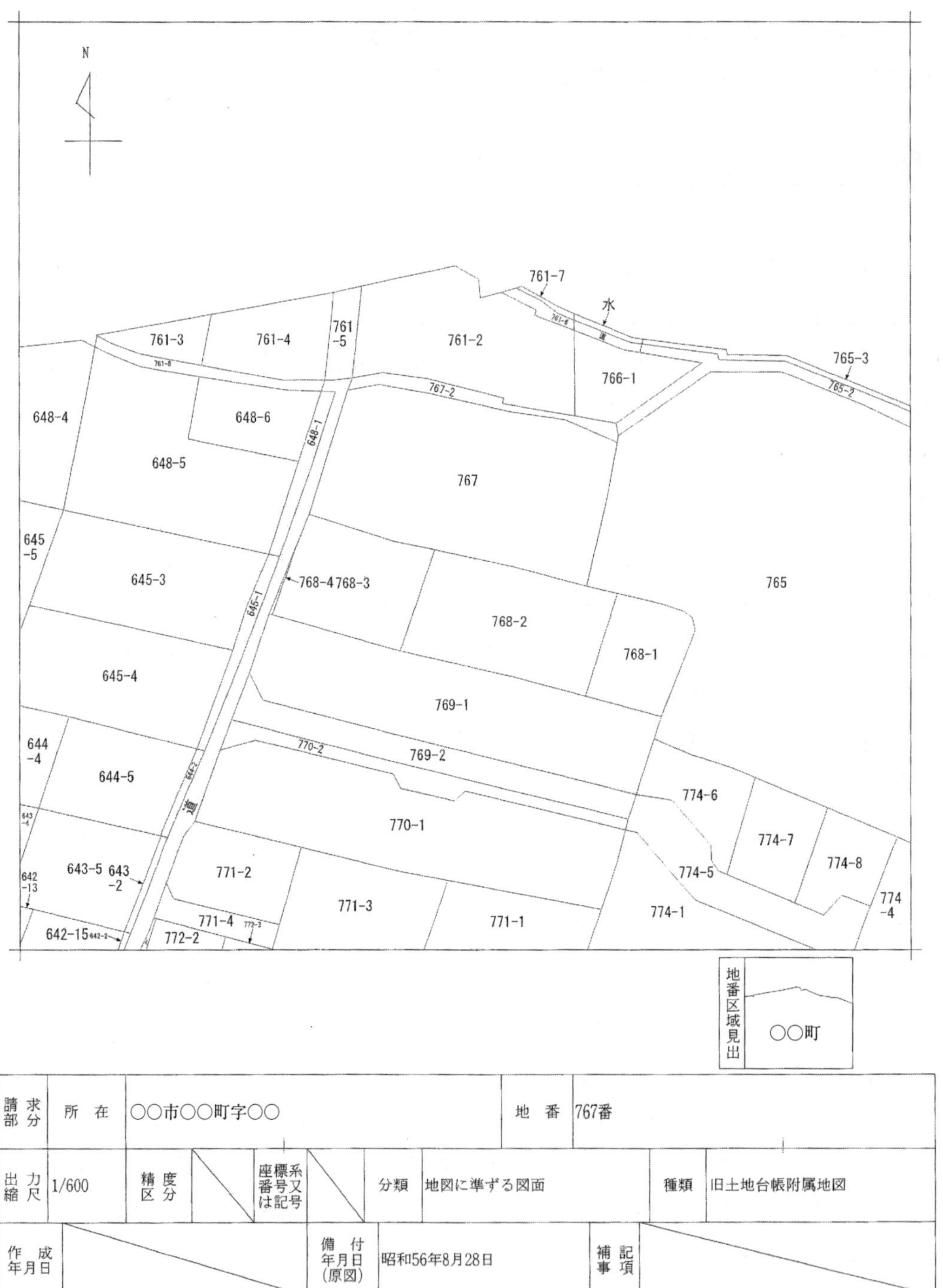

請求部分	所在	○○市○○町字○○				地番	767番		
出力縮尺	1/600	精度区分		座標系番号又は記号		分類	地図に準ずる図面	種類	旧土地台帳附属地図
作成年月日		備付年月日（原図）	昭和56年8月28日	補記事項					

附属地図」と記載されているケースが目立ちます。［資料10－2］にその例を掲げておきます。

公図は不動産取引だけでなく融資の資料としても深いかかわりをもっていますが、地番ごとの位置関係については現状と符合していることが多い反面、面積や寸法等において若干不正確なところがあるケースが多い点に留意が必要です。このような傾向は特に市街地よりも山林において著しく、山林では実測面積が登記簿面積をはるかに超えるというケース（いわゆる「縄（なわ）のび」と呼ばれる現象）が頻繁に見受けられます。

ちなみに、土地を実測した結果、その地積が登記簿地積よりも多い場合に、「縄のびがある」と呼ばれます。そして、「縄のび」とは、その際の超過面積のことを指しています。反対に、実測面積が登記簿の面積よりも少ない場合には、「縄縮みがある」と呼ばれます。このような現象が生ずるのは、地租改正当時の測量が縄で行われていたことに由来するといわれています。

ただし、なかには最近開発された分譲地等では公図における形状や寸法、面積が現況とほとんど一致しているなど正確なものもあります（分譲地等では規模の大きな土地を分筆する際、全体地だけでなく個々の区画も併せて実測のうえ、その結果を登記簿地積に反映させているケースが多いためです）。

総じていえることは、（上記の経緯を踏まえ）公図を利用する際には、公の図面という先入観にとらわれることなく（＝公図を過信することなく）、その性格や限界を念頭に置くことが重要だということです。

3　法14条地図

いわゆる法14条地図とは、法14条１項に根拠を置く精度の高い図面で、法務局に備え付けられているものを指しています。

不動産登記法第14条（地図等）

登記所には、地図及び建物所在図を備え付けるものとする。

2　前項の地図は、一筆又は二筆以上の土地ごとに作成し、各土地の区画を明確にし、地番を表示するものとする。

3（省略）

4　第１項の規定にかかわらず、登記所には、同項の規定により地図が備え付けられるまでの間、これに代えて、地図に準ずる図面を備え付けることができる。

5　前項の地図に準ずる図面は、一筆又は二筆以上の土地ごとに土地の位置、形状及び地番を表示するものとする。

6　（省略）

上記のとおり、法14条１項に「地図」ということばが登場し、２項では「地図は、一筆又は二筆以上の土地ごとに作成し、各土地の区画を明確にし、地番を表示するものとする」としています。

このような図面の作成に際しては、地球上での位置関係を明確に定めた国家基準点（三角点）と呼ばれる地点をもとに、精密な測量機器を用いて測量を行い、これを地図上に表示することが不可欠となります。その際、隣接地の所有者をはじめ関係権利者の立会いや境界の確認および確定が必要となることはもちろんです。

このようにして作成された実測図面（法14条地図）は、先ほど説明した公図に比べて現地の実態を正確に示すものであり、仮に境界杭が紛失したとしても、この図面をもとに現地での復元が容易となるため、その意味で最も信頼性に優る図面であるといえます。

ただし、現状では大都市よりもむしろ地方の郊外都市のほうが法14条地図の備え付けられている度合いが高いといえます。その原因としてはさまざまなことが考えられますが、大都市となればなるほど土地の境界を確定するに当たり利害関係者が多くなること、地価水準の高さから僅かな境界のズレでも利害得失の問題に波及する可能性があること等が指摘されています。そのため、整備に相当の年月を要することは避けられません。

ところで、不動産登記法がイメージする法14条地図とは具体的にどのようなものであるかということですが、これには次のようなものがあります。

①　国土調査法に基づいて作成された地籍図

国土調査法（昭和26年制定）に基づき作成され法務局に送付された地籍図は、原則として上記に掲げる地図に該当します。

なお、この法律による地籍調査とは、主に市町村が主体となって、一筆ごとの土地の所有者、地番、地目を調査し、境界の位置と面積を測量する調査であり、土地に対する戸籍調査ともいうべきものです。その目的は、地籍を明確化

［資料10－3］地図写

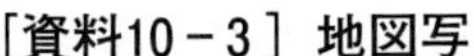

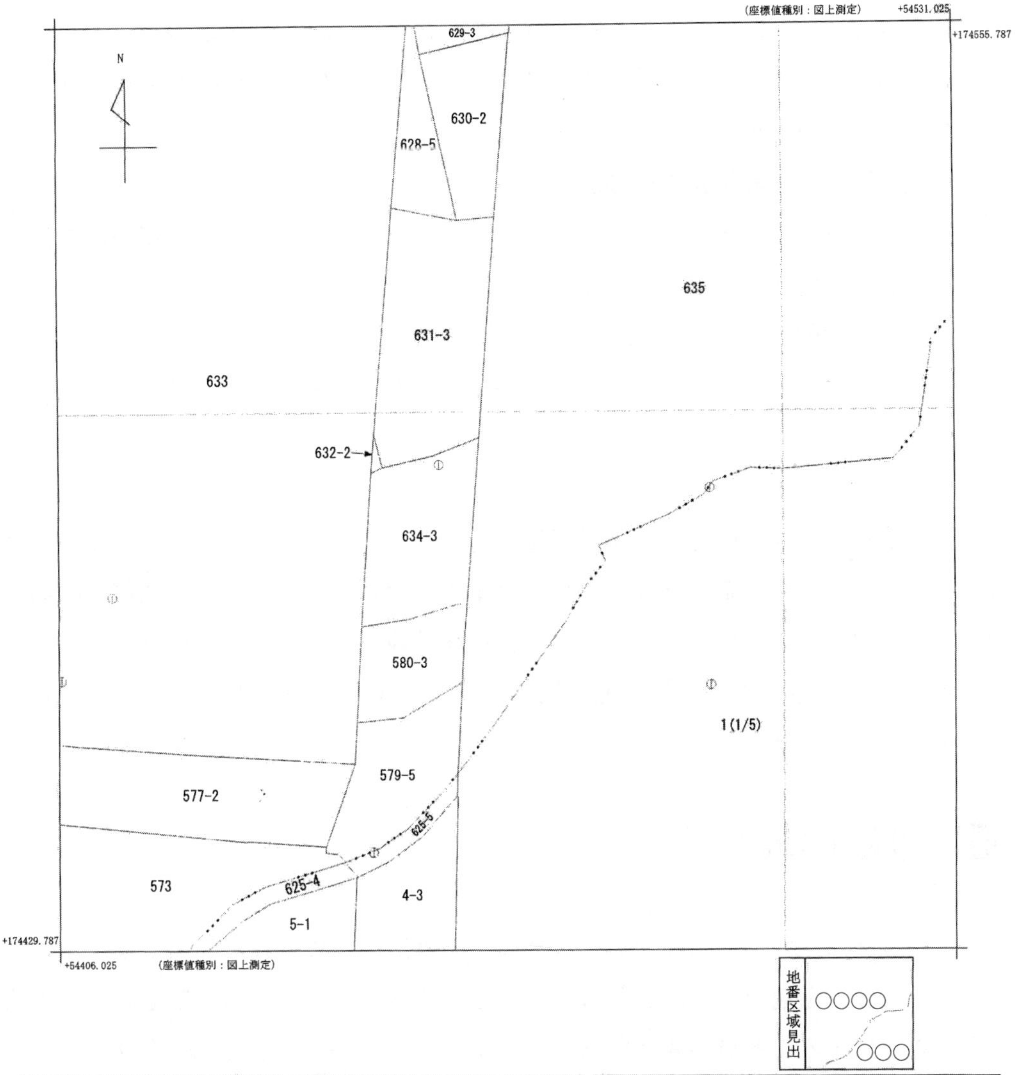

請求部分	所在	○○市○○				地番	1番		
出力縮尺	1/500	精度区分	＼	座標系番号又は記号	IX	分類	地図(法第１４条第１項)	種類	地籍図
作成年月日	昭和35年4月			備付年月日(原図)	昭和38年12月2日		補記事項	＼	

し、土地取引の円滑化と土地資産の保全を図る(土地境界トラブルを防止する)等をはじめ、さまざまなところにあります。そのため、地籍図の精度は高く(作成に当たり高度の測量技術が必要となります)、仮に境界標識が毀損や紛失した場合でも現地復元能力を有することはすでに述べたとおりです。

② **土地区画整理等による所在図など**

土地改良や土地区画整理事業等に伴って作成され、法務局に提出された図面も上記①と同様に扱われています。

③ **その他の図面**

法務局が新規に作成した精度の高い地図等も、上記に掲げる地図に該当します。

なお、法14条地図の場合、法務局では図面のなかにその旨の表示を行っているため、公図との区別を明確に行うことができます(分類の欄に「地図(法第14条第1項)」、種類の欄に「地籍図」または「法務局作成地図」等の表示があります)。

参考までに、[資料10－3]に地籍調査に基づいて作成された地図(地籍図)の一例を掲げておきます。

4 地積測量図

地積測量図は、分筆登記等の際に法務局への提出が求められる図面です。この図面のなかには、土地の形状はもちろんのこと、境界標識や地積およびその求積方法をも明らかにすることが必要とされています。[資料10－4]はその一例です。

地積測量図は分筆登記終了後に法務局に備え付けられるため、誰でも閲覧または写しを入手できる点に特徴があります。

なお、地積測量図は合筆時には提出が求められないこと等もあり、すべての土地につき備え付けられているわけではありません。また、今まで述べてきたこと以外にも注意すべき点があります。

地積測量図は、分筆の対象となっている部分の面積は、実測に基づく正確な計算結果が反映されているのが通常です。しかし、過去長期間にわたる登記実務においては、分筆の対象外(＝残地)の部分の面積は、分筆前の登記簿の全体地積から分

[資料10－4] 地積測量図

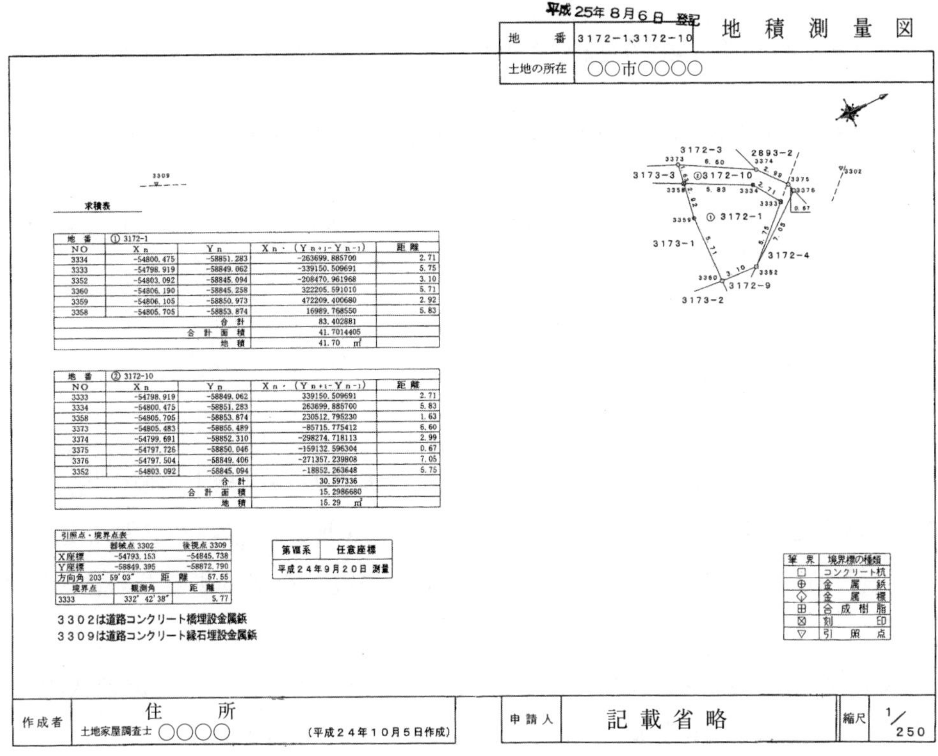

平成25年8月6日 登記

地　番	3172－1,3172－10
土地の所在	○○市○○○○

地　積　測　量　図

求積表

地　番	① 3172-1			
NO	Xn	Yn	Xn・(Yn+1－Yn-1)	距離
3334	-54800.475	-58851.283	-263699.885700	2.71
3333	-54798.919	-58849.062	-339150.509691	5.75
3352	-54803.092	-58845.094	-208470.961968	3.10
3360	-54806.190	-58845.258	322205.591010	5.71
3359	-54806.105	-58850.973	472209.400680	2.92
3358	-54805.705	-58853.874	16989.768550	5.83
		合　計	83.402881	
		合計面積	41.7014405	
		地　積	41.70 ㎡	

地　番	② 3172-10			
NO	Xn	Yn	Xn・(Yn+1－Yn-1)	距離
3333	-54798.919	-58849.062	339150.509691	2.71
3334	-54800.475	-58851.283	263699.885700	5.83
3358	-54805.705	-58853.874	230512.795230	1.63
3373	-54805.483	-58855.489	-85715.775412	6.60
3374	-54799.691	-58852.310	-298274.718113	2.99
3375	-54797.726	-58850.046	-159132.596304	0.67
3376	-54797.504	-58849.406	-271357.239808	7.05
3352	-54803.092	-58845.094	-18852.263648	5.75
		合　計	30.597336	
		合計面積	15.2986680	
		地　積	15.29 ㎡	

引照点・境界点表		
	器械点 3302	後視点 3309
X座標	-54793.153	-54845.738
Y座標	-58849.395	-58872.790
方向角 203° 59′03″	距離	57.55
境界点	観測角	距離
3333	332° 42′38″	5.77

3302は道路コンクリート橋埋設金属鋲
3309は道路コンクリート縁石埋設金属鋲

第Ⅷ系	任意座標
平成24年9月20日 測量	

筆界	境界標の種類
□	コンクリート杭
⊕	金属鋲
◇	金属標
田	合成樹脂
⊠	刻印
▽	引照点

作成者	住所 土地家屋調査士 ○○○○　（平成24年10月5日作成）	申請人	記載省略	縮尺	1/250

筆対象部分の面積を控除して表示する方法も行われていました。そのため、地積測量図が作成されているとはいっても、残地の部分に関しては、実際の地積と登記簿地積との間に差が生じているケースもしばしば見受けられます。

そのため、ある地番について地積測量図が作成されているからといって、その周辺にある土地の登記簿地積も正確に表示されているとは言い切れない点に問題が残されています。しかし、平成17年３月７日から施行された改正不動産登記法で、原則として分筆後の土地のすべてについて求積方法を明らかにしなければならない（＝残地についても測量図を作成する）こととされました。そのため、現在、分筆時に作成されている地積測量図はこのような考え方に則っています（[資料10－4]もこの考え方に基づいて作成されています）。

なお、電子申請等の方法により送信する場合に作成された地積測量図は土地所在図を兼ねることができるとされており、このことが土地所在図を改めて作成していない大きな理由であると思われます。

不動産登記事務取扱手続準則第51条（土地所在図及び地積測量図の作成方法）

（第１項省略）

2　規則第73条第１項※の規定により作成された地積測量図は、土地所在図を兼ねることができる。

※不動産登記規則第73条（土地所在図、地積測量図、建物図面及び各階平面図の作成方式）

1　電子申請において送信する土地所在図、地積測量図、建物図面及び各階平面図は、法務大臣の定める方式に従い、作成しなければならない。書面申請においてこれらの図面を電磁的記録に記録して提出する場合についても、同様とする。

5　地役権図面

第５章でも述べたとおり、地役権とは、ある土地の便益（利用価値の増進）のために他人の土地を利用する権利です。なかでも、Ａ地の所有者がＢ地を通行するとか（通行地役権）、電力会社が他人の土地上に送電線を架設するために設定することが多いといえます。

そして、地役権の設定により便益が向上する土地を要役地（上記例のＡ地）、利用が制限される土地を承役地（上記例のＢ地）と呼んでいます。

通行地役権が設定されている土地の登記事項証明書については第５章で取り上げましたので(p. 162参照)、本項では電力会社が他人の土地上に送電線を架設するケースを紹介します。

電気事業者は一般需要家に電力を供給するため、自己の所有する発電所または変電所から供給先に至るまで、他人の土地の上空に送電線を架設していることが通常です。そのため、電線路敷設のための地役権の設定範囲は広域にわたっています。

地役権の設定されている土地の登記簿の読み方については第５章で取り上げましたので、ここでは、法務局に備え付けられている地役権図面の例を［資料10－5］に掲げます。

なお、地役権図面が作成されるのは、１筆の土地の一部に地役権が設定されている場合だけです。１筆の土地全体に地役権が設定されている場合は作成されません。その理由は、１筆の土地全体に設定されている場合、公図を見ればその範囲を特定することができるからです。

［資料10－5］ 地役権図面の例

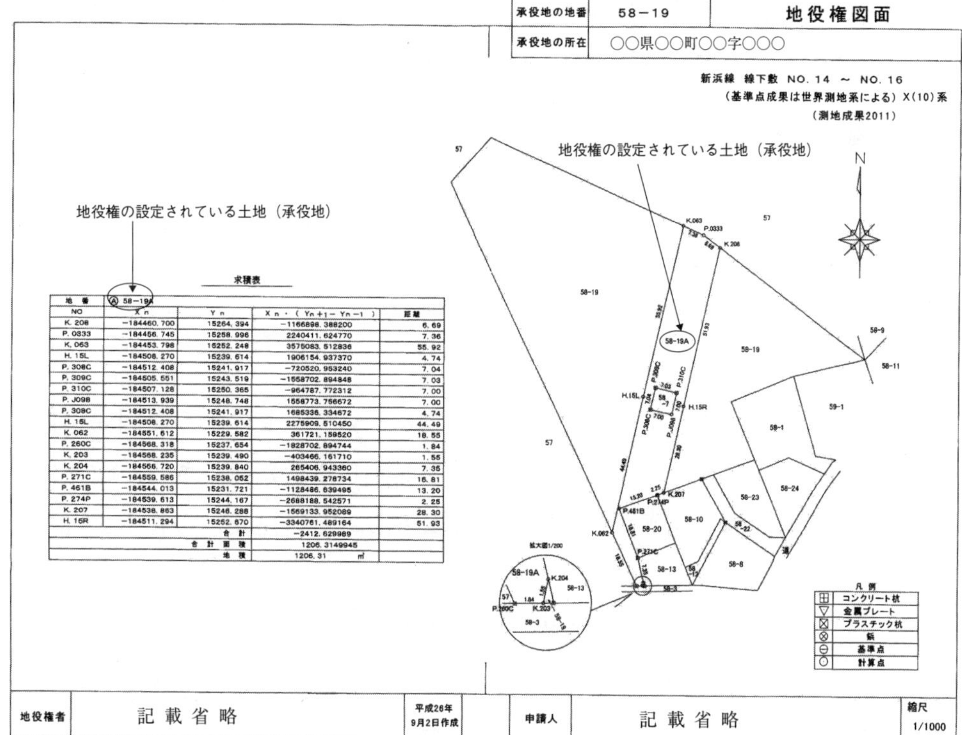

承役地の地番	58－19	地役権図面
承役地の所在	○○県○○町○○字○○○	

求積表

地　番	Ⓐ 58－19A			
NO	X n	Y n	X n ・（ Yn＋1－Yn－1 ）	距離
K. 208	−184460. 700	15264. 394	−1166898. 388200	6. 69
P. 0333	−184456. 745	15258. 996	2240411. 624770	7. 36
K. 063	−184453. 798	15252. 248	3575083. 512836	55. 92
H. 15L	−184508. 270	15239. 614	1906154. 937370	4. 74
P. 308C	−184512. 408	15241. 917	−720520. 953240	7. 04
P. 309C	−184505. 551	15243. 519	−1558702. 894848	7. 03
P. 310C	−184507. 128	15250. 365	−964787. 772312	7. 00
P. J098	−184513. 939	15248. 748	1558773. 756672	7. 00
P. 308C	−184512. 408	15241. 917	1685336. 334672	4. 74
H. 15L	−184508. 270	15239. 614	2275909. 510450	44. 49
K. 062	−184551. 612	15229. 582	361721. 159520	18. 55
P. 260C	−184568. 318	15237. 654	−1828702. 894744	1. 84
K. 203	−184568. 235	15239. 490	−403466. 161710	1. 55
K. 204	−184566. 720	15239. 840	265406. 943360	7. 35
P. 271C	−184559. 586	15238. 052	1498439. 278734	16. 81
P. 461B	−184544. 013	15231. 721	−1128486. 639495	13. 20
P. 274P	−184539. 613	15244. 167	−2688188. 542571	2. 25
K. 207	−184538. 863	15246. 288	−1569133. 952089	28. 30
H. 15R	−184511. 294	15252. 670	−3340761. 489164	51. 93
		合　計	−2412. 629989	
		合　計　面　積	1206. 3149945	
		地　積	1206. 31　㎡	

地役権者	記　載　省　略	平成26年9月2日作成	申請人	記　載　省　略	縮尺 1/1000

【基礎編２】 建　　物

1　建物所在図

建物所在図についても、これを備える旨が不動産登記法14条に規定されていますが、土地所在図と同様に建物所在図が作成されている例をほとんど見受けません。イメージとしては、法14条地図のような精度の高い図面のなかに、建物図面に記載されている建物の位置をマークしたものといえそうです。

2　建物図面・各階平面図

現在、法務局に備え付けられている建物図面・各階平面図は、建物の表題登記（表示に関する登記）の申請に伴って作成されたものです。その意味で、建物図面・各階平面図という名称は俗称ではなく、一定の様式のもとに作成される正式な図面であるといえます。その例を［資料10－6］に掲げます。

不動産登記令第２条（定義）

（第１号～第４号省略）

五　建物図面　一個の建物の位置を明らかにする図面であって、法務省令で定めるところにより作成されるものをいう。

六　各階平面図　一個の建物の各階ごとの平面の形状を明らかにする図面であって、法務省令で定めるところにより作成されるものをいう。

しかし、実際に登記されているすべての建物について、このような図面が備え付けられているとは限りません（たとえば、昭和40年代以前に建築された建物については、このような図面が作成されていないこともしばしば見受けられます）。

［資料10－6］各階平面図

各　階　平　面　図

家屋番号	1543－16
建物の所在	○○市○○区○○町1543番16

建　物　図　面
~~各　階　平　面　図~~

1階

4.000　1.500　11.000　10.000　9.800　0.900　0.400　2.000　2.000　11.000

求積表

4.000 ×	1.500	=	6.0000000
15.000 ×	8.500	=	127.5000000
13.000 ×	0.900	=	11.7000000
11.000 ×	0.400	=	4.4000000
	計		149.6000000
	床面積		149.60 ㎡

2階

4.000　10.000　10.000　4.000

求積表

4.000 × 10.000	=	40.0000000
床面積		40.00 ㎡

N

道　路

0.50　2.00　0.75

1543－10　1543－15　1543－16　1543－3　1543－1　1543－4

作製者	土地家屋調査士 ○○○○ 住　所　（平成17 年 5 月20 日作製）	縮尺	1/250	申請人	記載省略	縮尺	1/500

（○○県土地家屋調査士会用紙）

不動産の取引や融資に際しては、このような図面を手元に備え付けることにより、対象建物の位置や形状、各階の形状と床面積等を把握することが可能となります。

ただし、建物を増築したものの、その部分の登記（増築登記）が行われていない場合には、この図面での形状や寸法と現況が異なることに留意する必要があります(その意味でも現地調査は欠かすことができません)。

■ケース・スタディ

ここで本章の締めくくりとして、いくつかのケースをもとにして、公図をみる際の留意点について解説していくこととします。

ケース１　何名かで所有する私道で、しかもそれぞれの所有する区画が明確に分かれている場合に注意すべきこと

［資料10－7］は公図の写しですが、その中心部にある網掛けをした部分は私道であり、これに接する宅地の所有者が何名かで区画を分けて所有しています。

この私道は関係者が共同で使用していますが、地番ごとに所有者が明確に分かれているのが特徴です。このようなイメージをとらえ、その私道が「分有」と呼ばれることもあります。［資料10－7］の場合、たとえば「16－74」の宅地の所有者はやや離れた「16－81」の私道を所有しています。

ちなみに、「共有」という場合は、関係者が所有範囲を特定せず、私道全体を共有持分という形で一体的に所有することを意味します（この場合、各人の持分は私道全体に占める所有権の割合を示すということになります。

これに対して、「分有」という場合は、関係者がそれぞれの範囲を区別し、特定したうえで所有することを意味しています。

しかし、道路の区画を分けて各関係者が所有しているからといって、各所有者は一部の限られた部分しか通行できないというわけではありません。その道が私道であっても、建築基準法上の道路の扱いを受けていれば、公共的な性格を帯びたものとなり、所有者以外の人も通行が認められます（本件私道もこれに該当することを前提に述べています)。

私道の所有形態が分有という形をとっている場合、ある宅地の所有者とこれに隣

［資料10－7］公図の写し

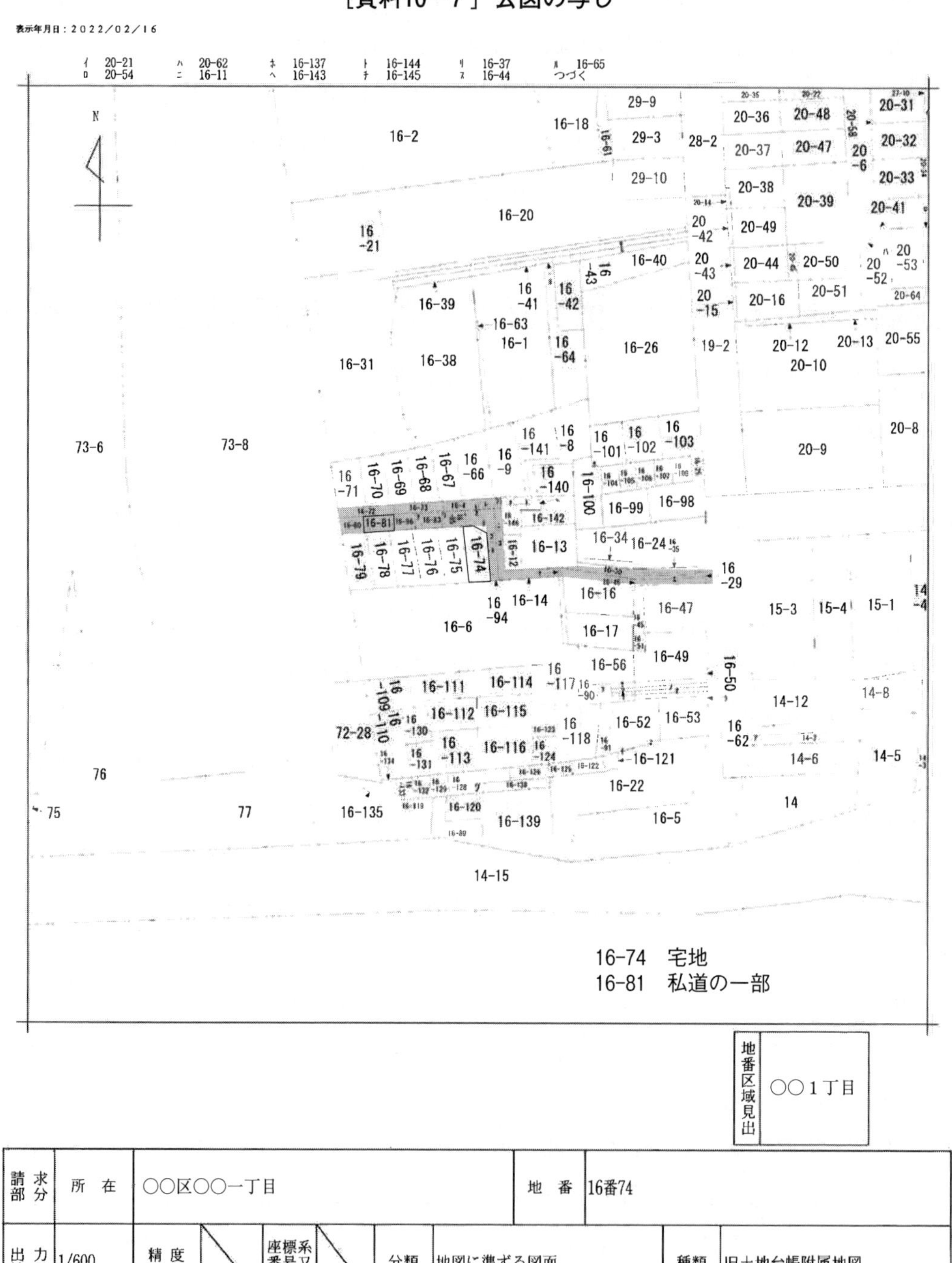

請求部分	所在	○○区○○一丁目				地番	16番74		
出力縮尺	1/600	精度区分	＼	座標系番号又は記号	＼	分類	地図に準ずる図面	種類	旧土地台帳附属地図
作成年月日	昭和○○年○月○日			備付年月日(原図)	平成○年○月○日			補記事項	＼

接する私道区画の所有者とが別人であるというケースが多く見受けられます（あるいは、あえてこのような形態をとっているといったほうがよいかもしれません)。これは、宅地に隣接する区画をそれぞれの宅地の所有者が所有した場合、自分の敷地の一部として（物を置くなどして）利用され、道路としての機能を果たさなくなることを防ぐという意味合いもあります。

このように、公図を見れば、各々の宅地に接する細長い形状をした区画は道路ではないかという察しは何となくつきますが、それが公道か私道かという点については、その土地の所在する市町村役場（道路課等）で確認する必要があります。そして、私道であることが判明した場合、それが建築基準法上の道路の扱いを受けている公共的な色彩の強い私道（位置指定道路が典型的です）であるのかどうか、私道の所有形態はどのようになっているのかについても調べておくことが大切です。公図を見ることによって、このような問題意識を持つことができるようになれば一歩前進です。

ケース２　私道であるが公図上で分筆されていない場合

［資料10－8］も公図写しです。このなかに記載されている「952－87」、「952－88」、「952－89」、「952－90」の宅地の一部（網掛けをした部分）は、現況は私道ですが、公図のうえでは分筆がされていません（建築基準法上の道路の扱いを受けており、位置指定道路とされていますが)。ただし、その南側にある「952－398」の私道（これも位置指定道路です）とつながっており、一体的に通行の用に供されています。

このような状況にある道路は、公図を眺めていただけではそれが道路であるということは読み取れません。公図上、一つの宅地の区画と思える場合でも、その中に道路部分が含まれていて分筆登記がされていない場合には、登記簿の面積から道路部分を差し引いたものが有効宅地の面積ということになります。

土地の売買や評価を行う場合、有効宅地の面積に宅地価格を乗じて売買価額（評価額）を計算しているため、現地調査を行ったうえで公図と照合し、今まで述べたようなケースに該当すると思える場合には、慎重に確認することが望まれます。

［資料10－8］公図写し

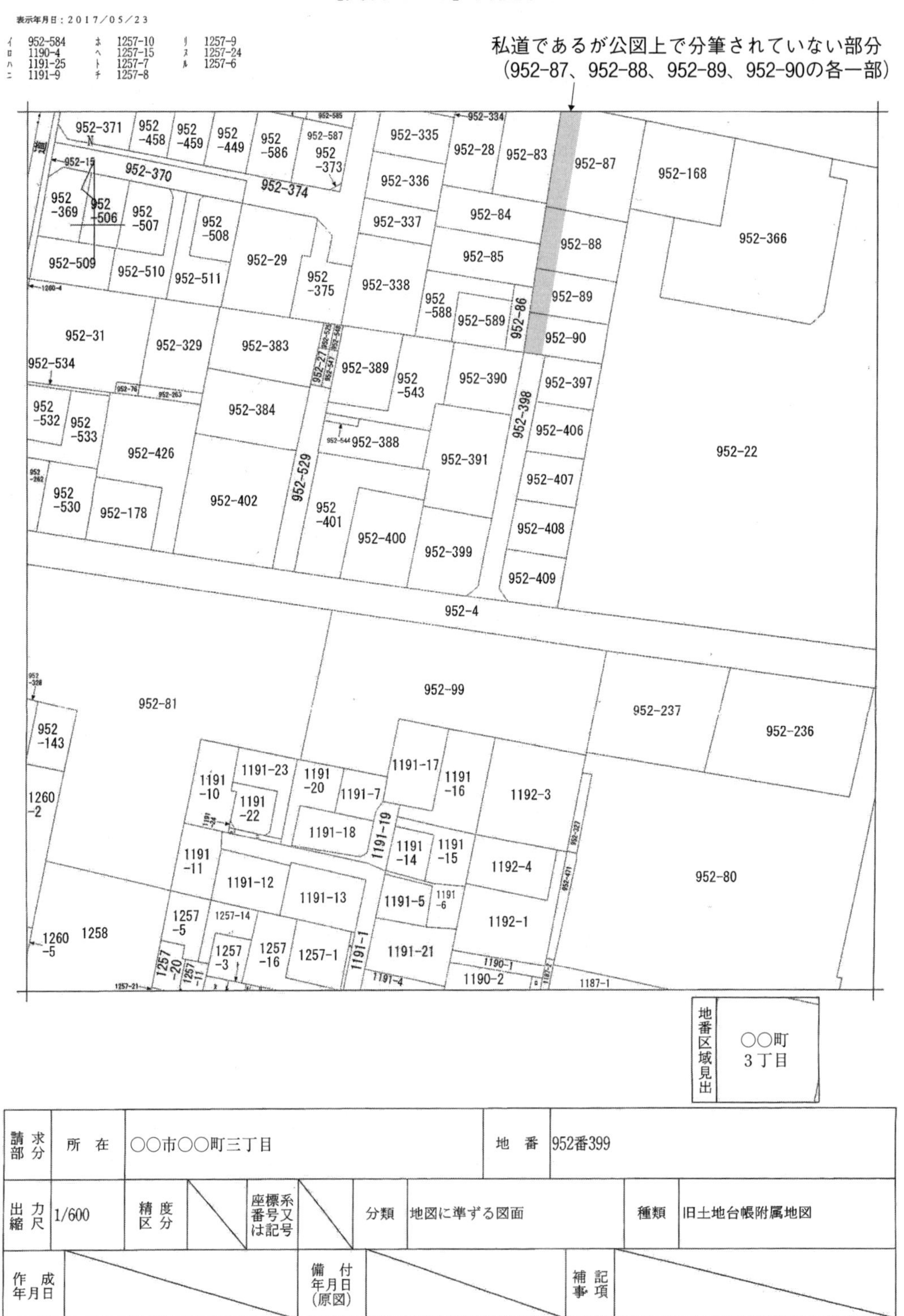

<table>
<tr><td>請求部分</td><td>所在</td><td colspan="3">○○市○○町三丁目</td><td>地番</td><td colspan="2">952番399</td></tr>
<tr><td>出力縮尺</td><td>1/600</td><td>精度区分</td><td></td><td>座標系番号又は記号</td><td></td><td>分類</td><td>地図に準ずる図面</td><td>種類</td><td>旧土地台帳附属地図</td></tr>
<tr><td>作成年月日</td><td></td><td>備付年月日(原図)</td><td></td><td>補記事項</td><td></td></tr>
</table>

ケース３　里道や水路が介在する場合の留意点

［資料10－９］の公図のなかにある地番の付されていない細長い土地で、「道」とか「水」と記載されているものがあります。このようなケースは、特に郊外や地方で多く見受けられます。地番が付されていない土地は、当然のことながら登記簿を調べても記載されていませんから、誰が所有者なのかを登記簿で確認することはできません。

現在、登記所に備え付けられている図面はコンピュータ化されており、図面の中には無色で「道」とか「水」と記載されているだけですが、コンピュータ化される以前に作成された和紙の図面（「旧公図」と呼ばれます）ではこれらの区画が着色されていました。この図面は現在閉鎖されていますが、和紙の公図をＡ２サイズの透明なフィルム（マイラー）に複写している法務局では、写しを取得することができます。また、閲覧も可能です。参考までに、［資料10－10］は閉鎖された旧公図の一例です（［資料10－９］とは別の土地です）。

以下、［資料10－９］で「道」と表示されている部分（＝里道）および「水」と表示されている部分（＝水路）について、調査する際の留意点を説明していきます。

①「道」と記載されている細長い部分

これは里道（りどう）を表わしており、旧公図では赤色に着色されていたことから別名で赤道（あかみち）とも呼ばれます。

里道は昔からの道であったといわれます。そして、道路法が最初に施行された際（大正８年）、従来から存在していた主要な道路は市町村道（建築基準法の扱いを受けます）として取り扱われることとなりましたが、その対象からはずれた道が里道であり、現在でも道路法の適用を受けずに残っています。

②「水」と記載されている細長い部分

これは水路を表わしています。旧公図では水色に着色されていました。

公図上で「水」と記載されていても、現地に出向いて調査したところ、水路の跡形もなかったというケースにしばしば遭遇します。現況が舗装された公道の一部となっていたり、住宅の敷地の一部となっていることもあります。したがって、公図上では水路があるように読めても、現実にはその機能を失っていることも多く、現地調査は欠かすことができません（これは里道についても同じです）。

［資料10－9］ 公図写し

（注）地図に準ずる図面は、土地の区画を明確にした不動産登記法所定の地図が備え付けられるまでの間、これに代わるものとして備え付けられている図面で、土地の位置及び形状の概略を記載した図面です。

請求部分	所在	○○市○○字○○				地番	474番14		
出力縮尺	1/600	精度区分	／	座標系番号又は記号	／	分類	地図に準ずる図面	種類	旧土地台帳附属地図
作成年月日	／			備付年月日（原図）	平成2年6月25日			補記事項	／

［資料10－10］閉鎖された旧公図

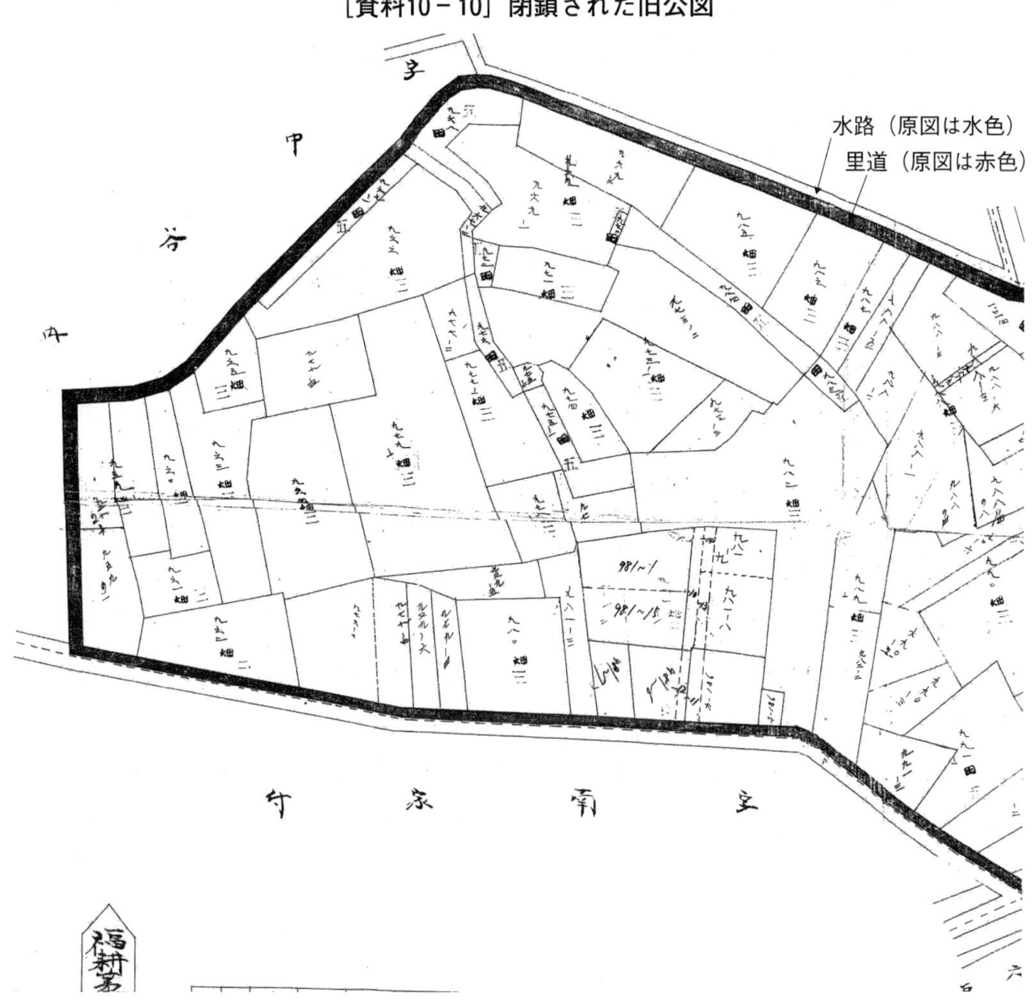

③　留意点

里道や水路は「法定外公共物」とも呼ばれています。その理由は、これらの土地が道路法や河川法等の適用や準用を受けていない公共物（公共財産）であるからです。

里道や水路については、平成12年４月１日に施行された「地方分権の推進を図るための関係法律の整備に関する法律」（いわゆる地方分権一括法）に基づき、以下の取扱いがなされています。

- 現在、機能を有しているもの（＝里道または水路として、現に公共的な用途に使用されているもの）

里道または水路の所在する市町村がこれを管理しています。

● 現在、機能を喪失しているもの（＝里道または水路としての機能を失い、現に公共的な用途に使用されていないもの）

旧里道または旧水路の所在する地域を管轄する財務局で管理および売払いを行っています。

上記のとおり、これらの土地が公共物としての性格を有している限り、仮に私有地内に里道や水路が介在しているとしても、私人が勝手にこれを処分することはできません。

機能を喪失した里道や水路を私有物とするためには、一定の手続を経て売払い申請をする必要があります。

ケース４　筆界未定地

［資料10－11］のなかに、（1279－６＋1279－12）と記載されている区画があります。これは何を意味するのでしょうか。普段見かけている公図のなかにこのような記載がなされているのは珍しいことです。

第１章で筆界特定制度について述べましたが、上記のような記載は、地番と地番の境（＝筆界）が確認できず、筆界未定のまま法務局で処理されたことを意味しています。

筆界が明確になっていれば、たとえば［資料10－11］の公図では「1279－10」とか、「1267－６」とか記載されていますが、「＋」の表示がなされている区画はこれが明確となっていないため、扱いには注意が必要です。

［資料10－11］

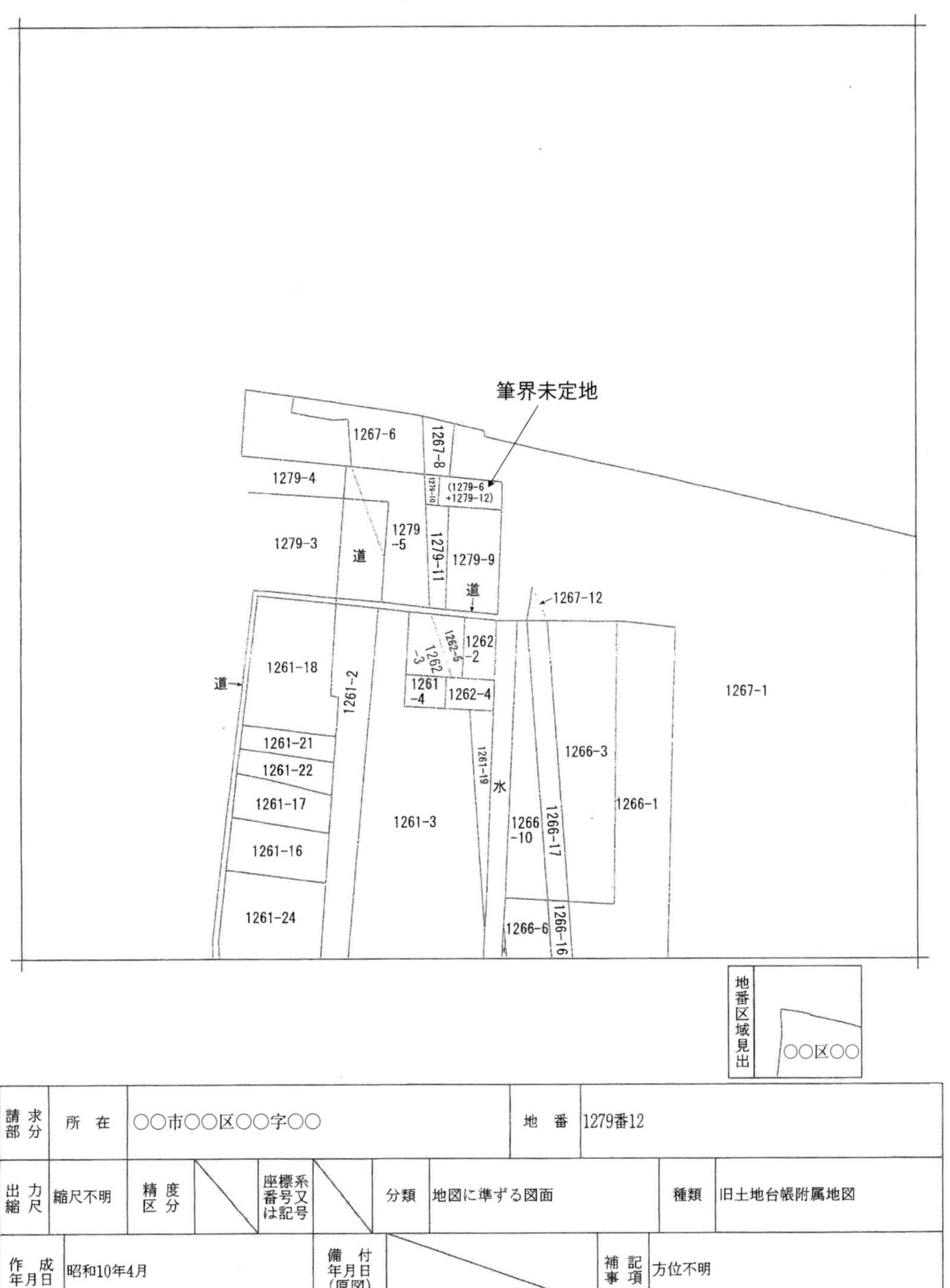

請求部分	所在	○○市○○区○○字○○				地番	1279番12		
出力縮尺	縮尺不明	精度区分	＼	座標系番号又は記号	＼	分類	地図に準ずる図面	種類	旧土地台帳附属地図
作成年月日	昭和10年4月		備付年月日（原図）	＼		補記事項	方位不明		

第11章

工場財団の登記簿と財団目録

本章では、工場財団の登記簿の構成、財団目録の構成およびこれらに記載されている事項の具体例とその読み方について解説します。なお、これらの登記簿は特殊な分野に属するものであるため、解説は一般の登記簿と比較した場合の特徴を中心として行います。

1 はじめに

財団と呼ぶ場合、土地建物だけでなく構築物、機械器具等をはじめ、不動産以外の企業資産が一括して組成の対象となります。

たとえば、製造業では工場財団を組成し、これに抵当権を設定することにより資金調達（金融機関からの借入れまたは物上担保付社債の発行）を図っていることがあります。

工場およびその敷地を重要な資産とする企業（大規模な工場設備を有する製造業または全社資産に占める本社工場のウェイトが高い企業）が融資を受ける場合、個々の土地建物に抵当権設定をしようとすれば手続面で非常に煩雑となります（すなわち、抵当権の場合、特定の債権と特定の担保物件とが対応しているため、新規借入れや返済の都度、抵当権の設定および抹消を繰り返さなければならないからです）。

工場抵当法による工場財団の制度は、このような煩雑さや不便さを解消するための手段として機能してきました。それは、この法律によって工場財団に組成された土地、建物、構築物、機械器具等はこれらがすべて一括して法律上一つの不動産とみなされるためです（同法14条1項）。

また、製造業のみならず他業種でも、鉱業財団、漁業財団、港湾運送事業財団、道路交通事業財団、鉄道財団のような財団を組成することが可能ですが、基本的な仕組みやその趣旨は工場財団と共通しています。そのため、本章では工場財団を例として、その背景にある考え方、財団組成の手順、財団の登記簿の読み方等を中心に述べていきます。

なお、本章では、登記簿の記載内容については簡略化した様式を用いて説明することをあらかじめお断りしておきます。

2　工場抵当法における「工場」とは

工場抵当法における「工場」とは、同法１条で定義されているものに限られます。すなわち、営業のため物品の製造もしくは加工または印刷もしくは撮影の目的に使用する場所が工場ということになります。また、営業のため電気もしくはガスの供給または電気通信役務の提供の目的に使用する場所、営業のため放送法にいう放送または有線テレビジョン放送法にいう有線テレビジョン放送の目的に使用する場所も、それぞれ工場とみなしています（同条１項・２項）。

なお、ここで使用されている用語の意味は、それぞれ以下のとおりです（鎌田薫、寺田逸郎、小池信行編『新不動産登記講座第７巻　各論Ⅳ』日本評論社、1998年８月、p.60）。

- 物品の製造…原材料に労力等を加えてまったく異なる物品を作り出すこと。
- 物品…有体物で市場価値のあるもの。
- 物品の加工…原材料と同一性を失わない程度において材料に変更を加えること。
- 単に物品の販売のための施設や物品の貯蔵のための倉庫自体は、（狭義の）工場には該当しないと解されています。

3　狭義の工場抵当と工場財団抵当の違い

（１）工場抵当の種類

工場抵当には、狭義の工場抵当と工場財団抵当の２種類があります。

工場抵当
- 狭義の工場抵当（＝財団を組成することなく、土地または建物に附加した（または備え付けた）物に抵当権の効力が及ぶとするもの
- 工場に属する土地、建物その他の工作物や地上権、賃借権のような有形、無形の財産で組成された工場財団を一個の不動産とみなし、その上に抵当権を設定することができるとするもの（工場財団抵当）

（２）狭義の工場抵当

狭義の工場抵当とは、以下の性格を有するものです。

① 工場の所有者が工場に属する土地または建物の上に抵当権を設定した場合、抵当権の効力は、土地または建物はもちろんこれに附加して一体をなす物だけではなく、これに備え付けられた機械器具等にも及びます（工場抵当法２条）。

そのため、民法上の一般の不動産抵当（民法370条）に比して、効力の及ぶ範囲が拡張されています。

② 狭義の工場抵当を目的とする抵当権設定登記の申請

申請にあたっては、その対象となる土地建物だけでなく、これらに備え付けた機械器具等の目録を登記官が作成するための情報の提供が求められます（工場抵当法３条。いわゆる「第３条目録」と呼ばれるものです）。

③ 狭義の工場抵当において問題となる点

狭義の工場抵当においては、以下の点が問題となります。

- 工場内における原材料置場、倉庫、駐車場等として使用されている土地や建物（すなわち、物品の製造や加工以外の用途に供される土地や建物）が工場に属する土地または建物に該当するか否か

これに関しては、「工場抵当法２条の趣旨は、本来工場に備え付けられた機械・器具その他工場の用に供する物をその備付けにかかる土地または建物とともに一体として抵当権の目的に供し、工場施設の維持を図ろうとするものであるから、たとえ工場内に存在するものであっても、機械・器具等がなんら存しない土地または建物については、狭義の工場抵当の目的とはならないものと解される。これらの土地または建物については、民法による一般の抵当権の目的とすることで十分であろう」（前掲書 p. 64）と解されています。

なお、工場財団抵当の場合は、物品の製造、加工以外の場所でも、これが財団に組成されている限り工場に属する土地または建物として扱われています。

（３）工場財団抵当

工場抵当法の適用される工場であっても、これが財団として組成されている場合には、その対象範囲は著しく広いものとなります。

ちなみに、工場抵当法11条では、以下に掲げるものの全部または一部が工場財団の対象となり得るとしています。

① 工場に属する土地および工作物（筆者注：工場抵当法11条には建物という表現は見受けられませんが、工場財団目録に「土地の部」、「建物の部」、「工作物（建物を除く）の部」、「機械・器具等の部」という記載が行われていることから、同法では建物を工作物の一種として扱っていることが読み取れます）

② 機械、器具、電柱、電線、配置諸管、軌条その他の附属物

③ 地上権

④ 賃貸人の承諾あるときは物の賃借権

⑤ 工業所有権

⑥ ダム使用権

なお、ここで留意すべきは、上記に掲げたものの一部をもって組成することができるといっても、登記実務上、機械・器具のみをもって組成物件とする工場財団の所有権保存登記の申請は却下すべきものとされています（明治38年８月５日民刑第665号民刑局長回答。昭和24年９月15日民事甲第2052号民事局長通達）。

その反対に、工場に属する土地または建物の所有権、地上権もしくは賃貸人の承諾のある賃借権のみをもって組成物件とした場合でも、工場抵当法８条に反するものとはいい難く、工場財団を設定しうるとされています（昭和33年11月４日民事甲第2289号民事局長回答）。

ちなみに、実際に物品の製造や加工以外の場所で工場財団に組成されている例としては以下のものがあげられます。

- 建物の部…工場内の事務所、分析室、倉庫、休憩所、作業員浴場
- 工作物の部…構内道路（アスファルト舗装）、貯水槽、工業用水受水槽、汚水処理施設、燈油タンク、材料置場、岸壁、スクラップヤード擁壁、工場緑化、焼却炉、駐車場舗装、工場門扉、工場に隣接するグラウンド

なお、工場財団の所有権保存登記の申請時には、工場財団目録に記載すべき情報の提供が義務付けられています（同法22条）。

4 工場財団組成の手順

❶工場財団の組成

工場財団の登記簿の記載内容には通常の土地建物の場合とは異なる特殊なものが含まれているため、以下、財団組成の手順のうち特に心得ておくべき重要な部分に焦点を当てて概略を述べます。

❷工場財団組成の手順

工場財団組成の手順は［資料11－1］のとおりです。

［資料11－1］工場財団組成の手順

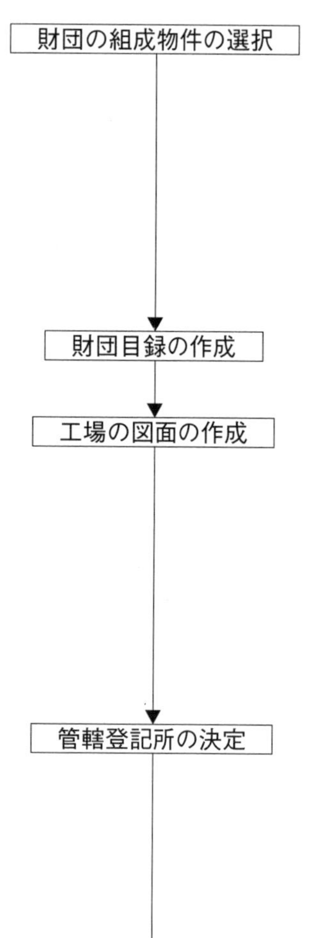

現在および将来にわたり企業が必要とする調達資金の額とこれに見合う担保物件の価値との関連から組成物件を選択します。

工場財団はその登記簿に所有権保存登記をすることによって効力を生じますが（工場抵当法９条）、その際、未登記建物は工場財団を組成する前に（個々の登記簿に）所有権保存登記をしておかなければ組成物件としての要件を満たしません（同法12条）。

工場ごとに財団目録を作成します（同法22条他）。

工場財団の所有権保存登記の申請に当たっては、工場の図面も併せて提出する必要があります（工場抵当登記規則21条）。複数の工場がある場合は、工場ごとに図面を作成します（同登記規則22条２項）。

その意義やイメージは、法務局に備え付けられている「建物図面・各階平面図」に近いものです（工場に属する土地建物を含む工作物等の位置を明らかにし、組成物件の所在を特定することが目的です）。

原則として、工場の所在地の法務局もしくは地方法務局またはその支局もしくは出張所が管轄登記所となります（同法17条１項）。工場が数個の登記所の管轄にまたがっている場合は、工場財団の所有者からの申請により、当該法務局の長が管轄登記所を指定します（同条２項）。この点が一般の不動産登記と異なります。

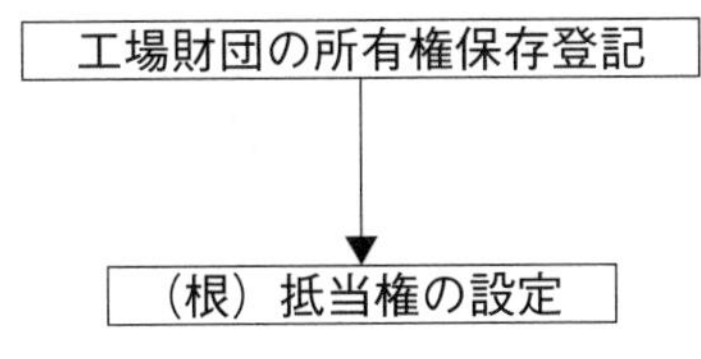

個々の土地建物の登記とは別に、工場財団としての所有権保存登記が行われます（申請時および完了時には、工場財団特有の記載が行われます（同法23条、34条）。

工場財団に対し、（根）抵当権が設定されます。

❸留意点

ここでは、以下の点に留意する必要があります。

⑴ 工場財団の所有権保存登記の申請が行われた場合

登記官は職権で、個々の土地建物の登記簿に「(本物件は）工場財団に属すべきものとしてその財団につき所有権保存登記の申請があった」旨を記載します（工場財団法23条１項)。その際、登記や登録の制度がない動産については、登記官が職権で官報に「工場財団に属すべき動産につき権利を有する者または差押、仮差押もしくは仮処分の債権者は一定の期間内にその権利を申し出るべき」旨を公告することとなります（同法24条１項)。

⑵ 工場財団の所有権保存登記完了時

工場財団の所有権保存登記完了時には、土地建物の登記簿に「(本物件は）工場財団に属した」旨の記載が行われます。

その際、登記や登録のない動産（機械器具等）については、工場財団の所有権保存登記の申請があった際に、同法24条による公告(物件に関して処分制限のある旨)を行っているため、改めて工場財団に属した旨の公告は不要とされています。

また、工場財団の組成物件である土地建物については、財団の所有権保存登記がなされた後は、これらを譲渡したり、所有権以外の権利の目的とすることはできないこととされています（同法29条)。ただし、抵当権者の同意を得て賃借権を設定する場合は除きます（同法13条２項)。

なお、動産についても、所有権保存登記がなされた後は土地建物と同様に扱われています（同法33条１項、13条２項)。

⑶ 所有権保存登記後６か月以内に抵当権設定登記を受けなかった場合

この場合、所有権保存登記はその効力を失うこととなります（同法10条)。その理由としては以下の点が指摘されています。

「工場財団は抵当権の目的とするために設定する（同法８条）ものであるから、所有権保存の登記後６カ月を経過しても、なお抵当権設定の登記をしないときには、財団を存続させることによって第三者の権利を害するおそれがあり、財団の所有者と第三者との利害を考慮し、所有権保存の登記を失効させ、財団を消滅させることとしたものである。」（前掲書 pp. 87–88）

5　工場財団の登記簿と財団目録等

1 工場財団の登記簿の基本的な構成

工場財団の登記簿の基本的な構成は［資料11－2］のとおりです。

［資料11－2］工場財団の登記簿の構成

構　成	内　容
表題部（財団の表示）	個々の不動産ではなく、工場財団に組成されている工場について名称や位置等の表示が行われています。
権利部（甲区）	工場財団としての所有権保存登記が行われています。
権利部（乙区）	工場財団に設定された（根）抵当権の表示が行われています。

2 工場財団目録の構成

工場財団目録の構成は［資料11－3］のとおりです。

［資料11－3］工場財団目録の構成

構　成	内　容
表紙（工場財団目録）	工場の名称や所有者、登記番号等が記載されています。
土地の部	工場財団に組成されている土地の明細が記載されています（ただし、所在地番のみ）。
建物の部	工場財団に組成されている建物の明細が記載されています（ただし、所在・家屋番号のみ）。
工作物（建物を除く）の部	それぞれの明細が記載されています。
機械・器具等の部	それぞれの明細が記載されています。

3 工場財団の登記簿および目録の調査にあたっての留意点

工場財団の登記簿と財団目録はもともと別綴りのものとして作成されています。

そのため、閲覧の請求にあたっては両者を同時に請求しなければ用を足さないといえます。

なお、現在、個々の不動産の登記簿はコンピュータ化され、閉鎖登記簿を除き閲覧そのものができない仕組みとなっていますが、工場財団の登記簿や目録はコンピュータ化されておらず、従来のバインダー式のものが閲覧に供されています（もちろん、謄本を取得することもできます）。

また、財団目録には組成対象となっている個々の物件が記載されているため、登記簿と一体化して確認作業を行う必要があります。

4 工場財団の登記簿の具体例

［資料11－4］に具体例を掲げます（ただし、記載内容や様式は簡略化してあります）。

それぞれの読み方は以下のとおりです。

(1) 表題部

表題部には財団の表示があります。

ここには、工場財団の対象とされている物件がどこの工場に属するか、工場財団を所有している会社の主たる営業所がどこに所在するか、営業の種類はどのような

［資料11－4］工場財団の登記簿の具体例

表題部

表題部（財団の表示）
平成○○年○○月○○日受付 工場の名称及び位置 ○○株式会社○○工場 ○○市○○町壱四○○番地 主たる営業所 東京都○○区○○弐丁目参番地壱 営業の種類 1　○○・○○の製造販売及びその付帯事業 2　前号に関連する事業 所有者 ○○○○株式会社

甲区

順位番号	事項欄
壱	所有権保存 平成○○年○○月○○日受付 第○○○○号 所有者　東京都○○区○○弐丁目参番地壱 ○○○○株式会社 平成○○年○○月○○日登記

乙区

順位番号	事項欄
壱	根抵当権設定 平成○○年○○月○○日受付 第○○○○号 原因　平成○○年○○月○○日設定 極度額　金○○億円 債権の範囲　銀行取引　手形債権　小切手債権 債務者　東京都○○区○○弐丁目参番地壱 ○○○○株式会社 根抵当権者　東京都○○区○○五丁目壱番地六 株式会社○○○○銀行 （取扱店　○○支店）

ものかについて記載されています。

⑵　**権利部（甲区）**

ここには、順位番号壱番の欄に工場財団としての所有権保存登記の記載があります。具体的には、登記の受付年月日、受付番号のほか、所有者名（東京都○○区○○弐丁目参番地壱　○○○○株式会社）が記載されています。

なお、所有権保存登記後に所有者の所在や商号等に変更があった場合および財団の所有権が移転した場合（売買や合併等）には、登記名義人表示変更登記や所有権移転登記が行われ、その旨が甲区欄に記載されますが、本件の場合、まだこれに該当する事項はありません。

⑶　**権利部（乙区）**

権利部の乙区欄（順位番号壱番の欄）には根抵当権設定登記の記載があります。また、登記されている権利の抹消や新たな権利の設定があった場合、その経緯がここに記載されることになっています。

❺工場財団目録の具体例

［資料11－5］に工場財団目録の具体例を掲げます。

それぞれの読み方は以下のとおりです。

⑴　**財団目録の表紙**

財団目録には表紙が付されます（様式はここに掲げたものとほぼ変わりありません。書式に関しては、［資料11－5］では横書きとなっていますが、縦書きで作成されているものも少なくありません）。

⑵　**土地の部の記載**

土地については所在地番のみが記載され、地目や面積は表示されていません（工場抵当登記規則７条１項に基づきます）。したがって、組成対象物件の面積等については該当する土地の登記簿で個々に確認する必要があります。

⑶　**建物の部の記載**

建物については所在地番と家屋番号のみが記載され、構造や床面積等は表示されていません（同条２項に基づきます）。したがって、組成対象物件の構造、床面積等については該当する建物の登記簿で個々に確認する必要があります。

⑷　**工作物（建物を除く）の部の記載**

工作物について、所在地番、種類・名称、構造・能力・寸法、数量が記載されて

［資料11－5］工場財団目録の具体例

工場の名称	○○○○株式会社○○工場

工　場　財　団　目　録

登記番号	受付
四式	第○○○○号　平成○○年○○月○○日

東京都○○区○○２丁目３番地１
○○○○株式会社
代表取締役　○○○○　(印)

(土地の部)

土地所在地番	予　　備
○○市○○町1400番 (以下省略)	

(建物の部)

建物所在地番	家屋番号	予　　備
1.　○○県○○市○○町1400番地 2.　同上　1400番地１ 3.　同上　1400番地２ (以下省略)	1400番 1400番１ 1400番２	

工作物（建物を除く）の部

図面番号	所在地番	種類・名称	構造・能力・寸法	数量	予備
２―１	○○県○○市○○町1400番地 (以下省略)	岸壁	鉄筋コンクリート450m	１式	

機械器具等の部

図面番号	種類・名称	構造・能力	数量	製作者名	製作年月日	予備
３―１	素材疵取前後設備 (以下省略)	鋼板及型鋼溶接 構造20,000T/H	１式	○○○(株)	平成○年 ○月○日	

います（同条３項に基づきます）。

⑸ 機械器具等の部の記載

ここには、図面番号、種類・名称、構造・能力、数量、製作者名、製作年月日が記載されています（同規則８条に基づきます）。

6 工場財団に組成されている土地建物の登記簿（権利部の甲区欄）の具体例

［資料11－6］は、工場財団に組成されている土地建物の登記簿（権利部の甲区欄）の具体例です。ここで、順位番号弐および順位番号参の欄の記載内容は工場財団に特有のものです。

［資料11－6］

甲区

順位番号	事項欄
壱	所有権移転 平成○○年○○月○○日受付 第○○○○号 原因　平成○○年○○月○○日売買 所有者　東京都○○区○○弐丁目参番地壱 ○○○株式会社 順位参番の登記を転写 平成○○年○○月○○日受付 第○○○○号
弐	本物件は新たに工場財団に属すべきものとしてその財団につき所有権保存登記の申請があった 平成○○年○○月○○日受付 第○○○○号 順位四番の登記を転写 平成○○年○○月○○日受付 第○○○○号
参	本物件は工場財団に属した 平成○○年○○月○○日登記 順位五番の登記を転写 平成○○年○○月○○日受付 第○○○○号

7 工場図面

工場財団の所有権保存登記の申請時には工場図面が作成され、法務局に提出されています。そのため、法務局での調査時には工場図面も確認する必要があります（財団目録とセットになり保管されています）。

なお、工場図面は、土地の部、建物の部、工作物（建物を除く）の部、機械・器具等の部ごとに別個に作成されていますが、紙幅の関係上、割愛します。

8 財団組成物件の確認上の留意点

工場財団の組成対象となる物件には建物、構築物、機械器具等が含まれ、その数は相当な件数に及ぶことが通常です。そのため、以下、財団組成物件の確認上の留意点を指摘しておきます。

⑴　物的な確認について

すべての不動産に共通することですが、土地についてはその所在、地番、数量等を確認し、建物についてはこれらの他に家屋番号、建物の構造、用途等を実地で確認します。

また、確定された対象不動産の存否およびその内容を確認資料で照合し、物的確認にあたっては、対象不動産について登記簿等において登記または登録されている内容と実態に食い違いがないか確認します。

特に、工場地については以下の点に留意します。

①　比較的新しい工場の敷地の場合

規模が大きくても筆数は少ないケースが多いといえます。

②　大規模で歴史の古い工場の敷地の場合

筆数が非常に多いケース（何十筆あるいはこれ以上）があります。このような場合には照合漏れがないように確認作業を行う必要があります。なかには、登記簿上の地番に該当する図面が法務局にまったく見当たらず、市町村の税務課等の図面により地番を確認しなければならない場合もあります。

③　工場敷地の境界について

工場の総務課等で管理を行っているのが通常であり、境界標識（杭、プレート等）については比較的明瞭に確認できることが多いといえますが、現況と公図、地積測量図、実測図等を参照のうえ、十分な確認が重要です。

④　法務局における地図の整備状況

すでに述べたとおり、特に地方では不動産登記法第14条に定める地図（精度の高い地図）が整備されているところが比較的多くあります（敷地の境界確認に役立ちます）。

⑵　権利の確認について

物的に確認された対象不動産について、すべての権利関係を明瞭に確認することが重要です。また、特に工場地の場合、次の点に留意が必要です。

①　敷地と道路との間に水路や緑地がある場合

占用許可書等により通行権原を十分に確認する必要があります。

②　工場財団に組成されている土地についての登記簿の記載

このような場合、登記簿（権利部の甲区欄）には、「本物件は工場財団に属した」旨の記載がなされていますが、権利部の乙区欄には何らの記載はされていません。その理由は、工場財団の組成物件である個々の土地や建物の登記簿に（根）抵当権等の記載が行われるわけではなく、工場財団としての登記簿にその旨の記載が行われているためです。

③　公共団体が分譲した工業団地の場合

公共団体が分譲した工業団地の場合には、買戻特約が付されていることがしばしばあります。このようなケースでは、土地の登記簿（権利部の甲区欄）にその旨の記載が行われています（買戻権者、買戻期間等の記載あり)。

④　埋立地の場合

埋立地の場合には公有水面埋立法の規定による処分制限が付され、その旨が登記簿に記載されていることがあります。

⑤　登記簿に記載されていない制限事項

登記簿に記載されていない事項でも、工業団地組合等の規約により不動産の譲渡、貸付、担保提供に先立ち組合の承諾を要する旨制約のある場合があるため、留意が必要です。

⑶　構築物、機械器具等の確認について

工場財産の組成物件である構築物や機械器具等は多種類かつ多数に上るのが通常です。そのため、土地や建物の場合と異なり、物件の特定をするのに手間がかかります（たとえば、同種類の機械装置や器具等が連なって設置されている工場では、それぞれの機種を区別することは容易ではありません)

したがって、依頼者からあらかじめ工場財団目録の提示を受け、依頼者立会いのうえで目録と個別に照合しながら物件の有無を確認することが必要となります。

構築物や機械器具等の確認のイメージは、たとえば以下のとおりです。

構 築 物…煙突○基、工場内浄水層○基、フェンス、構内舗装等

機械器具…○○製品製造設備一式、設備能力○○○○トン／月、○○○設備（○基)、○○ライン（○基)、発電機（○基)

第12章

所有者不明土地と不動産登記の新たな動向

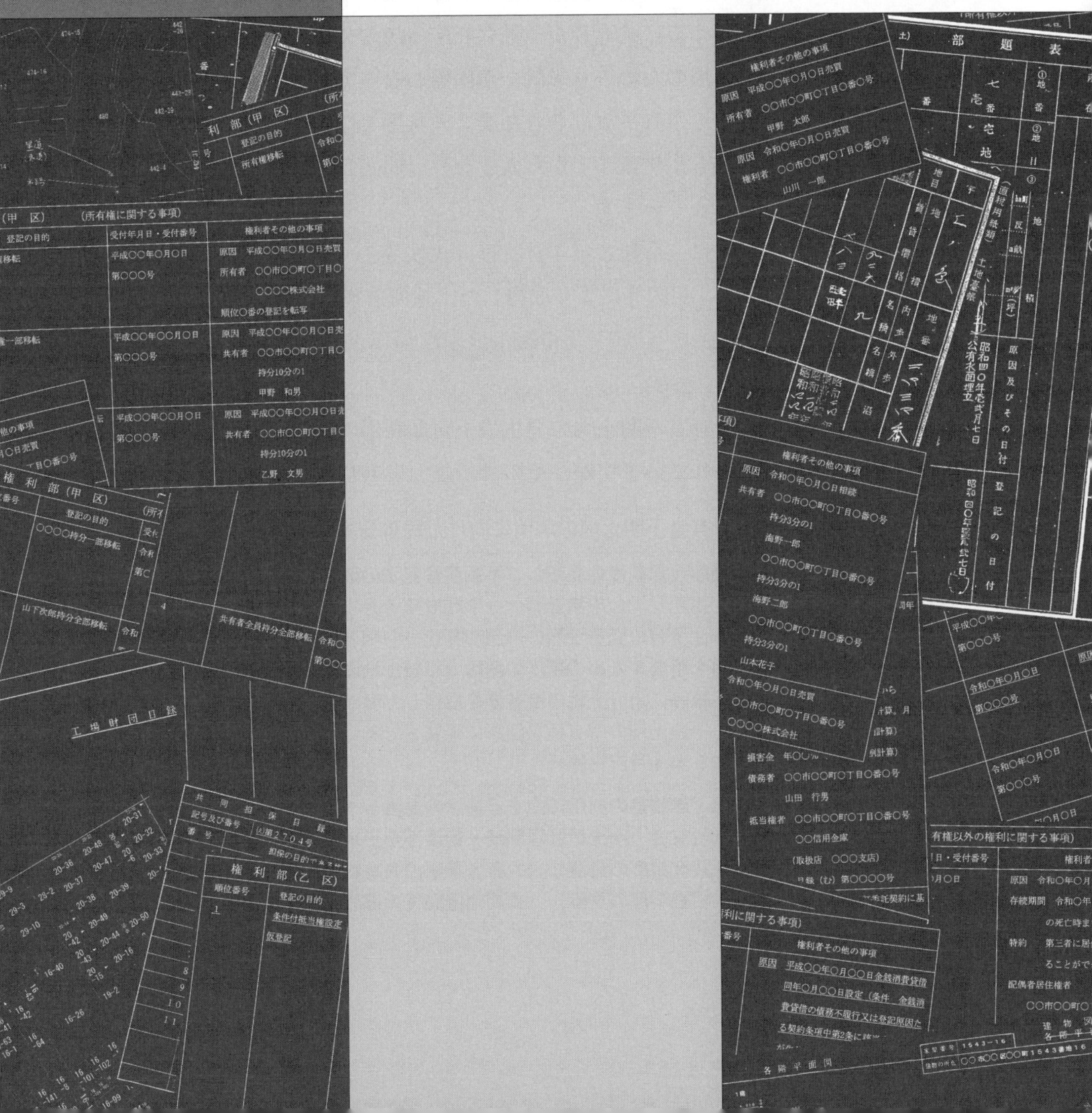

1 全体的な流れ

従来から、相続が生じてもその登記がなされないこと等により、

- 登記簿を調査しても所有者が直ちに判明しない土地
- 所有者が判明しても連絡が取れず、その所在がわからない土地

が多く発生してきました。いわゆる「所有者不明土地」です。

その結果、所有者の探索に多大な時間と費用を要し、公共事業や復旧・復興事業が円滑に進まず、民間取引や土地の利活用にも支障を及ぼす等のさまざまな問題点が指摘されています。加えて、共有者が多数存在する場合やその一部が所在不明の場合も、土地の管理や利用のための意思統一が困難となってしまいます。

このような土地は管理もされず放置されたままの状態となっていることが多く、隣接する土地への悪影響も生ずることから大きな社会問題に発展するとともに、その解決は緊急の課題とされています。

このような事情を背景に、令和３年４月21日、「民法等の一部を改正する法律」(令和３年法律第24号）および「相続等により取得した土地所有権の国庫への帰属に関する法律」(令和３年法律第25号)（以下、「相続土地国庫帰属法」といいます）が成立しました（令和３年４月28日公布)。

これらの法律では、所有者不明土地の発生の予防と利用の円滑化の両面から民事基本法制の見直しが行われていますが、その骨子は［資料12－1］のとおりです。

［資料12－1］所有者不明土地の解消に向けた民事基本法制の見直し

所有者不明土地等の発生予防	不動産登記制度の見直し（不動産登記法の改正） ●相続登記の申請義務化→令和６年４月１日施行 ●住所等の変更登記の申請義務化→令和８年４月までに施行 土地を手放すための制度の創設（相続土地国庫帰属法の制定） 相続等により土地の所有権を取得した者が、法務大臣の承認を受けて、その土地の所有権を国庫に帰属させることができる制度を創設→令和５年４月27日施行
土地利用の円滑化	土地・建物等の利用に関する民法の見直し→令和５年４月１日施行 ●所有者不明土地管理制度・管理不全土地管理制度等の創設 ●共有制度の見直し（共有者不明の共有物の利用の円滑化） ●相続制度の見直し（長期間経過後の遺産分割の見直し）

この資料に掲げた制度の見直しのうち、本書で扱っている不動産登記制度や相続に関しては、次の内容が関連してきます。

（1）相続登記および住所等変更登記の申請の義務化

所有者不明土地の生ずる主な要因が相続登記や住所変更登記の未了にあるとされていることから、不動産登記法を改正し、これらの登記の申請を義務化したうえで、登記の促進を図ることとなっています。

具体的には、相続登記に関しては不動産を取得した相続人に対し、その取得を知った日（被相続人の死亡を知った日ではありません）から３年以内に登記の申請をすることを義務付けています。また、住所変更登記に関しては、所有権の登記名義人に対し、住所等の変更日から２年以内にその変更登記の申請を義務付けました。

従来から、これらの登記申請は関係者にとって義務付けされておらず、申請を行わなくても不利益を被るケースは少なかったと考えられます。しかし、令和３年改正により登記が義務付けられ、正当な理由なく申請を行わない場合は、相続登記に関しては10万円以下の過料、住所変更登記に関しては５万円以下の過料の適用対象となります（施行日は［資料12－1］のとおり異なります）。

（2）相続土地国庫帰属制度の創設

この制度の趣旨は、所有者不明土地の発生を予防するため、相続または遺贈により土地の所有権を取得した相続人が、（土地を手放したいと考えた際に）これを手放して国庫に帰属させることを可能にする点にあります。ただし、管理コストが国に転嫁されることや、土地の管理をおろそかにする危険性が発生することから、国庫への帰属の対象は一定の要件に該当するものに限るとしています。

たとえば、以下のいずれかに該当するものは却下（または不承認）の対象となります。

①　却下の対象となるもの

1）　建物の存する土地

2）　担保権または使用および収益を目的とする権利が設定されている土地

3）　通路その他の他人による使用が予定される土地として政令で定めるものが含まれる土地

4） 土壌汚染対策法上の特定有害物質により汚染されている土地

5） 境界が明らかでない土地その他の所有権の存否、帰属または範囲について争いがある土地（相続土地国庫帰属法２条３項および４条１項２号）

② **不承認の対象となるもの**

1） 崖（勾配、高さその他の事項について政令で定める基準に該当するものに限る）がある土地のうち、その通常の管理に当たり過分の費用または労力を要するもの

2） 土地の通常の管理または処分を阻害する工作物、車両または樹木その他の有体物が地上に存する土地

3） 除去しなければ土地の通常の管理または処分をすることができない有体物が地下に存する土地

4） 隣接する土地の所有者その他の者との争訟によらなければ通常の管理または処分をすることができない土地として政令で定めるもの

5） 上記に掲げる土地のほか、通常の管理または処分をするに当たり過分の費用または労力を要する土地として政令で定めるもの（同法５条１項）

（３）改正民法による具体的相続分の取扱いと遺産分割─共有物分割との違い

❶改正民法による具体的相続分の取扱い

改正民法（以下、「改正法」といいます）904条の３により、特別受益者の相続分に関する規定（同法903条、904条）および寄与分に関する規定（同法904条の２）（これらは具体的相続分にかかわるものです）は、相続開始の時から10年を経過した後の遺産分割には適用しないこととされました。ここで、具体的相続分とは、法定相続分や指定相続分を修正し、特別受益分や寄与分を相続分に反映させた割合を指します。

そのため、相続開始後10年を経過した後にする遺産分割には法定相続分（または指定相続分）が適用されることになります。なお、法定相続分とは、すでに述べてきたとおり民法によって規定されている割合のことを指します。また、指定相続分とは、遺言により被相続人等が指定した割合のことです。

改正法第904条の３（期間経過後の遺産の分割における相続分）

前三条の規定は、相続開始の時から10年を経過した後にする遺産の分割については、適用しない。ただし、次の各号のいずれかに該当するときは、この限りでない。

一　相続開始の時から10年を経過する前に、相続人が家庭裁判所に遺産の分割の請求をしたとき。

二　相続開始の時から始まる10年の期間の満了前６箇月以内の間に、遺産の分割を請求することができないやむを得ない事由が相続人にあった場合において、その事由が消滅した時から６箇月を経過する前に、当該相続人が家庭裁判所に遺産の分割の請求をしたとき。

ただし、改正法では上記のとおり例外的な規定を設け、一定の要件に該当する場合は具体的相続分による遺産分割も可能としています。たとえば、同法904条の３第１号の規定に該当するケースとしては、10年経過して法定相続分等による分割を求めることができるにもかかわらず、相続人全員が具体的相続分による遺産分割をすることに合意した場合（法務省民事局「令和３年民法・不動産登記法改正、相続土地国庫帰属法のポイント」p. 46）があげられます。

なお、改正法904条の３が定められた背景として以下の点があげられています（法務省民事局参事官室・民事第二課「民法・不動産登記法（所有者不明土地関係）等の改正に関する中間試案の補足説明」令和２年１月、p. 124）。

「放置された遺産に属する土地などの財産につき、その後取得を希望する者が生じたときには、相続人間で改めて遺産分割をした上で、譲渡をすることになる。

しかし、遺産分割は、遺産の全体を把握した上で、特別受益や寄与分などを踏まえて具体的相続分を算出して行うものであり、相続の開始から長期間が経過すると、証拠等も散逸して、遺産に属する財産の範囲や、特別受益や寄与分があったのかなどを的確に把握することは容易ではなくなるため、遺産分割を円滑に行うことが困難となる。

また、土地の所有者の死亡後に、その相続人も死亡して更に相続が生じ（数次相続）、遺産分割の当事者となる相続人の数が当初よりも増加することがある。

○遺産の分割は、基本的に遺産の全体を分割するものであり、相続人全員の同意により遺産の一部のみを分割するのであれば格別、相続が数次にわたって生じており、相続人全員の同意を得ることができないケースなどでは、そのような処理は容易ではない。（中略）

このような事態に対応するために、①遺産分割を促進する観点から、遺産分割の合意又は遺産分割手続の申立てをすべき時期を定める規律を設けることや、②遺産分割手続の申立て等がされないまま長期間が経過した場合の遺産分割の処理の観点から、一定の期間を経過した場合には相続人の主張を制限し、遺産を合理的に分割することを可能とする規律を設ける（以下略）。」

2遺産分割と共有物分割の違い

上記1との関連で留意すべきは、10年を経過すれば分割の基準が法定相続分（または指定相続分）に変更になるということであって、分割の方法は基本的に遺産分割であり、共有物分割ではないという点です。

遺産分割と共有物分割は基本的に異なるものであり、遺産分割には共有物分割にみられない特徴があることから、［資料12－2］にその要点を掲げておきます。

［資料12－2］遺産分割と共有物分割との違い

	遺産分割	共有物分割
管轄裁判所	家庭裁判所	地方裁判所
手続の種類	家事調停・審判	訴訟
対象となる財産	遺産全体	特定の共有物
分割の方法（その1）	相続人の状況等の一切の事情を考慮して分割（906条）	対象とする共有物のみに限定
分割の方法（その2）	共有のままで分割を完了させることも可能	左記の扱いは不可
裁判所による分割禁止の有無	有 （期間を定めた分割禁止が可能。907条）	無
その他	配偶者居住権の設定も可能	

2 不動産登記制度の新たな動向

上記1では、所有者不明土地と不動産登記制度の改正およびこれに関連するおおまかな流れについて述べましたが、本書が登記事項証明書の読み方を中心に取り上げていることから、以下、不動産登記制度の新たな動向につき具体的な項目を補足しておきます。

なお、項目の列挙にあたっては上記1と重複する個所もありますが、ご了承ください。

1相続登記の申請の義務化―令和6年4月1日施行

改正後の不動産登記法（以下、本項で改正法という場合はこれを指します）では、不動産を取得した相続人に対し、その取得を知った日から3年以内に相続登記の申請をすることを義務付けています（改正法76条の２）。

また、正当な理由なく申請を怠ったときは、10万円以下の過料に処することも併せて規定されました（改正法164条１項）。

❷相続人申告登記（相続登記申請義務のみなし履行）―令和６年４月１日施行

相続人が申請義務を簡易に履行することができるようにする観点から、次のような新たな登記制度が設けられました（改正法76条の３）。

すなわち、相続人から、

① 所有権の登記名義人について相続が開始した旨
② 自らがその相続人である旨を申請義務の履行期間内（３年以内）に登記官に対して申し出る

ことにより、申請義務を履行したものとみなすということです。

これにより、登記簿に氏名・住所が記録された相続人の申請義務のみ履行したこととみなされます。その際、申出を受けた登記官は、所要の審査をしたうえで、申出をした相続人の氏名・住所等を職権で登記に付記します（これにより、誰でも登記簿を閲覧することにより相続人の氏名・住所を容易に把握することが可能となります）。

なお、相続人が複数存在する場合でも、特定の相続人が単独で申出が可能となるほか、法定相続人の範囲および法定相続分の割合の確定も不要とされています。

❸所有権の登記名義人について死亡を示す符号の表示―令和６年４月１日施行

登記官が他の公的機関（住基ネット等）から取得した死亡情報に基づき、不動産登記に死亡の事実を符号によって表示する制度が新設されました（改正法76条の４）。これにより、登記を閲覧することによってその不動産の所有権の登記名義人の死亡の事実を確認することが可能となります。

❹所有権の登記名義人の氏名・名称および住所変更登記等の未了への対応―令和８年４月施行予定

所有権の登記名義人に対し、住所等の変更日から２年以内に変更登記の申請をすることが義務付けられました。そして、正当な理由なく申請を怠った場合には、５万円以下の過料に処するとされています（改正法164条２項）。

なお、相続登記の場合と同様に、「正当な理由」の具体的な類型については通達等で明確化し、過料を科す具体的な手続についても省令等に明確に規定する予定とされています。

たとえば、

① 数次相続が発生して相続人が極めて多数にのぼり、戸籍謄本等の必要な資料の収集や他の相続人の把握に多くの時間を要するケース

② 遺言の有効性や遺産の範囲等が争われているケース

③ 申請義務を負う相続人自身に重病等の事情があるケース

等が考えられています。

さらに、申請義務の実効性を確保するための環境整備策として、手続の簡素化・合理化を図る観点から、登記官が他の公的機関から取得した情報に基づき、職権で変更登記をする新たな方策も導入されています（改正法76条の６）。

5登記所が他の公的機関から所有権登記名義人の死亡情報や氏名・住所等の変更情報を取得するための仕組みの創設―令和８年４月施行予定

たとえば、法務局側で定期的に住基ネットに照会を行い、所有権の登記名義人の氏名・住所等の異動情報を取得すること等が考えられます（改正法76条の３第３項）。

6相続人に対する遺贈による所有権移転登記の簡略化―令和５年４月１日施行

改正法（63条３項）に基づき、遺贈による所有権移転登記は、受遺者が相続人である場合に限り単独で申請することが可能となりました（従来は、このような場合でも共同申請が必要とされていました）。

その際の留意点は、下線部のとおり、単独申請が認められるのはあくまでも相続人に遺贈した場合に限られ、受遺者が相続人以外の場合は従前どおり、相続人全員または遺言執行者との共同申請となるということです。

改正法第63条（判決による登記等）

３　遺贈（相続人に対する遺贈に限る。）による所有権の移転の登記は、第60条の規定にかかわらず、登記権利者が単独で申請することができる。

7登記名義人の特定に関する登記事項の見直し―令和６年４月１日施行

改正法（73条の２第１項１号）では、ある不動産につき所有権の登記名義人として記録されている法人を厳格に特定し、その真正性を確保する観点から、登記名義人が法人である場合には、会社法人等番号を登記事項とすることとしています。

このほか、所有権の登記名義人が国内に住所を有しないときは、国内における連絡先を登記事項とする規定も設けています（改正法73条の２第１項２号）。

8 形骸化した登記の抹消手続の簡略化―令和５年４月１日施行

所有権以外の権利についても、たとえば、登記された存続期間が満了している地上権等の権利や、買戻しの期間が経過している買戻しの特約など、すでにその権利が実体的には消滅しているにもかかわらず、その登記が抹消されることなく放置されているケースがあります。

このようなケースにおいて、権利者（あるいは登記義務者）が不明となったり、実体がないにもかかわらず、その抹消に手間やコストを要するケースも少なくありません。これに対応すべく、より簡便に、所有権以外の権利に関する登記の抹消を可能とする仕組みが必要とされてきました。改正法では、たとえば次のような仕組みが設けられています。

①買戻しの特約に関する登記がされている場合

買戻しの特約がされた売買契約の日から10年を経過したときは、実体法上その期間が延長されている余地がないことを踏まえ、登記権利者（売買契約の買主）単独での登記の抹消を可能とする（改正法69条の２）。

②　登記された存続期間がすでに満了している地上権等の権利に関する登記

現行不動産登記法所定の調査よりも負担の少ない調査方法により権利者（登記義務者）の所在が判明しないときは、登記権利者単独での登記の抹消を可能とする（改正法70条２項）。

③　解散した法人の担保権（先取特権等）に関する登記

清算人の所在が判明しないために抹消の申請をすることができない場合において、法人の解散後30年が経過し、かつ、被担保債権の弁済期から30年を経過したときは、供託等をしなくとも、登記権利者（土地所有者）が単独でその登記の抹消を申請することができる（改正法70条の２）。

9 その他の見直し事項

その他不動産登記の公示機能をより高める観点等からの改正として、DV被害者等の保護のための登記事項証明書等の記載事項の特例（改正法119条６項）、登記簿の附属書類の閲覧制度の見直し（改正法121条）も規定されました。

なお、現行法では、土地所在図等の図面以外の登記簿の附属書類については、請求人が「利害関係」を有する部分に限って閲覧可能とされています。しかし、従来、この「利害関係」が具体的にどのような範囲のものを指すのかは必ずしも明確ではありませんでした。

そのため、改正法においては、「利害関係」という要件を「正当な理由」に変更し、閲覧の対象となる文書の性質ごとに閲覧の可否を検討し、判断することとされています。

以上、不動産登記制度の新たな動向につき具体的な項目を列記のうえ、概略を述べましたが、詳細については法務省（法務局）のホームページ（更新日の新しいもの）を参照ください。

参考

登録免許税の計算方法

登録免許税の計算方法については法務局のホームページに解説があります（Q&A：情報番号1312）。詳細は同ホームページを参照いただくこととし、以下、売買を原因とする所有権の移転の登記の場合を例に、計算の考え方を掲げておきます。

1．登録免許税額の計算方法

登録免許税額は、原則として次のように計算します。

登録免許税額　＝（課税標準）×（税率）

課税標準は、申請する登記の種類によって次の３つがあります。

①不動産の価額による場合

②債権金額による場合

③不動産の個数による場合

2．売買を原因とする所有権の移転の登記の場合

⑴　課税標準

市町村役場で管理している固定資産課税台帳の価格がある場合は、その価格です（固定資産課税明細書において、一般的に「価格」または「評価額」と表記されている価格であり、「固定資産税課税標準額」ではありません）。なお、1,000円未満の端数は切り捨てます。

⑵　税　率

土地の売買……平成31年４月１日から令和８年３月31日まで　　1000分の15

土地以外の不動産の売買　　1000分の20

なお、個人が一定の要件を満たす住宅用家屋を購入した場合には、特例が設けられています。

⑶　税　額

課税標準額に税率を乗じて計算した額です。計算した額に100円未満の端数があ

るときはこれを切り捨て、計算した額が1,000円未満であるときは1,000円とします。

3．所有権移転および所有権保存登記の税率

土地および建物の所有権移転および所有権保存登記等にかかる登録免許税の税率は、以下のような軽減措置が適用されます（国税庁ホームページより）。

令和５年度の税制改正により、次の１の登録免許税の税率の軽減措置について、その適用期限が令和８年３月31日まで３年延長されました。なお、次の２及び３の登録免許税の税率の軽減措置の適用期限は、令和６年３月31日までとなっています（令和６年度税制改正大綱によれば、令和９年３月31日まで３年延長されます）。

⑴　土地の売買による所有権の移転登記等の税率の軽減（租税特別措置法第72条第１項）

登 記 の 種 類	本 則	軽減措置 （適用期限：R８．３．31まで）
①　所有権の移転の登記	2.0%	1.5%
②　所有権の信託の登記	0.4%	0.3%

⑵　住宅用家屋の所有権の保存登記等の税率の軽減（租税特別措置法第72条の２、第73条）

登 記 の 種 類	本 則	軽減措置 （適用期限：R６．３．31まで）
①　所有権の保存の登記	0.4%	0.15%
②　所有権の移転の登記	2.0%	0.3%

※　特定の住宅用家屋の所有権の保存登記等については、さらに税率が軽減されます。

⑶　住宅取得資金の貸付け等に係る抵当権の設定登記の税率の軽減（租税特別措置法第75条）

登 記 の 種 類	本 則	軽減措置 （適用期限：R６．３．31まで）
抵当権の設定の登記	0.4%	0.1%

索　引

な

に

ね

は

ひ

ふ

へ

ほ

著者略歴

黒 沢　泰（くろさわ・ひろし）

1950年埼玉県生まれ、1974年早稲田大学政治経済学部卒業、NKK（日本鋼管株式会社）入社。1989年川崎製鉄株式会社との合併に伴い系列のJFEライフ株式会社へ移籍。現在、同社不動産本部・部長。不動産鑑定士。

主要著書：『新版　税理士を悩ませる『財産評価』の算定と税務の要点』、『新版　実務につながる地代・家賃の判断と評価』、『記載例でわかる！不動産鑑定評価書を読みこなすための基礎知識』、『土地利用権における鑑定評価の実務 Q&A』（以上、清文社）、『不動産の取引と評価のための物件調査ハンドブック――これだけはおさえておきたい土地・建物の調査項目119（新版）』（プログレス）、『まるごと知りたい不動産鑑定士』（税務経理協会）、『Q&A 不動産担保価値の基礎知識と減価のしくみ』（ビジネス教育出版社）ほか多数。

不動産登記簿の読み方・調べ方

2024 年 2 月 26 日　初版第 1 刷発行

著　者　黒　沢　泰
発行者　延　對　寺　哲
発行所　株式会社　ビジネス教育出版社

〒102 - 0074　東京都千代田区九段南 4 － 7 － 13
電話　03（3221）5361（代表）／FAX 03（3222）7878
E-mail ▶ info@bks.co.jp URL ▶ https://www.bks.co.jp

落丁・乱丁はお取り替えします。　印刷・製本／亜細亜印刷㈱

ISBN978-4-8283-1052-7